法学研究
CHINESE JOURNAL OF LAW

法学研究 专题选辑　陈甦／总主编

中国市场经济的法律理论

THE LEGAL THEORY OF CHINESE MARKET ECONOMY

谢海定　主编

社会科学文献出版社
SOCIAL SCIENCES ACADEMIC PRESS (CHINA)

总　序

　　回顾与反思是使思想成熟的酵母，系统化的回顾与专业性的反思则是促进思想理性化成熟的高效酵母。成熟的过程离不开经常而真诚的回顾与反思，一个人的成长过程是如此，一个学科、一个团体、一本期刊的发展过程也是如此。我们在《法学研究》正式创刊 40 年之际策划《〈法学研究〉专题选辑》，既是旨在引发对有关《法学研究》发展历程及其所反映的法学发展历程的回顾与反思，也是旨在凝聚充满学术真诚的回顾与反思的思想结晶。由是，《〈法学研究〉专题选辑》是使其所刊载的学术成果提炼升华、保值增值的载体，而不只是重述过往、感叹岁月、感叹曾经的学术纪念品。

　　对于曾经的法学过往，哪怕是很近的法学过往，我们能够记忆的并非像我们想象的那样周全、那样清晰、那样深刻，即使我们是其中许多学术事件的亲历者甚至是一些理论成就的创造者。这是一个时空变化迅捷的时代，我们在法学研究的路上走得很匆忙，几乎无暇暂停一下看看我们曾经走过的路，回顾一下那路上曾经的艰辛与快乐、曾经的迷茫与信念、曾经的犹疑与坚定、曾经的放弃与坚持、曾经的困窘与突破，特别是无暇再感悟一下那些"曾经"中的前因后果与内功外力。法学界同仁或许有同样的经验：每每一部著述刚结句付梓，紧接着又有多个学术选题等待开篇起笔，无参考引用目的而只以提升素养为旨去系列阅读既往的法学精品力作，几为夏日里对秋风的奢望。也许这是辉煌高远却又繁重绵续的学术使命造成的，也许这是相当必要却又不尽合理的学术机制造成的，也许这是个人偏好却又是集体相似的学术习惯造成的，无论如何，大量学术作品再阅读的价值还是被淡化乃至忽略了。我们对没有被更充分传播、体现、评价及转化的学术创造与理论贡献，仅仅表达学人的敬意应该是不够的，真正的学术尊重首先在于阅读并且一再阅读映现信念、智慧和勇气的学术作品。《〈法学研究〉专题选辑》试图以学术史研究的方法和再评价的方式，向学界同行表达我们的感悟：阅读甚至反复阅读既有成果本该是学术生活的重要部分。

我曾在另外一本中国当代法学史著作的导论中描述道：中国特色社会主义法治建设之路蜿蜒前行而终至康庄辉煌，中国法学研究之圃亦蔓延蓬勃而于今卓然大观。这种描述显然旨在鼓舞而非理解。我们真正需要的是理解。理解历史才能理解现在，理解现在才能理解未来，只有建立在对历史、现在和未来的理解基础上，在面对临近的未来时，才会有更多的从容和更稳妥的应对，才会有向真理再前进一步的勇气与智慧。要深刻理解中国法学的历史、现在以及未来，有两种关系需要深刻理解与精准把握：一是法学与法治的关系，二是法学成果与其发生机制的关系。法学与法治共存并互动于同一历史过程，法学史既是法律的知识发展史，也构成法治进步史的重要组成部分。关于法、法律、法治的学术研究，既受制于各个具体历史场景中的给定条件，又反映着各个历史场景中的法律实践和法治状况，并在一定程度上启发、拨动、预示着法治的目的、路径与节奏。认真对待中国法学史，尤其是改革开放以来的法学史，梳理各个法治领域法学理论的演进状态，重估各种制度形成时期的学术供给，反思当时制度设计中背景形塑和价值预设的理论解说，可以更真实地对法治演变轨迹及其未来动向作出学术判断，从中也更有把握地绘出中国法学未来的可能图景。对于既有法学成果，人们更多的是采取应用主义的态度，对观点内容的关注甚于对观点形成机制的关注。当然，能够把既有学术观点纳入当下的理论创新论证体系中，已然是对既往学术努力的尊重与发扬，但对于学术创新的生成效益而言，一个学术观点的生成过程与形成机制的启发力远大于那个学术观点内容的启发力，我们应当在学术生产过程中，至少将两者的重要性置于等量齐观的学术坐标体系中。唯其如此，中国法学的发展与创新才会是一个生生不息又一以贯之的理性发展过程，不因己悲而滞，不因物喜而涨，长此以往，信者无疆。

作为国内法学界的重要学术期刊之一，《法学研究》是改革开放以来中国法学在争鸣中发展、中国法治在跌宕中进步的一个历史见证者，也是一个具有主体性、使命感和倡导力的学术过程参与者。《法学研究》于1978 年试刊，于 1979 年正式创刊。在其 1979 年的发刊词中，向初蒙独立学科意识的法学界和再识思想解放价值的社会各界昭示，在办刊工作中秉持"解放思想、独立思考、百家争鸣、端正学风"的信念，着重于探讨中国法治建设进程中的重大理论和实践问题，致力于反映国内法学研究的最新成果和最高学术水平，热心于发现和举荐从事法学研究工作的学术人才。创刊以来，《法学研究》虽经岁月更替而初心不改，虽有队伍更新而使命不坠，前后 8 任主编、50 名编辑均能恪守"严谨、务实、深入、学术"的办刊风格，把《法学研究》作为自己学术生命的存续载体和学术奉献的展示舞台。或许正因如此，《法学研究》常被誉为"法学界风格最稳健、质量最稳定的期刊"。质而言之，说的是刊，看的是物，而靠的是人。我们相信，《法学研究》及其所刊载的文章以及这些文章的采编过程，应该可以被视为研究中国改革开放以来法学发展、法治进步的一个较佳样本。也正因如此，我们有信心通过《〈法学研究〉专题选辑》，概括反映改革开放以来中国法学发展的思想轨迹以及法学人的心路历程。

本套丛书旨在以《法学研究》为样本，梳理和归整改革开放以来中国法学在一个个重要历史节点上的思想火花与争鸣交织，反思和提炼法学理论在一个个法治建设变奏处启发、拨动及预示的经验效果。丛书将《法学研究》自创刊以来刊发的论文分专题遴选，将有代表性的论文结集出版，故命名为"《法学研究》专题选辑"。考虑到《法学研究》刊发论文数量有限，每个专题都由编者撰写一篇 2 万字左右的"导论"，结合其他期刊论文和专著对该专题上的研究进展予以归纳和提炼。

丛书专题的编者，除了《法学研究》编辑部现有人员外，多是当前活跃在各个法学领域的学术骨干。他们的加入使得我们对这套丛书的编选出版更有信心。

所有专题均由编者申报，每个专题上的论文遴选工作均由编者主要负责。为了尽可能呈现专题论文的代表性和丰富性，同一作者在同一专题中入选论文不超过两篇，在不同专题中均具代表性的论文只放入其中的一个专题。在丛书编选过程中，我们对发表时作者信息不完整的，尽可能予以查询补充；对论文中极个别受时代影响的语言表达，按照出版管理部门的要求进行了细微调整。

不知是谁说的，"原先策划的事情与实际完成的事情，最初打算写成的文章与最终实际写出的文章，就跟想象的自己与实际的自己一样，永远走在平行线上"。无论"平行线"的比喻是否夸张，极尽努力的细致准备终归能助力事前的谨慎、事中的勤勉和事后的坦然。

我思故我在。愿《法学研究》与中国法学、中国法治同在。

陈　甦

2022 年 9 月 4 日

于沙滩北街 15 号

目录
Contents

导　论

谢海定[*]

改革开放以来的40多年中，随着我国经济体制从计划经济转向市场经济，中国特色社会主义法律规范体系、法治实施体系、法治监督体系、法治保障体系不断健全完善，对市场经济的发展起到了基础性甚至关键性作用。此间，中国法学围绕经济与法治建设主题，为中国法治经济的必要性提供丰富论证，为中国市场经济持续探索法治框架和各项具体法律制度，为中国市场经济的发展繁荣不断寻求法治优化路径。40多年中，法学议题的设定和讨论，常常或直接或间接地与市场经济的需要相关。或许可以说，改革开放以来的中国法学，在一定程度上也能被称作"市场经济法学"，它为中国市场经济的孕育生长和发展繁荣提供了学理支持。本书收录的论文，相对聚焦于两个相关联的主题——国有制企业财产权理论和国家所有制的物权实现理论，它们主要从主体和物权两个角度来解决中国在公有制基础上实行市场经济的法律难题。

一　国有制企业财产权理论的兴起

改革开放之初，我国实行计划经济体制。在计划经济体制下，国有制企业属于国家的生产经营部门，其行为受到国家计划任务直接、严格的限制，它们对财产的使用、处分也均要经过政府相关部门的许可，接受政府相关部门的指导和监督。在公有制基础上实行市场经济，第一个需要解决

* 谢海定，中国社会科学院法学研究所研究员。

的难题，就是把这些"国家生产经营部门"变为市场经济中的民商事独立主体。这个过程起于改革开放之初，经历了国家经济体制改革从"计划经济为主、市场调节为辅"到"公有制基础上的有计划的商品经济"，再到"社会主义市场经济"的目标调整，企业称号从"国营企业"到"国有企业"的转变。企业财产权从"所有权与经营权分离"到"企业法人财产权的确立"的法律改革，初步实现于2005年《公司法》的修订。法学理论对这一改革过程的参与，以对企业财产权的讨论最为典型。

法学界对企业财产权的学术讨论始自中央扩大企业经营管理自主权的决定。1979年7月13日，国务院发布《关于扩大国营工业企业经营管理自主权的若干规定》等5部管理体制改革文件，并在全国范围内推行扩大企业经营管理自主权、实行经济责任制的改革试点工作。扩大企业经营管理自主权改革，本是为了激发国有制企业的生产经营积极性，提高企业生产经营效率，但是其在法律理论上逻辑地引出了对企业财产权性质、企业财产权制度安排的进一步讨论。企业经营自主权的性质是什么？企业对其所占有、使用的生产资料在法律上究竟享有何种权利？它与国家所有制或者国家所有权的关系是什么？这些问题的核心，是国家、政府与企业之间关系的讨论和厘清，而相关研究所指向的，则是国有制企业在法律上的独立民商事主体地位。

概括而言，关于国有制企业财产权的性质，有代理权说、租赁权说、经营权说、占有权说、用益权说、相对所有权说和独立所有权说等。其中，代理权说和租赁权说源自经济学界关于公有制企业与国家间的代理关系或者租赁关系的理论观点，并不是主要从法律角度来理解企业财产权。

经营权说更符合改革开放初期中央文件的语词表达，如前述《关于扩大国营工业企业经营管理自主权的若干规定》中的"企业经营管理自主权"、1986年《国务院关于深化企业改革增强企业活力的若干规定》中的"所有权与经营权相分离"，与1982年宪法中"国营企业……有经营管理的自主权"（第16条）所使用的语词相近。崔勤之1984年在《国营企业经营管理权是新型的财产权》一文中认为，经营管理权是一种类似物权的新型财产权，它由"国家所有权派生，是国家授予的"，"在法定范围内，对其财产享有占有、使用、处分的权利"。① 刘晓海 1984 年在《论我国国营企业财产权的法律性质》一文中，将经营管理权界定为"在国家授权的意图和范围内，负责、有效地行使对全民财产的占有、使用和处分的权利"，认为经营管理权的提出充分考虑到了国家所有制和计划经济的要求，它不拘泥于传统的民法概念，"它不承认企业拥有所有权，强调企业必须服从国家意志，为国家增加积累，但承认企业对国家财产有占有、使用和处分的权利，保证了企业有相对独立的地位"。② 《法学研究》1986 年第 2 期发表的《国有企业法人财产权利探讨》一文，区别了经营权和经营管理权，认为在经营管理权中，只有"对其财产占有、使用、处分的权利"即经营权才能成为企业法人的财产权；并且，"明确国家所有者和企业经营者各自财产权的属性，不仅能使两者之间权利明确、义务分明，同时也有利于法律保护"，"任何人包括国家在内都不得任意侵犯它的经营权"。③ 这一论述实际上开始把关于企业经营权的讨论转向法定经营权说。相对于国家或政府授予企业经营权的观点，法定经营权说与强调企业享有独立民商事主体地位的论述目标更为接近。④ 1986 年《民法通则》第 82 条"全民所有制企业对国家授予它经营管理的财产依法享有经营权"的规定，1988 年《全民所有制工业企业法》第 2 条"企业的财产属于全民所有，国家依照所有权和经营权分离的原则授予企业经营管理。企业对国家授予其经营管理的财产享有占有、使用和依法处分的权利"的规定，可谓经营权说在立法上的体现。

占有权说更多基于企业占有财产的事实，是对国家扩大企业经营自主权实践的一种法学解释。随着学术争论的展开，占有权说的坚持者越来越少。《法学研究》1980 年第 4 期发表的《国家与国营企业之间的财产关系应是所有者和占有者的关系》一文，是早期占有权说的代表。该文认为，国家和企业在法律地位上都具有双重性，国家既是主权者又是所有者，企业既是权利主体又是权利客体；企业的占有权派生于国家的所有权，是在国家保留其最终处置权的条件下，企业对国家的财产所享有的充分支配

---

① 崔勤之：《国营企业经营管理权是新型的财产权》，《现代法学》1984 年第 1 期。
② 刘晓海：《论我国国营企业财产权的法律性质》，《法学评论》1984 年第 2 期。
③ 徐武生：《国有企业法人财产权利探讨》，《法学研究》1986 年第 2 期。
④ 参见孟勤国《论法定经营权的独立性》，《法学评论》1989 年第 4 期。

权；占有权的具体内容依占有权客体不同而不同，企业对固定资产有权占有、使用、按民事流转方式平等有偿地处置，对生产经营的产品有权进行民事流转，对利润留成有权自由支配。① 从文章对占有权内容的说明来看，主要都是当时扩大企业经营自主权改革所包含的内容，不过，文章关于占有权的理论解释则指出，占有权实质上是一种相对的所有权或间接的所有权。

用益权说更依赖于民法学理论来解释企业财产权与国家所有权之间的关系。《法学研究》1982 年第 2 期发表的《国营企业财产权性质探讨》一文，以西方（主要是欧陆）的财产用益权理论为基础，主张应该在我国民法中建立我们自己的财产用益权制度，尤其是承认国营企业享有企业财产的用益权。文章认为，国营企业的财产用益权产生于国家创办国营企业的行为；国营企业成立后，企业对国家交付的财产获得了用益权，国家对这部分财产的所有权也就转化为单纯所有权。于是，在国营企业财产上就并存着两种权利：一是国家的单纯所有权，二是国营企业的用益权。②

相对所有权说，又称有限所有权说、间接所有权说，是法人所有权说的一种。从后来的改革进程来看，相对所有权说的核心观点曾经被立法所采纳，成为一个时段内国有制企业财产权法律制度的基本规则。《法学研究》1981 年第 1 期发表的《论企业法人与企业法人所有权》一文，较早提出了相对所有权说。该文以企业法人在西方国家的经济和社会功能为基础，论述了社会主义商品经济条件下引入企业法人和企业法人所有权制度的重要性，并以中外合资经营企业的实践论证了相对所有权的现实存在。作者认为，我国体制改革应解决的关键问题，首先是确认企业作为社会生产力基本单位在国民经济中所应有的独立地位，并在法律上承认企业的所有权主体资格，赋予企业法人地位；在全民所有财产属于国家所有的前提下，让企业享有相对所有权，以独立的企业法人资格从事生产和参加流通，这是社会主义经济发展规律的要求。③《法学研究》1985 年第 2 期发表的《绝对所有权与相对所有权——试论国营企业的所有权关系》一文，进

---

① 江平、康德琯、田建华：《国家与国营企业之间的财产关系应是所有者和占有者的关系》，《法学研究》1980 年第 4 期。
② 李开国：《国营企业财产权性质探讨》，《法学研究》1982 年第 2 期。
③ 梁慧星：《论企业法人与企业法人所有权》，《法学研究》1981 年第 1 期。

一步解释了相对所有权概念。文章认为，"所谓绝对所有权与相对所有权，是指在同一物上同时存在的两个不同层次的所有权。在这两个所有权中，一个所有权凌驾于另一个所有权之上，另一个所有权从属于这一个所有权，它们之间是主从关系"；在国营企业的所有权关系上，承认国家享有绝对所有权，企业享有相对所有权，就能把国家的集中统一领导和企业的相对独立性结合起来。① 马俊驹1987年在《论国家企业法人的财产权性质》一文中也表达了类似观点。国家所有权可以分成两个层次：一是国家对企业财产的所有权，它的行使应以行政手段为主，而以民事手段为辅，其主要属于行政法或经济法调整的内容；二是国家企业法人对其财产享有的所有权，它直接反映了社会主义商品经济关系，完全属于民法调整的内容，具有财产所有权的一般属性。② 1993年《公司法》第4条"公司享有由股东投资形成的全部法人财产权，依法享有民事权利，承担民事责任。公司中的国有资产所有权属于国家"的规定，体现了对相对所有权说核心观点的采纳。

独立所有权说，又称完全所有权说。1988年七届全国人大一次会议《政府工作报告》在总结5年国内工作时指出，"在扩大企业自主权的基础上，积极推行承包、租赁等多种形式的经营责任制，试行股份制，促使企业逐步成为相对独立的商品生产者和经营者"。类似于企业经营管理自主权试点带来所有权与经营权的分离，股份制的试行给法学界进一步探讨企业法人的独立财产权提供了契机。郭锋1988年在《股份制企业所有权问题的探讨》一文中，以西方股份制企业财产权在历史上的演变为参照，认为国营企业股份制改造的过程，实质是国营企业财产权的转移过程。国营企业在法定范围内把国家委托自己经营管理的财产投入股份制企业，就是经国家授权把财产让渡给了股份制企业，由于这种债的关系，对这部分财产，国家丧失了所有权，国营企业丧失了经营权，"股份制企业作为法人同时取得了所有权和经营权"。③《法学研究》1992年第5期发表的《公有制的法律实现方式问题》一文，针对股东权利作了更细致的分析，认为

① 杨志淮：《绝对所有权与相对所有权——试论国营企业的所有权关系》，《法学研究》1985年第2期。
② 马俊驹：《论国家企业法人的财产权性质》，《中国法学》1987年第6期。
③ 郭锋：《股份制企业所有权问题的探讨》，《中国法学》1988年第3期。

"股权是既包括财产权又包括人身权的复合型权利，但无论如何股东对公司财产不享有所有权"，在投资关系中，股东不享有对企业财产的所有权，企业法人享有所有权。[①] 由此，国家作为出资人对企业进行投资后，享有的是股东权利，而国家投入企业的财产的所有权由企业法人享有。《公司法》2005 年修改后，第 3 条"公司是企业法人，有独立的法人财产，享有法人财产权。公司以其全部财产对公司的债务承担责任"，第 4 条"公司股东依法享有资产收益、参与重大决策和选择管理者等权利"，删除了此前"公司中的国有资产所有权属于国家"的规定。至此，大致可以认为，企业法人独立财产权在立法上基本得到实现。

现在回顾当时的讨论可以发现，这些观点之间的共同点远多于它们之间的差异。首先，无论讨论者把企业财产权的性质定位为什么、表达为什么，从各自的实际论述来看，都包含占有、使用、收益、处分等具体权能，所谓经营权、占有权、用益权或者所有权的语词选择，更多考虑的是要不要与国家政策和法律文件中的语词保持一致、是否优先使用民法知识系统中的既有概念、何种语词选择更贴近当时的试点实践等因素。其次，几乎所有的讨论都在强调企业在商品经济中的独立的民事主体地位，企业财产权问题上各种观点的侧重，以有利于确立或者至少不妨碍企业的独立民事主体地位为前提。"总结几十年来的经验和教训，我们进行国营工业企业立法的根本任务，就是要把过去长期被当作国家工业领导机关附属物的国营工业企业相对独立出来，把过去长期被各种无形的绳索捆得动弹不了的国营工业企业解放出来，确认它们在国民经济中所应有的独立地位，通过立法承认企业在经济法律关系中的主体资格，使它们人格化，赋予'法人'资格，明确规定我国国营工业企业在法律上的地位就是'法人'。"[②] 这种通过法律改革确立企业的独立民事主体地位的需要，可谓企业财产权问题讨论者的集体意识。最后，讨论者总体上都被困在坚持公有制不动摇的政治觉悟和企业法人的独立民事主体地位要求企业必须有完整的财产所有权两种认知之间。企业财产权问题上各种观点之间的差异，不过是处在政治和学术这两端之间、距离哪个端点更近一点而已。相对来

---

① 孙宪忠：《公有制的法律实现方式问题》，《法学研究》1992 年第 5 期。
② 黄卓著：《试论我国国营工业企业的"法人"资格》，《法学研究》1984 年第 1 期。

说，代理权说、租赁权说、经营权说、占有权说、用益权说，更倾向于在企业的国家所有制前提下尽可能实现企业的经营自主，持论以国家所有权与企业经营权分离为限；相对所有权说和独立所有权说更倾向于在确立企业的独立民事主体地位的前提下，坚持改革在不突破国家所有制范围内进行，持论以国家所有权与企业所有权分离为核心。相对所有权并非民法传统的固有概念（英美法系传统中有"相对财产权"概念），在以"一物一权"为原则的欧陆民法所有权学理传统中，区分国家和企业两个层次所有权的理论，应属中国法学家在改革过程中的理论创新。这种理论创新体现了特定时代困境中法学家的智慧。

财产独立并非企业成为市场独立主体的唯一要素，但无疑是最重要、最基础的要素。从改革开放之初扩大国营企业经营自主权改革开始，中国经历了国家所有权与企业经营权分离、确立企业法人地位、确认企业享有完整独立财产权的政企分开、政资分开改革，将计划经济体制下的国家生产经营部门改造成了独立的市场主体，冲破了公有制基础上实行市场经济在市场主体方面的理论和实践困境。这是党和国家领导决策智慧的体现，而法律学者在企业财产权理论方面的孜孜以求、不懈探索，也为每一步改革提供了学理支持和推进动力。

二　国家所有制物权实现理论的展开

在计划经济时代，公有物的利用秩序通过科层制权力的支配机制就可以形成，较少采用权利方式，也较少使用权利话语。但是，在市场经济条件下，通过市场配置资源应该成为公有物利用秩序的基础形式。市场经济以商品和服务的交易为内容，而商品和服务交易的法律本质是权利交易。由此，在公有制基础上实行市场经济的另一个前提，是要在公有物之上配置可交易的权利。就改革开放之初我国的实际情况而言，国家所有制下公有物可交易权利的配置问题，是我国从计划经济转向市场经济需要解决的第二个法律难题。

国有制企业财产权理论主要涉及的是国家所有权与企业经营权或者国家所有权与企业所有权的分离问题，这显然属于国家所有制下公有物权利配置问题的一部分。不过，国有制企业财产权理论的核心关注，是通过权权分离改革在关键环节实现将国家生产经营部门改造为市场经济条件下独立民商事主体的目标，相关理论讨论的触发契机是扩大企业经营自主权改革，而理论探讨的重心是企业财产权的性质。国家所有制的物权实现理论则是在更基础的理论层面思考国家所有制与国家所有权的关系、国家所有权的性质以及国家所有权的行使等问题，它的理论重心是构造什么样的物权机制来实现国家所有制下公有物利用效率的提升。

（一）所有制与所有权的关系

所有制与所有权的关系，直接关联公有制对公有物权利配置的约束力。对二者间关系的认识的发展，直接影响着公有物权利配置的制度设计空间。20 世纪 80 年代初关于企业财产权性质的法学讨论，往往以国家所有权概念的既定为理论前提。这一前提的基础支撑，便是所有制与所有权关系的传统观念，即所有权是所有制在法律上的表现形式，有什么样的所有制就有什么样的所有权。正是基于这样的观念，尽管"国家所有权"一词至 1986 年《矿产资源法》颁布才首次出现在法律文本中，但是学者们从宪法和法律使用的"全民所有（制）""国家所有（制）"表达中，早就径直推导出了"国家所有权"概念。①

《法学研究》1981 年第 1 期发表的《论企业法人与企业法人所有权》一文，最早对所有制与所有权关系的法学传统观念进行矫正。在引述所有制与所有权关系的传统观念之后，以马克思给拉萨尔的信中的话为依据，文章提出，法律设所有权制度的目的，不仅在于保护对社会现存财富的占有关系，还在于保护和促进社会经济流转，即所谓追求交易的安全与迅速，"这就不能不使所有权制度带有某种灵活性。在一定情况下，所有权可以与所有制发生某种脱离或不一致"。②《法学研究》1986 年第 3 期发表的《论国营企业经营权》一文，同样先肯定了所有制与所有权关系的传统认识，但在具体到国营企业经营权与国家所有权的关系时，文章指出，由

---

① 例如，王家福等人在 1980 年关于我国民法立法的文章中指出，"所有权是所有制的法律表现，具有特定的内容。只讲所有制，不讲所有权，实际上是否定对所有制的法律保护。民法必须明确规定全民所有权（或称国家所有权）的内容，明确规定企业经营管理权的内容"。王家福、苏庆、夏淑华：《我们应该制定什么样的民法》，《法学研究》1980 年第 1 期。

② 梁慧星：《论企业法人与企业法人所有权》，《法学研究》1981 年第 1 期。

不同所有制形成的财产权利的差别一进入横向的商品经济领域就消失了，"因为在微观层次上所有的生产经营主体都是以商品交换为相互联系的纽带。在这里，商品交换的平等等价原则支配着一切主体之间的权利义务关系，一切生产经营者，无论其所有制性质有何差异，也无论他拥有的是经营权还是所有权，都必须以平等的主体相互对待，都必须拥有自由支配和使用财产的权利，都有根据自己的意志订立合同、参加交换和协作的权利，也都必须平等公平地承担财产责任"。[①] 也就是说，所有制仅对从宏观的经济关系出发配置不同功能的权利发挥作用，而对商品经济条件下的市场交易或者说权利交易不具有约束力。

赵旭东 1992 年在《对所有制、所有权与企业立法的新思考》一文中，更明确地提出关于所有制与所有权关系的传统观念是一种"误解"：所有权是所有制的法律表现形式，但同一所有制并非必然表现为某一固定的所有权形式，"全民所有制既可以表现为国家直接拥有所有权，也可表现为企业享有所有权，而国家享有投资者股权的法律形式。那种把全民所有制等同于国家所有权，肯定企业所有权即否定了全民所有制的看法，其实是一种误解"。[②]《法学研究》1992 年第 5 期发表的《公有制的法律实现方式问题》一文，则将上述传统观念解释为苏联人对马克思所有制理论的歪曲，认为"坚持只有保留国家所有权才能保持全民所有制是对马克思所有制学说的一个退步"，"依马克思的观点，所有制也应有其他的法律实现方式，只要这种方式——即财产权利能够表现生产关系中的支配力量即可"。[③]《法学研究》1994 年第 6 期发表的《所有权所有制对应关系剥离论和现代企业制度》一文，将所有制与所有权关系的传统观念归纳为"对应关系论"，认为对应关系论中的所有制概念是按所有权的模式塑造的，这样的所有制观是错误的，再把它作为所有权制度产生的本源，是逻辑上的循环论证；对应关系论是以大陆法系的所有权中心论为其逻辑前提的，而财产权利结构体系的历史发展，即使固守大陆法系的历史传统，也已突破了所有权中心论；在破除对应关系论和所有权中心论后，应该树立国家所

---

① 佟柔、周威：《论国营企业经营权》，《法学研究》1986 年第 3 期。
② 赵旭东：《对所有制、所有权与企业立法的新思考》，《中国法学》1992 年第 2 期。
③ 孙宪忠：《公有制的法律实现方式问题》，《法学研究》1992 年第 5 期。

有权并非全民所有制的唯一法律实现形式的新观念。①

上述对所有制与所有权关系认知的发展，主要受到企业财产权讨论中确立企业独立民商事主体地位的逻辑推动：通过扩展实现国家所有制的财产权形式，论证企业财产权独立性的可能性，如果作为法律形式的国家所有权与作为经济基础的国家所有制之间属于完全对应的关系，企业经营权的独立性将很难证成，更不用说企业所有权了。不过，上述认知发展其实与传统观念分享了一个共同判断：国家所有权源于全民所有制，属于全民所有制的法律实现方式，即使它不是全民所有制的唯一实现方式。然而，这个判断并非不证自明的。完全的"公有"应该是对一切"私有"的根本否定，而作为主观权利的所有权总是要表达排他性支配的含义，从而必然属于私有关系，由此，在马克思所着力分析的私有制社会中，由于物的归属关系基本上都是私有，法律对物的归属安排通常也将导向所有权的效果，反之，所有权也体现着法律规范对私有经济关系的确认，但是，"当公有制替代私有制成为经济制度的基础后，是否可以延续物的私有归属与所有权'一体两面'的逻辑，进而认为国家所有制与国家所有权也存在'一体两面'的关系呢"？② 除非国家所有权超越了法学传统所有权概念的内涵和外延，表达的是非排他性主观权利，否则国家所有权就不能按照所有制与所有权的对应关系论，从全民所有制中自然推导出来。国家所有权究竟是一种什么样的权利？它能够承担市场经济条件下为公有物配置可交易权利的法律重任吗？

（二）国家所有权的性质

国家所有权的性质问题，在改革开放之初并未受到学者们的特别关注，大多数有关国家所有权的讨论，其实是在对国家与企业、国家所有权与企业财产权的关系的讨论中进行的。国家所有权作为国家所有制或全民所有制的法律形式，常被视为与集体所有权、个人所有权一样从属于民法传统中的所有权概念，其具体权能包括占有、使用、收益、处分等。

国家所有权作为民法所有权受到质疑，最初是因为国家所有权与国家

---

① 康德琯：《所有权所有制对应关系剥离论和现代企业制度》，《法学研究》1994 年第 6 期。
② 谢海定：《国家所有的法律表达及其解释》，《中国法学》2016 年第 2 期。

管理权或者国家行政权在经济现实中的紧密联系。在关于国家与企业之间关系的讨论中，为了确立企业在商品经济中的独立主体地位，学者们需要将国家管理企业的权力与国家所有权区别开来，也就是说，国家所有权概念并不包含国家对企业的管理权，后者属于国家的行政权力，即在"政企分开"原则之下对企业进行管理和监督的权力。例如，王利明 1985 年在《国家所有权与管理权》一文中批评了苏联的"经营管理权理论"，认为这种理论"导致国家所有权和企业的经营权不分、国家机关的管理权和企业的财产权不分的状况"，政企分开的改革应该区分国家的所有权和国家的管理权、企业的财产权以及国家机关的管理权。① 《法学研究》1988 年第 2 期发表的《论国家所有权、行政权与企业经营权的分离》一文，对国家所有权和国家行政权的区别予以具体展开，认为它们在权利的客观基础、对象、内容、范围、行使方式、行使原则、对生产力的作用机制、直接目的等方面都存在差异，国家"既是全民财产的所有者，又是行政权的行使者，具有双重身份，它在与全民企业发生相互联系时，在不同身份下所处的法律地位是不同的"。② 但是，这种从必要性层面所作的理论区分，并不能真正摆脱经济现实中的国家所有权及其行使无法与国家行政权实际分离的困境，尤其是当进一步深入对国家所有权的权利关系结构的分析时，更是如此。王利明 1990 年在《国家所有权的法律特征研究》一文中，尽管坚持国家所有权的民法所有权性质，但是同时认为，国家所有权在历史上是一个有别于私人所有权的法律现象，在公有制社会，它具有主体统一性、客体广泛性、内容无限性等特征。③ 针对国家所有权的权利关系结构和权利实现方式，陈旭琴 2001 年发表的《论国家所有权的法律性质》一文，分析了国家所有权主体的唯一性、特殊性和模糊性，客体的统一性、无限广泛性，以及国家所有权在实现和保护方面的特殊性，认为国家所有权"不完全具备商品经济条件下财产所有权所固有的排他性、依存性和扩张性，故此，从法律上讲国家所有权不是或者至少不完全是一种民事权

---

① 王利明：《国家所有权与管理权》，《中国法学》1985 年第 4 期。
② 王忠、姜德源：《论国家所有权、行政权与企业经营权的分离》，《法学研究》1988 年第 2 期。
③ 王利明：《国家所有权的法律特征研究》，《法律科学》1990 年第 6 期。

利，其性质更接近于行政权力"。① 王军在 2005 年发表的《国企改革与国家所有权神话》一文，则从国家所有权的内部控制机制和权责损益分配机制出发，认为"国家所有权本质上不是以个人意思自治和契约自由为基础的私权，而是以国家强制为基础、以政治程序为运行机制的公共权力（或者国家权力）"。② 至此或许可以认为，相较于民法上的一般所有权，国家所有权概念在权利关系结构等方面存在天然缺陷，这使得它在具体经济生活中的实现，无法像学者们先前所设想的那样，将其与行政权力、公共权力真正加以区分，也很难将之作为在公有物上配置可交易权利的法律概念工具。

徐涤宇 2006 年在《所有权的类型及其立法结构——〈物权法草案〉所有权立法之批评》一文中，沿用赵世义对宪法财产权和民法财产权的划分，③ 提出宪法所有权和私法所有权相区别的观点，认为将所有权区分为国家所有权、集体所有权和公民个人所有权"属于政治法的范畴，它是公有制中在宪法层面对所有权的区分，而非民法层面的区分"，宪法上的所有权只是"各种主体取得所有权的资格"，而非平等主体之间的所有权关系。④ 换句话说，国家所有权的性质是宪法上的"公权利"，并非私法权利，其对于私法的意义，主要在于确定不同主体的权利能力。宪法所有权和民法所有权的区分，使得对于国家所有权性质问题的讨论从私法领域扩展到公法领域，宪法上的国家所有权和民法上的国家所有权的划分及其相关争议，由此成为国家所有权性质问题的又一个学术焦点。《法学研究》2013 年第 4 期刊发了一组"自然资源国家所有权专题研究"文章，焦点之一正是国家所有权的宪法和民法的交汇或冲突。税兵主张"自然资源国家所有权双阶构造说"，认为纯粹公权说、纯粹私权说都不能解释自然资源国家所有权的性质。⑤ 巩固主张"自然资源国家所有权公权说"，认为国家所有权是划分国家与个人界限、为"全民"意义上的抽象国家以立法和行政手段"间接干预"资源利用提供合法依据的宪法公权。⑥ 徐祥民主张

① 陈旭琴：《论国家所有权的法律性质》《浙江大学学报》（人文社会科学版）2001 年第 2 期。
② 王军：《国企改革与国家所有权神话》，《中外法学》2005 年第 3 期。
③ 参见赵世义《论财产权的宪法保障与制约》，《法学评论》1999 年第 3 期。
④ 徐涤宇：《所有权的类型及其立法结构——〈物权法草案〉所有权立法之批评》，《中外法学》2006 年第 1 期。
⑤ 税兵：《自然资源国家所有权双阶构造说》，《法学研究》2013 年第 4 期。
⑥ 巩固：《自然资源国家所有权公权说》，《法学研究》2013 年第 4 期。

"自然资源国家所有权之国家所有制说"，认为国家对自然资源的"所有"并不是权利，而是权力，是垄断权或专权。① 王涌认为宪法规定的自然资源国家所有权包括私法权能（物权法上的所有权）、公法权能（国家对于自然资源的立法权、管理权和收益分配权）和宪法义务（国家应当为全体人民的利益行使其私法权能和公法权能）。② 将宪法与民法（公法与私法）的关系引入国家所有权性质问题的讨论，可以被视为国家所有权究竟是民法所有权还是国家行政权（或者国家管理权、公共权力）争议的延伸，它一方面揭示了私权说和公权说的深层依据，另一方面通过将公法权能与宪法上所有权、私法权能与民法上所有权相联系，以公私属性兼具的"退一步"策略回应了对国家所有权私权说的批评。

国家所有权性质问题的主要争议，反映了国家所有权概念的两个主要功能之间的内在紧张关系：作为公有制的法律形式的国家所有权，必须落实国家所有制或全民所有制的制度内涵和价值追求，即否定在公有制下的类型物上配置私人所有权的制度可能性和实现消灭剥削、消除两极分化、走向共同富裕的社会主义目标；而作为经济体制改革背景下建设社会主义市场经济法律体系的一个重要概念工具，国家所有权又必须承担起建构公有物得以高效利用的法律秩序、为公有物配置可交易权利的制度功能。前者通常与国家立法权、行政权存在"剪不断、理还乱"的关系，相较于集体所有权、个人所有权，"国家财产神圣不可侵犯"，这些可以从现行宪法对国家性质、政权建制、经济基础的相关规定，以及国家所有权在主体、客体和内容等权利结构要素方面的模糊含混中得到说明；后者与集体所有权、个人所有权一样都属于受到平等保护的私权利，需要与行政权等公权力至少维持概念上的分离，这些可以从改革开放后制定的《公司法》、《物权法》及近年颁布的《民法典》等一系列民商事法律文件中得到解释。而有关国家所有权性质的学术讨论中，学者们在宪法上所有权与民法上所有权、国家所有权的公权属性和私权属性、公法权能与私法权能方面达成的有限共识，则为国家所有权概念的这两个功能提供了相互融通、彼此成就的可能性。这也体现在有关国家所有权行使问题的讨论中。

---

① 徐祥民：《自然资源国家所有权之国家所有制说》，《法学研究》2013 年第 4 期。
② 王涌：《自然资源国家所有权三层结构说》，《法学研究》2013 年第 4 期。

（三）国家所有权的行使

1998 年修订的《土地管理法》在第 2 条中增加了第 2 款："全民所有，即国家所有土地的所有权由国务院代表国家行使。"国务院代表国家行使所有权，由此成为国家所有权行使的制度准则。此后，该准则陆续出现在 2002 年修订的《水法》《草原法》、2007 年《物权法》、2008 年《企业国有资产法》、2019 年修订的《森林法》、2020 年《民法典》等法律文本中。按照《物权法》第 53—55 条和 2008 年《企业国有资产法》第 11 条的规定，除国务院代表国家行使所有权外，国家机关、国有事业单位、地方人民政府以及代表政府履行出资人职责的部门、机构，均可以依照法律和国务院的规定，在特定范围内、按照特定用途或针对特定客体代表国家行使所有权。而按照《物权法》第 118 条的规定，对于国家所有或者国家所有由集体使用的自然资源，单位、个人依法可以占有、使用和收益。在国家所有权上设置用益物权，显然是承认了国家所有权的可交易权利属性。

上述制度安排可以称为国家所有权行使的私法路径，即通过立法活动明确国家所有权在行使过程中的主体、客体和内容，通过权利实践环节的物权制度设计，使得被学者们所诟病的国家所有权主体的抽象性、客体的不确定性和内容的无限性，不再成为国家所有权作为公有物上可交易权利的障碍。对于这一私法路径，学者们结合国家所有权的上述两方面概念功能，进行了热烈讨论。例如，彭诚信、单平基 2010 年发表的《水资源国家所有权理论之证成》一文，就"水资源全民所有"的实现，建构了一个从宪法上国家所有权到民法上国家所有权，再到为民法上国家所有权设置用益物权的理论解说框架；并认为，民法上的水资源国家所有权为"国家所有权—私人水权"的制度设计提供了可能，有利于彰显水资源的公共物品属性，有利于水资源合理配置目标的实现，能够体现水资源负载利益的全民性及促进水资源改革的深入。[①] 孙宪忠 2013 年在《"统一唯一国家所有权"理论的悖谬及改革切入点分析》一文中主张，在公共财产治理秩序中，利用当代民法技术规则中的法人制度，尤其是公法法人制度，明确承认实际行使公共财产占有、使用、收益和处分权利的法人享有公共财产所

---

① 彭诚信、单平基：《水资源国家所有权理论之证成》，《清华法学》2010 年第 6 期。

有权，"公法法人根据宪法、行政法或者公法法人组织法设立，法律规定公法法人的财产只能用于公共事务或者公益事项"。①《法学研究》2013 年第 4 期发表的《自然资源国家所有权三层结构说》一文，从国家所有权的宪法义务角度指出，我国在自然资源管理和分配中存在很多问题，主要集中于国企垄断自然资源、利润上缴比例小、收益不透明，全民从国企对于自然资源的垄断中获益甚少，"这是国家在行使自然资源所有权过程中没有尽到宪法义务的表现，所以，国家作为自然资源所有权人，可以学习'人民基金'的做法，将国家在自然资源上的收益注入社保基金，让人民普遍受益"。②《法学研究》2015 年第 4 期发表的《中国宪法上国家所有的规范含义》一文认为，宪法上的国家所有权有待通过财产法对宪法条款予以具体化，而在功能上，国家所有权不能为国家或政府的"私利"存在，必须"为公民自由和自主发展提供物质和组织保障"。③《法学研究》2016 年第 3 期发表的《自然资源国家所有权的双重权能结构》一文认为，在市场经济条件下，自然资源国家所有权的私法权能以促进自然资源有效利用为目的，而公法权能则以保障自然资源的实际利用体现全体人民的共同意志和利益为目的，在既有的私法路径之外，还要通过民主制度和民主程序的建构，让全体人民能够在不同程度上以多种方式行使自然资源国家所有权的这些权能。④

在有关国家所有权行使的学术讨论中，区分不同类型国家财产并采取不同所有权行使方式，也是兼顾国家所有权两种不同功能的方案。高富平 2000 年在《建立国有资产分类规范的法律体系》一文中提出，将国家财产从客体物可否交易角度区分为公共财产和国有财产，再将国有财产区分为国家可有限处分的不动产和可自主处分的动产，三类财产对应三种所有权，即公共财产所有权、处分权受限制的所有权和完全所有权。公共财产所有权仅是国家以社会公共管理机构的身份行使的管理权。处分权受限制的所有权主要针对土地、自然资源，其所有权不能转让、只能出让其使用

---

① 孙宪忠：《"统一唯一国家所有权"理论的悖谬及改革切入点分析》，《法律科学》2013 年第 3 期。
② 王涌：《自然资源国家所有权三层结构说》，《法学研究》2013 年第 4 期。
③ 程雪阳：《中国宪法上国家所有的规范含义》，《法学研究》2015 年第 4 期。
④ 叶榅平：《自然资源国家所有权的双重权能结构》，《法学研究》2016 年第 3 期。

权。完全所有权主要针对经营性动产，按照民法所有权规范行使即可。①
张力 2009 年在《论国家所有权理论与实践的当代出路——基于公产与私
产的区分》一文中，主张区分国家公产和国家私产，建立面向公共利益、
国家义务的国家公产所有权制度和公私兼顾的国家私产所有权制度。② 谢
海定 2016 年在《国家所有的法律表达及其解释》一文中，从公有物利用
角度提出了类型化的国家所有权行使方案：区分对国家财产的基本生存类
利用和生产经营性利用、市场类生产经营性利用和非市场类生产经营性利
用、政府主导的生产经营性利用和市场主导的生产经营性利用，分别配置
不同的财产使用权。③

　　总体上来说，在公有制基础上实行市场经济对公有物可交易权利配置
的要求，通过自然资源法、物权法上国家所有权及其物权制度体系的设
置，已经得以基本满足，而法学界对国家所有制与国家所有权的关系、国
家所有权的性质和国家所有权的行使等问题的讨论，并没有单纯地为满足
市场经济的需要去强调国家所有制之物权实现途径的合理性，而是一直关
注公有制的价值目标与国家所有权这一物权之间的紧张关系，从各种角度
努力调谐二者之间的张力，求兼顾与平衡的效果。

三　中国市场经济法律理论的形成

　　作为一种经济运行方式，市场经济是通过供给与需求的自发平衡来调
整资源、劳力、技术、知识等生产要素组合的一整套制度结构。制度结构
界定着我们常说的各种经济模式，也塑造着不同经济运行方式之间的差
别。从计划经济转向市场经济，本质上也就是与经济相关的各种制度及其
联结方式的改变。探索市场经济的法律制度结构，形成市场经济法律制度
理论体系，是改革开放后中国法学的使命和责任。

　　市场经济在西方经过了数百年的发展，已经形成了具有一定共识性的
制度理论体系。然而，不同国家和地区发展市场经济的初始制度约束是不

---

① 高富平：《建立国有资产分类规范的法律体系》，《华东政法学院学报》2000 年第 5 期。
② 张力：《论国家所有权理论与实践的当代出路——基于公产与私产的区分》，《浙江社会科学》2009 年第 12 期。
③ 谢海定：《国家所有的法律表达及其解释》，《中国法学》2016 年第 2 期。

同的，不同的市场经济制度体系追求的发展效率之外的价值和目标也可能是悬异的。中国从计划经济转向市场经济，初始制度约束不仅包括计划经济的各项具体制度结构，更重要的是，还包括写入宪法的、有特定价值目标的、与国家政权性质相一致的公有制经济制度。由于西方市场经济是在私有制基础上逐步发展起来的，其所运用的法律技术、建构的法律制度结构都与私有制经济基础相关联，我国要在公有制基础上发展社会主义市场经济，就不能不先研究这些法律技术或制度结构与公有制之间的相容性。

在法学上，独立的交易主体、可交易的权利和交易行为是市场交易得以发生的基础构成，这三方面的法律制度安排构成了市场经济制度结构的基础。其中，交易行为制度对所有制的性质相对不敏感，私有制基础上的市场经济实行的交易行为制度，也能适用于公有制基础上的市场经济。但是，独立的交易主体和公有物上可交易权利的配置，却是在公有制基础上实行市场经济必须解决的独特性问题。本书收入的文章，涉及企业财产权和国家所有权两方面主题。企业财产权问题的相关讨论，主要围绕国家生产经营部门如何转变为市场经济中独立的民商事主体而展开；国家所有权问题的相关讨论，则主要以在公有物上配置何种法律权利为中心。如果说改革开放以来的中国法学在一定程度上可被称作"市场经济法学"，研究中国市场经济法律制度发展的法学理论可以被称为"中国市场经济法律理论"，那么，本书所关注的重在解决中国市场经济建设独特性问题的两个主题的学术发展，或可被归为狭义的"中国市场经济法律理论"。

改革开放以来，通过修改《宪法》、创制一系列民商事法律文件，公有制企业从国家直接从事生产经营部门的"国营企业"，到所有权属于国家、经营权属于企业的"国有企业"，再到享有完整法人财产权的公司，完成了形式上"非国家化"从而成为独立、平等的市场主体的主要步骤；从人人平等、无差别地享有对公有财产的理论权利，到所有者职能集于抽象国家的制度性国家所有权，再到在所有权行使代表制下通过代表机构的投资转化为类似股权性质的现实权利，或者通过转让使用权、设置用益物权，公有生产资料在产权层面完成了其进入市场交易的主要步骤。① 法律发展实践对中国在公有制基础上发展市场经济的独特问题的基本解决，标

---

① 参见谢海定《中国法治经济建设的逻辑》，《法学研究》2017 年第 6 期。

志着以此为使命的狭义的中国市场经济法律理论的初步形成。

当然，在公有制基础上实行市场经济所要解决的法律难题并不止于独立的市场主体和在公有物上配置可交易权利两项，而法律发展实践对公有制企业的商事主体化改造和对公有物的物权配置，也只是满足了市场交易的最基本要求。公有制基础上市场经济体制的完善一直在进行，以完善和优化中国市场经济法律制度为己任的中国市场经济法律理论，无疑也需继续发展。

企业法人财产权的确立为公有制企业的独立民商事主体地位提供了基础，但是市场经济对市场主体独立性的要求，实际上是基于公平竞争的整体性、综合性考虑，其中包含企业财产来源的有限性、企业意志形成的公共性、企业责任承担的独立性等理论假设。这些考虑会将对市场主体方面的讨论进一步引向对国有资产投资、企业内部治理机制、企业责任等方面的研究。以国家所有权为核心的公有制物权实现机制，为公有物进入市场交易提供了法律可能性，但是国家所有权的抽象性、国家作为所有权主体和行政权主体在实践中的难分难解、所有权概念在不同部门法之间的分裂等问题，仍然困扰着相关讨论，法律技术上和法律理论上的释解方案仍待继续探索。

尤其是，上述法律发展实践着重于解决市场经济发展对法律基础框架的需要问题，但是公有制消灭剥削、消除两极分化、人人平等、共同富裕的价值目标，仍然蕴涵于社会主义国家性质之中，同时也是多数学者评价法律发展实践和研究现有制度结构完善方案的重要准则之一。例如，改革开放之初，公有制企业作为国家生产经营部门，不仅承担了经济方面的功能，还承担了相当部分的与公有制密切相关的政治、社会、文化功能（如住房、养老、救助、教育等），而随着市场经济体制的建立，企业原先所承担的经济之外的功能多逐渐被剥离出去，其中未能实现制度性承接的功能部分地转由公民个体自己承担和消化。对这些功能分离问题及其制度性解决方案的讨论，将中国市场经济法律理论关心的问题拓展至经济之外的领域。又如，国家所有的物权化在为公有物配置可交易权利的同时，使得国家所有权成为国家作为法人的排他性财产权，而不是人人享有非排他性使用权的公共财产权。① 这种公有物权利配置显然对公有制价值目标采取

---

① 关于法人财产权和公共财产权的区分，参见 C. B. Macpherson, "The Meaning of Property," in C. B. Macpherson (ed.), *Property: Mainstream and Critical Positions*, University of Toronto Press, 1978, pp. 5 – 6。

的是间接实现方式，间接实现方式的效果依赖于法治对公共权力公共性的保障。公有制与市场经济所追求的价值目标如何通过法律发展得以协调、融合、统一，既是过去相关学术争议的根本所在，也是中国市场经济法律理论未来发展的方向。

以上对本专题文献的梳理仅限于论文，且从"导论"属性考虑，相近观点优先选择介绍本书所收录的论文。同时，为尽量避免本丛书不同专题对论文的重复收录，编者不得不舍弃了一些本该收入本书的论文（已被收入本丛书其他专题）。缺憾无疑是太明显了！好在学问之路上的缺憾，容易催生阅读者的学术优越感，从而勾引感兴趣的读者亲自去揭开学术谜题的面纱。这的确属于编者的借口，不过同时也是编者的真实期待。

国营企业财产权性质探讨[*]

李开国[**]

摘　要：学界关于国营企业财产权性质的观点，主要有代理说、租赁说、占有说，以及国营企业应享有企业财产所有权。但这些观点在理论上和实践上都存在一定问题，不能全面概括国营企业财产权的性质。对此问题的讨论，应从马克思所阐明的财产经营权与财产所有权相分离的观点出发，将国营企业财产经营权在性质上看作财产用益权在社会主义制度下发展的一种形式，由此承认国营企业财产经营权是区别于国家所有权的类独立物权，从而确立国营企业在财产上的独立地位，同时继续维护国营企业的全民所有制性质。

关键词：国营企业财产权　企业财产所有权　财产用益权全民所有制

随着经济体制改革的开展，为了解决扩大企业自主权在物权理论上提出的问题，法学界不少同志对国营企业财产权的性质作了有益的探讨。到目前为止，有坚持代理说的，有主张租赁说、占有说的，还有提出国营企业应享有企业财产所有权观点的。众说纷纭，莫衷一是，大有继续讨论的必要。

各种观点中最值得商榷的是主张国营企业应享有企业财产所有权的观

---

　　* 本文原载于《法学研究》1982 年第 2 期。

　　** 李开国，西南政法大学教授（已退休）。

点，因此有必要先就这种观点谈谈个人的看法。

主张国营企业应享有企业财产所有权的同志，是以资本主义股份有限公司享有企业财产所有权为立论基础的。他们断言资本主义股份有限公司享有企业财产所有权的理由是：资本主义股份有限公司的股东对企业债务只负有限责任；股东不能支配企业财产；股东与企业的关系仅存在于股票方面。那么，这些理由是否能够说明资本主义股份有限公司享有企业财产所有权呢？

资本主义股份有限公司是与资本主义信用制度一道发展起来的。资本主义股份有限公司股东与无限公司股东在财产责任上的区别，表明这两种不同的公司在信用上存在重大差别：前者的信用靠企业自身来维持，而后者的信用则靠各股东的信誉和财产来维持。但是，信用上的这种差别并不表明这两种公司在财产所有权上有区别。资本主义无限公司也好，股份有限公司也好，其财产所有权都不属于企业，而属于对它投资的各个资本家或资本家集团。资本主义股份有限公司的股东不能支配企业财产，并不表明他们对其投资丧失了所有权，而只表明企业财产的占有、使用和处分权与企业财产所有权的分离。马克思曾经指出，资本主义股份有限公司的成立，使"实际发生机能的资本家，转化为单纯的经理人，别人所有的资本的管理人。资本的所有者则转化为单纯的所有者，单纯的货币资本家"，"机能与资本所有权分离了"。① 显然，马克思并不认为资本主义股份有限公司对企业财产的占有、使用和处分，已经意味着它享有了企业财产所有权。至于资本主义股份有限公司的股票，马克思说："这是属于一个公司的现实资本的所有权证，是对于每年由此生出的剩余价值的证明书。"② 由股票确定下来的股东与企业的关系，恰恰就是企业财产的所有者与实际经营者的关系。

在研究资本主义股份有限公司是否享有企业财产所有权时，我们尤其应当注意的是：资本主义股份有限公司只是资本集中的一种形式。马克思称它为资本集中的一条"平坦的道路"，以此与资本集中的另一种形式——"凭借强力的手段，实行合并"③ 相对应。而资本的这种集中，所变更的仍然不过是资本诸成分的量的配置，丝毫改变不了资本所固有的性质。同

---

① 马克思：《资本论》第 3 卷，人民出版社，1956，第 557 页。
② 马克思：《资本论》第 2 卷，人民出版社，1956，第 422 页。
③ 马克思：《资本论》第 1 卷，人民出版社，1956，第 790 页。

时，这种集中使无数中、小资本家丧失了对自己的资本的实际支配，大大扩大了充当公司董事的大资本家的权利，使他们能够在仅对自己所有的那一大宗股票负责的条件下支配公司的全部财产。因此，资本主义股份有限公司的出现，并没有调和资本主义生产的社会化与生产资料私人占有这一资本主义的根本矛盾；相反，使这个矛盾更加尖锐化了。如果认为资本主义股份有限公司已经享有了企业财产所有权，资本主义股份有限公司的财产已经成了"联合起来的生产者的财产"、"直接的社会财产"，那么就只能得出相反的结论：在资本主义股份有限公司中，生产资料所有权与生产的社会化程度已趋于一致，资本主义的根本矛盾也就不存在了。这个结论显然是错误的。结论的错误也就证明了推论出这个结论的前提的错误。

国营企业应享有企业财产所有权的观点，在理论上是站不住脚的。如果将其付诸实践，也是有问题的。

如果国营企业与集体企业一样享有企业财产所有权，那么国营企业就将与集体企业毫无区别，这就必然削弱乃至取消国家对国民经济的计划领导，导致生产的无政府状态。因为社会主义国家对国民经济的计划领导主要是通过两条途径来实现的：一是国家根据对国营企业的财产所有权，向国营企业直接下达指令性的经济计划；二是国家通过国营企业与集体企业签订经济合同的方式，把集体企业的生产经营间接纳入国民经济计划的轨道。一旦国营企业享有了企业财产所有权，成了集体企业，国家对国民经济实行计划领导的前一条途径被堵塞，后一条途径也就无从谈起，其结果必然是两条途径一齐被堵塞。这样，社会主义计划经济就会成为一句空话，生产的无政府状态也就不可避免了。

主张国营企业应享有企业财产所有权的同志认为，国营企业享有企业财产所有权后，国家还可以通过税收、价格、信贷等经济手段和法律手段对企业实行经济干预。我们知道，现代资本主义国家的经济立法多如牛毛，它们对企业的干预不可谓不强，然而并未改变整个社会生产的无政府状态。同样，社会主义国家如果丧失了对于在国民经济中起着主导作用的大企业的财产所有权，丧失了这个对国民经济进行计划领导的强有力的手段，仅凭税收、价格、信贷等手段对企业进行干预，则必然不可能阻止生产的无政府状态的出现。

所有权是所有制在法律上的表现，有什么样的所有制就有什么样的所有权，所有权必须与所有制相适应，这是马列主义关于所有权问题的基本观点。国营企业是全民所有制企业，其财产所有权也就只能属于代表全民的国家，而不能属于其他任何社会组织，包括国营企业在内。这应该是毋庸置疑的。

但是，国营企业财产与国家所有的另一部分财产——国库财产，也有区别。国库财产由国家直接占有、使用和处分，而国营企业财产则由国营企业占有、使用和处分。这样，在国营企业财产上除了国家的所有权外，就还存在另一种财产权，这就是国营企业的财产经营权。

主张国营企业应享有企业财产所有权的同志认为，国营企业不享有企业财产所有权，是过去形成一套抑制国营企业活力的管理体制的原因。我认为，问题并不在这里，而在于对国营企业财产经营权性质认定的错误。因此，经济体制政策在财产权方面的要求，并不是要变国营企业的财产经营权为财产所有权，而是要正确认识国营企业财产经营权的性质，在此基础上改革不合理的管理体制。

按照苏联的传统观念，国营企业对企业财产的占有、使用、处分，并不是行使自己的独立物权，而是受国家委托，代表国家行使国家的财产所有权。因此，国营企业的财产经营权实际上不过是国营企业为国家行使财产所有权的代理权。从这种观念出发，他们在法人分类上把国营企业归为国家机关，在财产法制度上把国营企业的经营管理作为国家实现财产所有权的一种手段，对国营企业的生产经营建立了一套僵硬的行政管理体制。过去，我们在理论上承袭苏联的观念，在制度上照搬苏联的做法，使我们的国营企业处于消极被动的地位，妨碍了国营企业积极性的发挥，影响了生产的发展。实践证明，这种代理观念以及在这种观念指导下建立起来的一套管理体制，已经成了阻碍生产力发展的一个因素，该被抛弃了。

那么，用讨论中某些同志提出的租赁权、占有权来概括国营企业财产权的性质又是否恰当呢？也不恰当。因为就租赁权而言，承租人的权利不包括对租赁财产的处分权，与国营企业的财产权不相吻合。而占有权，不但其在用语上与作为所有权权能之一的占有权相混淆，而且国营企业的财产权与现代民法上所规定的"占有"亦大异其趣。我认为，应当从马克思所阐明的财产经营权与财产所有权相分离的观点出发，把国营企业的财产经营权在性质上看作财产用益权在社会主义制度下发展的一种形式（名称上无妨遵从习惯，继续叫它"经营权"），由此承认国营企业的财产经营权是区别于国家所有权的一类独立物权，确立国营企业在财产上的独立地位，同时继续维护国营企业的全民所有制性质。为了说明这种见解，有必要对财产用益权问题及与此相联系的财产所有权问题作些简要的分析。

财产用益权，按照《法国民法典》所下的定义，是"对他人所有物，如同自己所有，享受其使用和收益之权"（第578条）。财产用益权制度始于罗马法。最初创立这种制度的动机在于实现遗嘱人的意志。因为罗马人常常以遗嘱将某项财产的使用权、收益权移转于一人，而又保留该项财产的本体归其他继承人所有。但这项制度沿用日久，随着经济关系的日趋复杂，便逐渐有所变化，对用益权的设定不再以遗嘱为限。1804年公布的《法国民法典》不仅规定"用益权得就各种动产或不动产设定"（第581条），而且其设定的根据可以是"法律规定或人的意思"（第579条）。但《法国民法典》和罗马法一样，仍把保存财产本体作为用益权人的基本义务，并明确写进用益权的定义之中。这种情况直到1896年《德国民法典》问世，才被改变。《德国民法典》不仅在给用益权下定义时没有写进用益权人负保存原物本体的义务，在具体条文中亦规定得相当灵活。对"非消费物"，它规定用益权人负有"维持物之原来经营用途"之义务，但有权按"普通经营方式"或与所有人商定的"经营计划"处理（第1036条、第1038条）。对"消费物"，《德国民法典》规定"用益权人即为物之所有人"，仅于用益权终止时，向设定人（即财产原所有人）"赔偿其在设定当时之价格"（第1067条）。实际上就是赋予用益权人处分消费物的权利。而《德国民法典》所称"消费物"，既包括"依通常使用方法即归消耗或移转的动产"，又包括"贮存于仓库或构成其他聚合物依通常使用方法得分别出让的动产"（第92条），无异于我们所说的流动资产。可见，现代民法上的财产用益权具有以下特征：（1）依法律规定或所有人的意思设定；（2）用益权设定后，财产的占有、使用、收益权即移转给用益权人，流动资产用益权人还有处分权；（3）所有人对财产权保留最终收回固定资产本体及流动资产价金的权利。

随着财产用益权制度的发展，人们关于所有权的观念也逐渐改变。在罗马法时代，人们对所有权尚无统一的认识。罗马法不仅没有对所有权作出一般性定义，而且规定了"市民法上所有权"、"大官法上所有权"、

"外国人所有权"、"州县土地所有权"等多层次的所有权。这些不同层次的所有权，无论是在所有人的权利上、移转方式上还是在法律保护上，均有不同。直到13世纪，法学家们才逐渐把所有权归结为占有、收益、处分财产的权利。1804年，《法国民法典》沿袭这种观念，以立法的形式给所有权下了定义，规定"所有权是对于物有绝对无限制地使用、收益及处分的权利"（第544条）。但是，随着资本主义生产关系的发展及财产用益权制度在资本主义经济基础上的发展，人们对《法国民法典》的定义普遍产生了怀疑。因为根据这个定义，对设定了用益权的财产，所有人的所有权何以存在的问题，不能作出解释。鉴于此，自《德国民法典》颁布以来，在给所有权下定义时，就采取了比较灵活的方式，只规定所有人有占有、使用、处分所有物的权利，而没有把所有权与财产的占有、使用、处分权画上等号。与此同时，法学家们还提出了"空虚所有权"的概念，用以概括用益权设定人的所有权。马克思在分析资本主义股份有限公司时又提出了"单纯所有者"的观念。"单纯所有者"的所有权无疑就是"单纯所有权"。如果用"单纯所有权"这个词来取代"空虚所有权"，就更为恰当。因为在一项财产上设定用益权后，所有人的所有权并非"空虚"而无内容，只是其内容纯为最终收回财产或财产价金的权利罢了。树立单纯所有权的观念，对分析国营企业财产权的性质是极为重要的。这样，我们就不会因为国营企业享有企业财产的占有、使用、处分权，而认为它对企业财产有所有权；也不会因为这部分财产的占有、使用乃至处分权不属于国家，而认为国家对它丧失了所有权。

在同一财产上单纯所有权与用益权并存，是由社会财富绝不可能均由财产所有人占有、使用甚至处分的客观必然性所决定的。到了社会主义社会，这种客观必然性是否就消失了呢？不但没有消失，而且在新的经济基础上大大发展了、增强了。因为社会主义公有制，一方面要求将生产资料集中于国家与集体手中，以铲除个人利用生产资料剥削他人的根源；另一方面，为了发展生产和满足人民生活的需要，做到物尽其用，又必须将国家与集体手中的部分财产分散开来，交由一定的社会组织或公民使用、经营。正是由于这种客观要求，1922年制定的《苏俄民法典》在宣布全国土地归国家所有的同时，规定了"建筑权"，以满足法人或公民建筑用地的需要。这种"建筑权"，实际上就是对国有土地的用益权。1975年颁布的

《德意志民主共和国民法典》以一整篇（第四篇）专门规定了公民对国家土地和合作社土地的用益权。在我国，有关法律、法令、条例及党的政策事实上也承认了财产用益权的存在。例如，公民对私房屋基地的长期使用权，人民公社社员对自留地的耕种权，集体或个人对国家划给他们管理的荒地、山林的经营收益权等，都是不同形式的财产用益权。国营企业作为独立的法人组织长期经营国家所有的财产以赢利，它的财产权无疑也是一种财产用益权，只是过去我们长期受代理观念的束缚，以及推行僵硬的行政管理体制在理论上的需要，不肯承认罢了。为了实现经济体制的改革，充分发挥国家、集体所有的财产的作用，搞活我们的经济，我们有必要在我国民法上建立我们的财产用益权制度，其中最为重要的是承认国营企业享有企业财产的用益权。这样做，我认为至少有以下意义。

第一，有利于确立、保障国营企业的独立自主地位。财产用益权是一类独立物权，区别于代表所有人行使所有权的代理权。国营企业享有企业财产用益权，国家的身份就不能再是企业的支配者，而只能是企业的监督者。这样，过去建立的一套僵硬的行政管理体制的继续存在就失去了理论根据，可以逐步被打破了。一旦加于国营企业身上的层层束缚被解除，国营企业也就可以真正获得独立的法人地位，自主地从事生产经营活动了。

第二，有利于把国营企业的生产经营真正建立在对自身物质利益的关心上，激发企业的活力。财产用益权的享有通常都是无偿的，并且用益权人有权收取因生产经营而产生的一切收益。这就为进一步改国营企业的利润提成制为所得税制提供了理论根据。而实行这项改革，就能使我们彻底改变过去统收统支、大包大揽的局面，根除吃大锅饭的弊端，把国营企业的生产经营建立在对自身物质利益的关心上，从而激发企业内部的活力。

第三，有利于维护国营企业的全民所有制性质，确立国家与国营企业间的权利义务关系，强化国营企业的经济责任。财产用益权是依法律的直接规定或所有人的意思而设立的。国营企业的财产用益权产生于国家创办国营企业的行为。国营企业成立后，企业对国家交付的财产获得了用益权，国家对这部分财产的所有权也就转化为单纯所有权。于是，在国营企业财产上就并存着两种权利：一是国家的单纯所有权，二是国营企业的用益权。根据这两种财产权的不同性质，我们就可以确定国家与国营企业之间的权利义务关系了。例如：

国家根据对国营企业财产的单纯所有权，可以享有设定国营企业生产经营宗旨的权利；向国营企业下达经济计划的权利；对国营企业的生产经营活动和占有、使用、处分企业财产的情况实行监督的权利，收取固定资产折旧费，以更新企业设备的权利；于国营企业撤销时收回全部固定资产和流动资金的权利；等等。

国营企业根据财产用益权，则可以享有独立进行生产经营活动，占有、使用和处分企业财产的权利；在保证完成国家计划的前提下，挖掘企业财力，生产计划外产品进行自销的权利；作为纳税人向国家交纳所得税后，按自己的意愿使用所得利润的权利，如用于自身扩大再生产、向其他企业投资、增加福利设施、发放职工奖金；等等。

作为用益权人，国营企业在企业财产上对国家的基本义务，应当是：维护企业固定资产的经营用途；不经国家同意，不得处分固定资产；同时通过生产经营，使企业财产总值不断增长，至少不得减损。企业因自己的过错（如经营不善、铺张浪费等）而使企业财产总值减损，应认为是对国家所有权的侵犯，国家有权采取适当措施，如关、停、并、转，进行处置，并追究企业负责人的法律责任。

国家与国营企业在相互关系中，各自行使自己应当享有的权利，承担自己应尽的义务，国营企业不能侵犯国家对企业财产的所有权，国家也应充分保障企业独立行使财产用益权，不得随意干涉和妨碍。这样，既有利于维护国营企业的全民所有制性质。保证国家对国民经济的计划领导和监督，认真贯彻计划调节和市场调节相结合的方针，同时也有利于维护国营企业的独立财产权，满足企业的物质利益需求，强化企业的经济责任，调动企业的积极性。

承认国营企业享有企业财产用益权，使国家与国营企业在财产上的关系成为权利义务关系，具有民事法律关系的性质，这只是确立一个总的原则，至于权利义务的具体内容，国家则可以根据经济发展的客观要求，以立法的形式加以确定或变更。这样，国营经济的管理体制就可以拥有一种比较灵活的、生机勃勃的形式。

试论我国国营工业企业的"法人"资格[*]

黄卓著^{**}

摘　要：法人是社会组织在法律上的人格化，在不同历史阶段，"法人"制度的主要形式不尽相同。《国营工业企业暂行条例》明确确认了我国国营工业企业的"法人"资格，这是对新中国成立以来工业管理体制改革的经验总结，通过确认国营工业企业在经济中的独立地位，扩大其经营自主权。从我国国营工业企业的法律特点来看，其完全具备法人的法律地位，并且其建立符合我国经济发展实际情况，也必将有利于我国的经济管理体制改革。

关键词：法人　国营工业企业　经营自主权

国务院制定的《国营工业企业暂行条例》（以下简称《条例》）已经于 1983 年 4 月 1 日颁布，这是一项关于我国国营工业企业的重要立法。我国国营工业企业的年产值约占全国工业总产值的 80%，每年上交给国家的税和利大约也占国家全年财政收入的 80%。国营工业企业所拥有的财富，是国民经济命脉之所在，在国民经济中具有决定性的作用。搞好了国营工业企业的立法工作，其他工业企业的立法问题也就比较好办了。

《条例》总则中明确规定，我国国营工业企业是"法人"。对于"法人"这个概念，在我国现实生活中，人们还是比较陌生的。"法人"制度

---

　　* 本文原载于《法学研究》1984 年第 1 期。
　　** 黄卓著，中国政法大学教授（已退休）。

发源于罗马法，首先使用"法人"这个名词的是《德国民法典》。"法人"制度是在商品经济流转过程中形成和完备起来的一种法律制度，是当今世界各国所普遍承认或采用的一种法律制度。"法人"的概念，一般是通过一个国家的民法典来加以规定的。我国尚未颁布民法典，在立法上没有对"法人"作出明确的规定，但是在与一些国家签订的条约中和在设立中外合资经营企业时，是承认"法人"制度的。我国政府颁布的一些经济法规中，也使用过这个名词。如1950年9月27日政务院财政经济委员会公布的《机关、国营企业、合作社签订合同契约暂行办法》第5条规定，"合同或契约之签订，必须以法人为对象，以其主管人为代表，不得以个人为对象"。1981年12月13日第五届全国人民代表大会第四次会议通过的《经济合同法》第2条也规定："经济合同是法人之间为实现一定经济目的，明确相互权利义务关系的协议。"现在的《条例》第8条和第18条中又分别规定，"企业是法人，厂长是法人代表"，"申请开办企业……经核准后，领取筹建许可证或营业执照，取得法人资格"。这说明确立"法人"制度在我国现实经济生活中是很必要的，对于加强经济领域中的社会主义法制和促进四化建设是有利的。在解决国内经济建设以及国际经济交往和科技交流等方面的某些问题时，"法人"制度是不可或缺的法律制度。

一 什么是"法人"？

所谓"法人"，就是社会组织在法律上的人格化。按照传统的民法观念，它是指在自然人之外具有权利能力的"人"，是相对于自然人而言的另一种民事法律关系的主体。"法人"是集合的主体，而自然人则是以个人为本位的主体。"法人"总是一些人的集合体，总是以一个团体出现，所以"法人"有时也被称为"法团"。根据资本主义国家法律的规定，"法人"可分为公法人和私法人（前者依公法而成立，后者依私法而成立）、社团法人与财团法人（前者以人之集合为成立的基础，后者以一定捐助财产为成立的基础）、公益法人和营利法人（前者以谋公益为目的，后者以营利为目的）。"法人"的种类虽然很多，但是一切"法人"都具有以下特征：一是"法人"是社会组织，它有一定的组织机构和活动范围，因而它必须是国家认可的统一组织；二是"法人"必须有独立的受其支配的财产，对自己的债务能独立承担责任；三是"法人"能够以自己的名义享有民事权利，承担民事义务，参加民事活动和诉讼。不具备这些特征，不能被称作"法人"。

在不同的社会历史阶段，"法人"制度的主要形式是不尽相同的。一般讲，在罗马奴隶制时期，"法人"是以地方自治团体为它的主要形式；在中世纪时期，"法人"是以教会、寺院为它的主要形式；在资本主义时期，"法人"则是以公司为它的主要形式，而最普通的"法人"形式是股份公司。资产阶级国家采用"法人"制度，是把它作为集中和积聚资本，以及组织资本家企业经济活动的一种法律手段。

在我国现阶段，凡具有前述"法人"特征的组织，都可被称为"法人"，如有独立预算的国家机关、事业单位和社会团体，实行独立核算的国营企业、集体企业、经济联合体和中外合资经营企业，等等。而实行"法人"制度最具有现实意义的，则是能够成为经济法律关系主体的各种经济组织。这些经济组织享有独立的财产支配权，根据其业务范围和性质，从事组织领导或管理经营等经济活动，对其行为后果承担经济责任或法律责任。有的学者称这种"法人"为"经济法人"。"经济法人"毕竟只是"法人"的一种形式，为了不在名词概念上兜圈子，便于广大群众理解，我个人认为还是沿用"法人"这个通称的名词更好些。

二　为什么要确定我国国营工业企业是"法人"？

《条例》中为什么要确定我国国营工业企业是"法人"呢？这就要从新中国成立以来的工业管理体制说起。

我国从新中国成立初期到前些年以前的工业管理体制，基本上是在长期革命战争中实行供给制传统的影响下，特别是在新中国成立初期借鉴苏联当时做法的基础上形成的。这一套管理体制的特点是：强调中央的高度集中统一，实行以工业部门为主的垂直管理。国营工业企业的自主权很小，权力过分集中在国家手中，企业的人、财、物和产、供、销，全都由国家统一掌控。计划统一下达，物资统一调拨，物价统一规定，产品统购统销，劳力统招统配，财政统收统支，外贸统进统出。许多企业的领导都反映，在扩权之前，企业只有向国家交税交利的义务，而没有任何权利。

由于实行这种统收统支、统进统出、大包大揽、捧"铁饭碗"、吃"大锅饭"的管理办法，企业既无内在的动力，又无外在的压力，经营管理的好坏与自身的经济利益挂不起钩来，搞得好的得不到多少好处，搞得坏的也不承担经济责任。这套工业管理体制，严重地打击了企业和职工的积极性。过去也进行过几次经济管理体制的改革，但主要都只是在中央和地方政府之间搞集权或分权上做文章，没有抓住要害，没有抓到企业这个经济细胞上来，所以没能从根本上解决问题。

党的十一届三中全会以后，中央认真总结了过去几次经济管理体制改革的经验，重点抓住了工业企业这个经济细胞，采取的一个主要措施就是扩大国营工业企业的经营管理自主权。国务院于1979年7月13日颁布了《关于扩大国营工业企业经营管理自主权的若干规定》等5个改革工业管理体制的文件，并先在部分企业进行试点。扩大企业自主权一开始是从分配领域入手的，后来才逐步向着流通领域扩展深入。从分配领域入手，首先就是抓"利润留成"。企业创利越多，它分成留下的利润也就越多。这就使企业的经济责任、经济权限和经济利益三者结合起来，因而大大地调动了企业和广大职工的积极性。企业初步变成了一个内有动力、外有压力、责、权、利相统一，相对独立的社会主义经济单位。实践证明，这次经济管理体制改革，紧紧抓住了国营工业企业这个经济细胞，扩大了企业的经营管理自主权，这个方向是正确的，路子是对的。现在所有国营企业都要实行利改税的办法，这对于进一步扩大企业自主权、促进企业完善经营管理责任制、逐步解决吃"大锅饭"的状况，较之其他改进办法具有更大的优越性。对企业既要放活，又要加压，既要让它享有一定的经营管理自主权，又要相应地加重它对国家对社会的应尽责任。只有这样，才能促使管理者把企业真正管理好。

总结几十年来的经验和教训，我们进行国营工业企业立法的根本任务，就是要把过去长期被当作国家工业领导机关附属物的国营工业企业相对独立出来，把过去长期被各种无形的绳索捆得动弹不了的国营工业企业解放出来，确认它们在国民经济中所应有的独立地位，通过立法承认企业在经济法律关系中的主体资格，使它们人格化，赋予其"法人"资格，明确规定我国国营工业企业在法律上的地位就是"法人"。

三　我国国营工业企业"法人"资格的认定

按照《条例》的规定，我国的国营工业企业具备以下法律特征。

（一）国营工业企业有其明确的性质和任务

我国国营工业企业是社会主义全民所有制的经济组织，是在国家计划指导下，实行独立经济核算、从事工业生产经营的基本单位；它的根本任务是在不断提高技术水平、劳动生产率和经济效益的基础上，全面完成国家计划，为社会生产工业产品，为国家积累资金，为满足人民日益增长的物质和文化生活需要作出贡献。

我国国营工业企业的性质和任务，本来应该是没有什么疑义的，但在认识上、实践上经过了一些反复。在"大跃进"时期，在"大炼钢铁运动"中，就有过一些糊涂认识和做法，使企业和国家都遭受了相当大的损失。1961 年中央颁发的"工业七十条"，针对那时的情况作了明确的规定，取得了很大的成绩。可后来继续受"左"的思想的影响，特别是在"文化大革命"中，林彪、江青反革命集团由开始单纯强调"要把工厂变成无产阶级专政的阵地"，进而发展到叫嚷"工厂可以不出产品"，只要出造反派就行了。他们还大肆批判什么"物质刺激"、"利润挂帅"、"专家治厂"等，造成很多工业企业被迫减产停产，给企业和国家所造成的损失就更加惊人了。所以在法律上明确地规定国营工业企业是一个社会主义的经济组织而不是什么政治组织，工业企业的根本任务就是要搞工业生产，为社会生产工业产品，为国家创造利润、积累资金，而不是什么可以不出工业产品、不创利润的"无产阶级专政的阵地"，是非常必要的，这是制定国营工业企业法规的立足点和出发点。明确了国营工业企业的性质和任务，也就说明了我国的国营工业企业是一个具有明确宗旨和业务范围的社会组织。

（二）国营工业企业有其自身独立的组织机构

我国的国营工业企业，是依照国家规定开办企业的条件，在一个主管部门的领导下，根据生产技术统一的原则所组建的、从事生产经营活动的独立单位，有其集中统一的生产指挥系统。企业一般分为厂部、车间（分厂）、班组（工段）三级，主要管理权力集中在厂部。企业按照民主集中制的原则，实行党委领导下的厂长或经理负责制和党委领导下的职工代表大会制。厂长（或经理）是企业的法定代表人。这就说明，我国的国营工业企业是依照国家法定程序开办的，有其独立的组织机构和法定代表人的社会组织。

（三）国营工业企业有其在国家授权范围内经营管理的独立支配的财产

我国的国营工业企业是全民所有制的企业，全民所有制反映在经济法律关系上就是国家所有权。中华人民共和国是国家所有权的唯一的和统一的主体。所谓国家所有权的唯一的主体，是指任何机关、企业、社会团体都没有资格作为国家所有权的主体，这样才有利于保证国家对社会主义经济实行统一的计划领导。所谓国家所有权的统一的主体，并不是说国家把财产都集中由中央一个部门管理。相反，国家为了更好地发挥地方和企业的积极性，为了财产管理上的需要和方便，实行统一领导，分级管理，将国家财产授权给地方和企业负责，并适当地扩大地方和企业财产管理的自主权。国营工业企业虽然不是国家所有权的主体，但根据国家的授权，对拨归其管辖的财产，有经营管理的自主权。在这个权限范围内，企业对其管辖的财产行使占有、使用、处分的权利，因而成为经济法律关系的主体。企业可以根据自己的意志从事经营管理活动，非经国家法律规定，任何组织或个人都不得加以妨碍和侵犯。法律上明确规定了国营工业企业对其财产的经营管理权，这就说明我国的国营工业企业是一个具有独立支配的财产、能够独立承担财产责任的社会组织。

（四）国营工业企业在生产经营活动上享有自主权

为了保证国营工业企业完成法定的任务，国家赋予它相对的独立性，使它在国家计划指导下，可以编制自己的增产节约计划，进行独立核算，独立计算盈亏或自负盈亏。企业在产、供、销和人、财、物等各个方面都享有一定的经营管理自主权，同时，它对国家、对社会也承担相应的责任。这也就说明我国的国营工业企业在法律上是一个完全具有权利能力和行为能力的社会组织。

综合上述几点法律特征来看，我国的国营工业企业，是有一定宗旨和业务范围的社会组织，是依照国家法定的程序开办的、有其独立的组织机构和法定代表人的社会组织，是具有独立支配的财产、能够独立承担财产责任的社会组织，是完全具有权利能力和行为能力的社会组织。它能以自己的名义对外发生经济关系和参与诉讼活动，包括在银行设立账户，与外单位签订经济合同，起诉和应诉，等等。因此，我们可以认定，我国的国营工业企业从其法律地位上来说，它就是完全具备"法人"条件的"法人"。《条例》第8条对此作了明确的规定。

按照资产阶级的法律观点，我国的国营工业企业的"法人"条件还是不完备的。有的资本主义国家的朋友认为：像中国这样的国营工业企业，计划由国家制定，产品由国家分配，企业没有独立支配财产的权利，在他们国家就不能被算作"法人"，即使扩大了企业自主权，企业有一些权利，其也不完全是"法人"。言下之意就是说我国的国营工业企业是不够"法人"资格的。他们抱有这种看法是不足为奇的。因为资本主义国家的法律是生产资料私有制的产物。我们中国则是一个生产资料公有制的社会主义国家。我们的国营工业企业，或许不符合资产阶级法律所认定的"法人"条件，但以我们的法律来衡量，则可以说是完全够得上"法人"资格的，而且与国际上所讲的"法人"资格也基本相符。我国实行法治，特别是在经济领域里实行法治，进行经济立法，只能从我国的实际情况出发，而不能处处用资产阶级的法律观点来套。"法人"概念的运用也是如此。我们搞活经济，发挥市场调节的辅助作用是必要的，但必须以计划经济为主；我们扩大企业经营管理的自主权是必要的，但不能把全民所有制的财产变为企业集体或职工个人所有。国民经济管理本身是有阶级性的，法律更具有鲜明的阶级性。我们讲我国的工业企业法，讲我国的"法人"，应当从"坚持四项基本原则"出发，在"坚持四项基本原则"的前提下讲法治，讲"法人"的条件问题。我们说，像我们中国目前的国营工业企业，实行扩权之后，有了法定的经营管理自主权，有了在国家授权范围内独立支配的财产权，就可以说是具备"法人"资格了。我国实行"法人"制度，应该有利于我国经济管理体制的改革，有利于我国四化建设的进行。

绝对所有权与相对所有权

——试论国营企业的所有权关系[*]

杨志淮[**]

摘　要： 经济体制改革要求国营企业成为相对独立的经济实体，拥有完全的经济管理权，并对其财产享有一些所有权。在国营企业所有权关系上，应承认国家享有绝对所有权，企业享有相对所有权。在现实生活中，企业所有权结构的双重性已经客观存在，其有利于将国家的集中统一领导和企业的相对独立性很好地结合起来，既能在宏观经济上保持国家的有效控制，又能在微观经济上充分激活企业活力，使企业成为富有生命力的有机体，从而巩固和完善社会主义全民所有制。

关键词： 绝对所有权　相对所有权　国营企业　全民所有制

现在，我们正在进行经济体制改革。其中的一个关键问题，是如何处理好国家与企业的关系。过去，我们也进行过几次改革，但都是在中央与地方的集权与分权问题上做文章。改来改去，无非是企业究竟隶属于哪一级政权为好，根本未触及企业自身的权责问题；企业不管隶属于哪一级都被捆得死死的。现在，我们吸取了教训，把改革的重点放在增强企业活力上，国家对企业既要宏观控制又要微观放活。这样，国民经济就会生气蓬勃，更快地发展。

关于国家与企业的关系问题，我认为首要的是如何处理好国营企业的

---

　　*　本文原载于《法学研究》1985 年第 2 期。

　**　杨志淮，西南政法大学经济学教授（已退休）。

所有权关系。本文拟就这个问题谈一点个人的肤浅看法。

一　经济体制改革前后国营企业的所有权关系

在党的十一届三中全会以前，也就是经济体制开始改革以前，我们的国营企业虽然也是社会生产的基本单位，但是，一无权，二无利，缺乏独立性，一切由国家决定；任务由国家统一下达，物资由国家统一调拨，产品由国家统购包销，人员由国家统一调派，利润由国家全部收缴，亏损也由国家全部补贴。这实际上是以国家为核算单位，千千万万的国营企业只是国家这个大企业的一个分支机构或者说一个车间。这样的国营企业当然只能是国家机关的附属物，没有活力，像算盘珠一样，拨一拨，动一动。实践已经证明，这样做，十分不利于社会主义经济的发展。企业是国民经济的基本单位，国民经济繁荣兴旺与否，不仅取决于国家所拥有的企业数量，更取决于企业的生命力。企业生命力旺盛，就能自我增值。它的增值力越强，整个国民经济就越繁荣兴旺。

党的十一届三中全会以后，我们开始改革经济体制；十二届三中全会进一步通过了《中共中央关于经济体制改革的决定》。改革的基本目的，是促进社会生产力的发展，加速四个现代化的实现。进行改革的一个重要指导思想是把企业改革成一个富有活力的有机体，办法就是从扩大企业自主权入手。1984年5月，国务院颁发了《关于进一步扩大国营工业企业自主权的暂行规定》，国营企业除了拥有对企业财产的占有权、使用权外，还有必要的处分权、受益权以及人事权。企业将真正成为相对独立的经济实体，将拥有完全的经营管理权。问题是，企业是否仅拥有经营管理权而没有一点所有权呢？这是值得探讨的。

第一，现在大家都承认企业是具有相对独立性的商品生产者。它生产出来的产品，不管是生产资料还是消费资料，在形式上和实质上都是商品，产品的转移必须通过等价交换。既然是等价交换，双方就必须承认对方是他的产品的所有者，交换后产品就要发生所有权的转移。转移所有权是商品交换的基本特征，如果企业对它的财产一点所有权也没有，它怎么能成为相对独立的商品生产者？可见，企业对它的财产享有一定的所有权，是企业作为具有相对独立性的商品生产者的基础。

第二，现在大家都承认企业是法人。既然是法人，就要有它自己的财产。它在与其他的个人或单位发生经济关系时，就要以"所有者"的身份出现。如果企业对它的财产一点所有权也没有，那么，它就只能是国家财产的代理人，而不能成为权利义务的主体，从而也就不能成为法人。但是，这样一来，也就否定了国营企业是法人这个前提。所以，作为法人的国营企业，很难说它对自己的财产一点所有权也没有。

第三，国营企业属于全民所有，全体人民都是企业的主人，而企业的职工既是全体人民的一部分，又是企业生产资料的直接占有者和使用者，在自负盈亏的条件下，他们是与企业的利害关系最密切、最直接的主人。全体人民是企业的主人，企业职工更是企业的主人。企业职工的这种双重身份，决定了企业所有权结构的双重性。只有承认这个双重性，职工才能把国营企业看作既是国家的又是自己的，从而积极劳动和改善经营管理，提高经济效益。

以上分析说明，国营企业对它的财产既有经营管理权，又有一点所有权。但是，如果承认企业有一定的所有权，那又如何解释"一物不能有二主（一物一权）"的民法原则呢？国家所有权与企业一定的所有权之间又是什么关系呢？

二　绝对所有权与相对所有权

其实，一物之上并存两个所有权的情况，古今中外都有。

在原始公社末期，土地虽属氏族公有，但由氏族成员分别占有，并且这一做法成为传统习惯世袭下去，从而使占有权成为事实上的所有权。恩格斯把公社对土地的所有权称为"最高所有权"，相应地，氏族成员的所有权就是低级的、从属的所有权了。中世纪的欧洲，也存在封建领主与臣民对土地的双重所有权。其中，封建领主的所有权是最高所有权，臣民的所有权居于从属地位。可见，在同一物上可以有两个不同层次的所有权。

这种情况，在今天的外国也有。例如，西方国家国营企业的财产是资产阶级国家所有的财产，但是，这些国营企业作为法人，也是企业财产的所有者，因而在同一企业的财产上就同时存在国家所有权与企业的法人所有权。

公有制国家也有这种情况。捷克斯洛伐克 1963 年的法令规定，在同外国合资的混合公司中，捷方投入的财产，除特定物外，混合公司享有所有权。罗马尼亚 1972 年的法令规定，在同外国合资的混合公司中，公司成立时各方投入的财产和以后获得的财产，由混合公司作为法人享有所有权。这是在公有制国家同时存在国家所有权和企业法人所有权的有法律根据的例子。

在我国，不仅中外合资经营企业，就是单一的国营企业，也应承认它们享有一定的企业法人所有权。根据我国社会主义条件下国营企业的性质和地位，我认为，可以把国家享有的所有权叫作绝对所有权，把企业享有的所有权叫作相对所有权。

所谓绝对所有权与相对所有权，是指在同一物之上同时存在的两个不同层次的所有权。在这两个所有权中，一个所有权凌驾于另一个所有权之上，另一个所有权从属于这个所有权，它们之间是主从关系。前者是无条件的，后者是有条件的，是前者派生出来的。所以，把前者称为绝对所有权，把后者称为相对所有权。这两个所有权虽然同时存在于一物之上，但是，由于它们是主从关系，属于不同的层次，为主的只有一个，因此，它并不违背"一物不能有二主"的民法原则。因为"一物不能有二主"是指在一物之上不能同时存在两个对立的、相互排斥的所有权。显然，绝对所有权与相对所有权不属于这种情况。

在国营企业的所有权关系上，国家享有的所有权就是绝对所有权，因为它不受任何人的限制，无论何人都不得干涉国家行使所有权；企业享有的所有权就是相对所有权，因为企业的所有权是国家根据社会主义经济发展的需要授予的，并从属于国家所有权，它不得妨碍国家所有权的行使。

由于国营企业的所有权关系存在着绝对所有权与相对所有权的双重结构，因而企业也就有了双重的法律地位。对国家，企业是国家的财产，是国家绝对所有权的客体；对社会（即对其他的单位和个人），它是法人，是企业财产的主人，享有相对的所有权，是相对所有权的主体。

可能有人会说，所有权都是绝对的，怎么会有相对所有权呢？这是把两个不同范围的用语扯在一起了。在民法理论上，某些民事权利，其义务主体不是特定的某一个人或某几个人，而是不确定的任何人，这样的民事权利就叫绝对权，如所有权。而另一些民事权利，其义务主体只是特定的某一个人或几个人，只有他们才有义务按照权利人的请求实施某种行为，从而保证权利人的权利得以实现，这样的民事权利就叫相对权，如债权。它们的绝对与相对，是在民事权利这个范围内，以义务主体是不是特定的人为标准来划分的。而我们这里所说的绝对所有权与相对所有权是在所有权这个范围内，就某种所有权的内部结构来划分的。二者范围不同，划分标准不同，它们是两码事，不存在矛盾。企业的相对所有权由于只是对国家所有权而言是相对的，除国家可以给予限制外，其他任何人都不得妨碍企业行使所有权，因此，它并没有违背所有权是一种绝对权的民法原理。

也有人说，所有权都不是绝对的。这话对所有权与国家权力之间的关系来讲是对的。因为任何个人或法人的所有权，都可以由国家权力加以种种限制，就是持所有权神圣不可侵犯观点的资产阶级法律，也对所有权设有一些限制。如《拿破仑法典》第 544 条规定："所有权是对于物有绝对无限制地使用、收益及处分的权利，但法令所禁止的使用不在此限。"我国法律对所有权的限制更多。所以，就所有权与国家权力的关系来讲，所有权都不是绝对的。但是，这并不能说明在国家所有权的内部结构上，不可以有绝对所有权与相对所有权的划分。

可见，不能以所有权都是绝对的或都不是绝对的为理由来否定某些所有权在内部可以被划分为绝对所有权与相对所有权两个层次。

三 国家享有绝对所有权与企业享有相对所有权的主要表现

在国营企业的所有权关系上，国家享有绝对所有权，企业享有相对所有权，这并不是凭空虚构的，而是社会主义经济发展的客观要求，在现实生活中已经客观地存在着、实践着。下面谈一谈它们的主要表现。

国家享有的绝对所有权主要表现在：

（1）制定占有、使用、处分国营企业全部财产（包括固定资产、流动资产和各种特别基金）的政策法令；

（2）通过经济计划和经济的、行政的、法律的手段，管理、检查、调节和指导企业的经济活动；

（3）以税收形式参与企业纯收入的分配，并保证国家得大头；

（4）决定企业的关、停、并、转、迁，有对企业财产的最终处分权。

从以上国家享有绝对所有权的主要表现可以看出，国家对千千万万的国营企业，并不像"四权分离说"那样，只拥有所有权而把占有权、使用权甚至处分权都分离出去了，其掌握"四权"，只不过它是从宏观经济层占有、使用、处分国营企业的生产资料和产品。只有这样，代表全体人民的国家才能对整个国民经济进行统一组织、指挥、调节与监督；才能保证各个国营企业沿着国家指引的方向前进；才能保证国民经济大体按比例协调发展；才能保证国民收入的分配按"三兼顾"的原则进行。

企业享有的相对所有权主要表现在：

（1）在法定范围内，有权占有、使用、处分企业的固定财产，从事生产经营活动；

（2）在完成国家计划的前提下，有权从事计划外的生产活动，有权处置计划外的产品；

（3）在法定范围内，有权处分闲置的和淘汰的固定资产；

（4）对税后利润，在法定范围内，有权自行支配，用来发展生产、试制新产品、搞集体福利、发放奖金、甚至向企业外投资；

（5）在物资供应方面，对非国家统一分配的物资，企业有自由选购的权利；对国家统一分配的物资，在订货时，企业也有选择供货单位的权利；

（6）企业的财产相对独立于国家的其他财产，国家对企业的债务不承担责任，企业对国家的债务也不承担责任。

从以上企业享有的相对所有权的主要表现来看，企业在与其他的个人或单位的经济往来中，完全是以所有权主体的身份出现的。就是在与国家的一般的民事活动中，企业也是以所有权主体的身份出现的。例如，国家出现了财政赤字，也不能无偿平调企业拥有的富余资金，只能采取借贷的方式，如发行国库券，由企业认购，国家按期还本付息。在这种情况下，企业与国家之间就是债权与债务的关系。这证明国家是承认企业对它的资金享有相对所有权的。可见，"四权分离说"认为企业只有占有权、使用权和一定的处分权而没有一点所有权，是不符合客观实际情况的。

在国营企业的所有权关系上，承认国家享有绝对所有权、企业享有相对所有权，就能把国家的集中统一领导和企业的相对独立性很好地结合起来。这样，既能在宏观经济上保持国家的有效控制，又能在微观经济上充分发挥企业的活力，使企业成为富有生命力的有机体，具有自我改造和自我发展的能力，从而有利于巩固和完善社会主义的全民所有制。

国有企业法人财产权利探讨[*]

徐武生^{**}

摘　要： 企业要成为法人，必须拥有自己独立的财产。我国国有企业作为法人，其财产权利依据应该是经营权。经营权较经营管理权、相对所有权、用益权、法人所有权这些而言，是比较科学而准确的提法，它可以而且也只有它才能成为国有企业法人财产权利的依据。国家享有所有权，企业拥有经营权，能兼顾国家、集体、个人三者的利益。

关键词： 国有企业法人　财产权利依据　经营权　用益权所有权

《中共中央关于经济体制改革的决定》（以下简称《决定》）指出，企业要成为相对独立的经济实体，成为具有一定权利和义务的法人。法人主要的特征是必须拥有自己独立的财产。因此，独立的财产权利就成为法人得以成立的最重要依据。那么，国有企业作为法人，究竟是以什么样的财产权利为依据呢？

一

目前有一种较为流行的意见是，国有企业作为法人，其财产权利依据

---

*　本文原载于《法学研究》1986 年第 2 期。

**　徐武生，中国人民公安大学教授（已退休）。

应该是经营管理权。我认为这种意见是不妥当的。真正能够比较准确反映这种财产权利法律性质的应该是经营权。

也许有人会说，所谓经营权与经营管理权其实就是一回事，没有必要在这种名词概念上做文章。这种认识是不对的，不但"经营"与"管理"两个概念的内涵各自区别，更重要的是从法律上看，经营权与经营管理权的权能内容大为不同，两权分别由不同部门的法律规范调整，反映着不同的社会关系，不可以将二者混为一谈。

为了全面认识经营权与经营管理权的区别，有必要先考察"经营"和"管理"的含义。社会主义"经营"的内容是：市场调查和预测；企业发展方向经营战略决策；产品开发和技术储备；产品销售和技术服务。由此不难看出：一是社会主义"经营"的核心是决策，是一种关于其财产如何使用的决策；二是"经营"属于企业上层，反映的是企业与外部社会的关系，而"管理"一般则指各项专业管理（如生产管理、质量管理、劳动管理等），它属于企业中层，反映的是企业内部关系。至于"经营管理"，则是"经营"与"管理"的合称，内容丰富，具有综合性与全面性。

与此相联系，经营管理权也是一项综合性权利。国务院关于进一步扩大国营工业企业自主权的十条规定，就是国有企业经营管理权的科学内涵。对之略作分析就可看出，其中关于生产经营计划、产品销售、自定产品价格、物资选购、资金使用、资产处置以及联合经营等方面的权利，实际上都是"经营"这一概念的内涵在法律上的反映，表现为企业可以就其财产作出决策，都属于经营权的内容。进一步说，这种经营权实际上就可以归结为企业对其财产占有、使用、处分以及收益的权利，换言之，经营权也就是企业的财产权。然而，经营管理权的内容除了上述财产权利外，还包括企业内部机构设置和人事劳动管理等方面的权利。比如国有企业在定员编制范围内，有权自行规定机构设置和人员配备；企业（厂长）有权从工人中选拔干部，有权对职工进行奖惩；等等。显然，这些诸如人事管理等方面的权利不是企业的财产权。企业的财产权利，实质上也并不是人对物（财产）的权利，而是基于财产所出现的对于人（社会）的权利，之所以将这种权利称为财产权，是因为其内容只限于对财产本身的占有、使用和处分，它反映的只是在这些方面人们对财产形成的相互联系。至于人事劳动管理等权利，并不涉及财产的占有、使用和处分，所以，是企业财产权利以外的其他权利。

既然企业的经营管理权是一项综合性权利，那么这种权利就不只具有单一的法律属性，而是由不同法律规范所组成的复合体。比如前面指出的关于企业劳动机构设置、劳动人事管理的权利，所反映的社会关系属于劳动法调整。由此，对于经营管理权，如同使用"经营管理"概念一样，人们虽然可以根据不同需要在不同场合使用，甚至在宪法上规定"经营管理自主权"的法律概念，但是这并不妨碍我们对经营管理权的组成部分加以分析，认识其内部权能不同的法律属性，这对于探讨国有企业法人财产权利依据具有十分重要的意义。从这一点出发，我们看到，企业经营管理权作为综合性法律权利，是不能成为法人财产权利依据的。因为法人的权利依据不但只能是单纯的财产权利，而且必须只能是民事权利，这是由法人的本质要求所决定的。

通过对经营管理权的内涵和法律属性的分析，我们看到，在这种权利中，只有部分可以被概括为经营权的权能才是财产权利。那么这种权利是不是民事上的财产权？并因而可以成为企业法人权利依据呢？回答是肯定的。前面说过，经营权实际就是国有企业对其财产占有、使用和处分的权利，实际就是企业对其占有的财产如何使用（包括一定处分）作出决策的权利。它反映的是企业作为一个整体就其财产而与社会所形成的一种相互关系。在这种财产关系中，在企业经营权限范围内，企业与其他任何社会主体的地位应该是平等的，双方的交换活动必须是等价、有偿的，因此，经营权就不能不是一种民事上的财产权利。当然，它要成为国有企业法人的权利依据，还必须具有独立性。

二

经营权是不是独立的财产权利？探讨这个问题，必须结合"相对所有权"观点进行研究，因为经营权与相对所有权具有很多共同的特征。目前不少文章中都有经营权（当然用的是"经营管理权"这一名词）就是一种相对所有权的提法，有必要对此进行分析。

相对所有权，即在国家享有的国有企业财产所有权的前提下，企业在一定范围和程度内，对国家财产占有、使用和处分的权利。这就是说，国有企业财产具有双重所有的性质，在国家所有权的内部结构中，同时存在国家和企业两个不同层次的所有权。但是二者的关系却不是并列的，其中国家所有权居主导地位，其权能不受任何限制，所以被称为绝对所有权；而企业享有的所有权，则是由国家所有权派生出来的，处于从属地位，其存在不得妨碍国家所有权的行使，因而被称为相对所有权。由于二者是主从关系，居于不同的层次，为主的只有一个，因此被认为并不违背"一物不能有二主"的民法原则。

企业相对所有权观点，力求从法律上准确反映出经济体制改革中国家与企业相互关系的客观要求，力求在保证国家作为国有财产唯一和统一所有权主体的同时，切实保障企业这一相对独立经济实体的法律地位，这种观点是有其道理的。但是国有企业法人财产权利科学而准确的提法只能是经营权，比较二者的内容，这一点我们就可以看得很清楚。

我们知道，相对所有权是较绝对所有权而言的，两者虽属主从关系，但毕竟都是所有权。然而，国有企业法人的财产权利依据，却决不能被归结为任何意义上的所有权，而只能是经营权。从占有权能来看，所有权的占有，可以只是一种权利，而经营权的占有，则不仅是一种权利，还必须是一种事实；从使用权能来看，所有人可以对他的所有物为任何行为或不行为，但是经营权的使用，却必须为和使用物社会职能相一致的行为；从处分权能来看，所有权的处分，只要不违背法律禁止性规定，可以自由决定被处分物的命运，而经营权的处分，除了受法律限制以外，还要受到其经营活动宗旨的限制。由上可见，虽然所有权与经营权具有相同的权能，但二者并不就是同一性质的财产权。二者间的这种区别，对于既是所有者又是经营者，也就是说所有权与经营权合一的集体所有制企业来说，表现得还不甚明显，但对于经济体制改革中的国有企业而言，其财产权利只能是经营权而不是任何意义上的所有权。

摒弃相对所有权观点，确立国有企业经营权，不仅是比较二者内容所得出的结论，更是因为前者不是一种独立的财产权利，而后者则相反。

第一，从理论上看，有人认为，如果一个国有企业不同时对生产资料具有一定所有权，而只是使用生产资料，那就不仅会使国家所有制被架空，还无法解释广大企业职工何以是企业的主人。这种顾虑是没有必要的。在我们社会主义国家，国家是全体人民的代表，国家掌握了国有企业财产的所有权，也就意味着包括广大企业职工在内的全体人民掌握了所有权。国有企业财产是全体人民的财产，不能因为国有企业职工直接占有、使用这种财产，就只承认他们才是企业的主人而赋予他们一定的所有权。国家单独享有国有企业财产所有权，并不排斥国有企业职工的主人翁地位，而且只有这样，才真正符合全民所有制本来的实质意义上的要求。这是问题的一个方面。另一方面，按劳分配在很大程度上还不是在社会和个人之间直接进行，其间还存在着企业这一中间环节。而劳动者在企业中按照分工原则进行生产，每人只参与一道或几道工序，产品由许多劳动者共同完成，要评价劳动者的劳动贡献，必须对整个企业的生产经营成果作出社会评价。这就意味着，实行按劳分配原则就必然要承认企业具有相对独立的经济利益，进而承认企业享有反映这种经济利益的独立财产权利，而这种权利又不能与国家所有权相冲突。

企业相对所有权观点达不到上述要求。国有企业财产上如果同时存在两个所有权，二者就必然既有统一的一面，又有矛盾的一面。而在二者发生矛盾时，相对所有权又必须服从国家绝对所有权。比如企业破产还债，相对所有权作为一种自物权，不能对企业全部财产主张权利、承担义务，否则就侵犯了国家所有权，这样，其独立性何在？由此可见，相对所有权观点在理论上处于一种两难境地，无法在法律上正确反映社会主义全民所有制经济的客观状况。

只有经营权能够承担起经济体制改革赋予法律的使命，成为国有企业法人财产权依据。它既不违背国家是国有企业财产唯一所有权主体的理论，又能在法律上表现出完整的独立性。经营权的这种独立性，源于国家的授权。在这种授权法律关系中，国家将其财产交给企业经营，通过税收和其他形式，享有从企业取得其财产收益的权利。企业经营得越好，国家收益就越多，企业可对其经营范围内的全部财产主张权利，能以自己独立的名义参加民事活动，成为具有一定权利和义务的法人。从法理上讲，国家授予企业法人经营权这种独立的财产权利，是权利义务相一致原则的要求。

第二，从实践中看，根据上述相对所有权和绝对所有权的内涵，如果说所有权内部可以有两层结构的话，那么二者的划分也只是反映了在国家所有权关系内部结构上国家和企业的分权关系，对于第三者（社会）来说没有意义。要反映和表现国有企业的财产权利依据，必须从企业与社会的关系这一角度来认识和说明问题。因为国有企业作为法人，是在全社会范围内进行活动，而决不仅限于企业和国家之间的关系。所以，在实际生活中，企业法人的财产权利不可能是什么相对所有权，相对所有权不能使企业独立以自己的名义参加民事活动。但经营权能够弥补这一缺陷，它一经国家授权产生，便能在权限范围内，在全社会范围里，使企业以自己的名义对抗任何第三人。

第三，从法律规范要求来看，相对所有权含义不明，模棱两可。马克思曾经指出，"法律是肯定的、明确的、普遍的规范"。① 很明显，相对所有权不符合这一要求。这里的"相对性"究竟是什么含义？虽然人们大体可以理解为这是指从属性、有条件性、限制性，但即使如此，这仍是一个弹性概念，不适合用来表述法律规范。如果"相对性"是指企业所有权只是因国家所有人的意志而产生、变更和消灭，或者是指企业行使所有权各项权能必须被限制在一定范围内，那么，"相对性"的说法就没有必要。因为在上述前提下，企业的财产权利就具有确定不移的独占性、排他性，所谓"相对性"也就不复存在。如果"相对性"是指企业财产上还存在着居于主导地位的国家所有权，因而企业的财产权利仅处于从属地位这一意义的话，那么，"相对性"实质上意味着企业这种财产权利在一定程度上具有独立性。

只有把国有企业法人的财产权利定义为经营权，才可在法律上弥补上述缺陷。明确国家所有者和企业经营者各自财产权的属性，不仅能使二者之间权利明确、义务分明，同时也有利于对其进行法律保护。一方面，既然只有国家才是所有者，国有企业全部财产就是国家财产，对之就适用国家财产的特殊保护方法，如时效等方面的规定。另一方面，企业是国家财产经营者，就负有努力经营好国家财产的义务。同时，企业也享有权利，任何人包括国家在内都不得任意侵犯它的经营权，这就明确了企业财产权利的独立性，有利于企业自身经济利益的保护。

企业经营权的独立性，并不违背《决定》关于所有权与经营权适当分开的精神。所谓适当分开，即不能完全分开，也就是说国家对国有企业财

---

① 《马克思恩格斯全集》第 1 卷，人民出版社，1956，第 71 页。

产还有一定的经营权利，比如国家有权对国有企业下达部分指令性计划等。所有权与经营权适当分开，并不能否认经营权属于企业，相反，它还要求国家在根据所有权行使一定的经营权利时，必须在"适当"的限度之内，即不能由此而违反经营权属于企业这一法律属性的质的规定。至于在一些对国计民生有重大影响的大型企业中，企业经营主要由国家直接实行计划管理，那么这里所有权与经营权就基本上合为一体，事物的性质也就有了变化，这些企业就是国营企业，而有别于我们这里所说的国有企业，因此不属于本文探讨范围。《决定》在阐述国有企业财产权利时，与所有权相对的是经营权概念，而没有采用相对所有权这一容易产生歧义的观点。这里包含着深刻法理内容，应该引起人们足够的注意。

三

经营权不但可以而且只有它才能成为国有企业法人财产权利依据。

经营权尤其类似于用益物权。所谓用益物权，《法国民法典》将其定义为"对他人所有物，如同自己所有，享受其使用和收益之权"。经营权与这种用益物权的共性表现在：二者的产生都基于所有人的所有权；二者都以所有权的权能为内容；二者的存在均不能排斥所有权的存在，并且所有人享有最终收回被设置这两种物权之财产的权利。但是经营权毕竟不同于传统的用益物权，表现在以下几个方面。

第一，经营权的内容比传统的用益物权更广泛，后者一般只包括所有权的一、二项权能，而且一般不包括处分财产的权能；但是经营权不仅包括占有、使用和收益权能，而且还包括一定的处分权能。

第二，在对所有人的关系上，二者的主体不同，表现的经济利益也不同。用益物权人与所有人是两个不同的主体，二者的关系是不同所有者之间的关系，相互间并无共同的经济利益；而经营权主体本身就是全民财产即国家财产所有人的一部分，作为所有权唯一主体的国家只不过是包括企业职工在内的全民的代表，因此企业与国家的关系不是纯粹的两个不同所有者之间的关系，二者有共同的经济利益。

第三，二者与所有权的相互关系也不同。用益物权的行使，在用益物权人对所有人应负的义务范围外，所有人不得干涉；而国家所有人除此之外，对于企业经营权的行使，可予以适当的干涉，比如下达指令性计划等。

经营权与企业法人所有权也十分类似。二者都是一种独立的民事财产权利，都可以作为法人的财产权利依据。但是对于国有企业法人来说，后者是不适合的。我认为，企业法人所有权，只是对于具有不同所有制成分的企业来讲才有意义。因为在这种企业中，企业财产属于不同的所有者，而不是只属于其中某一个所有者。这就要求在承认几个不同性质所有权的同时，还必须承认一个代表他们全体利益的所有权。但是对于国有企业来讲，这就没有什么意义。因为国有企业财产只属于一个单一的所有者。持这种观点的同志还认为，随着国有企业的发展，自留资金的积累，其中大部分将转化为企业的固定资产，这样形成的固定资产应属于企业所有，如果不承认企业法人所有权，那就是不承认企业有权拥有自留资金，自留资金向固定资产的转化就会受到阻碍，企业和职工的物质利益也就得不到保障。这种说法不能成立，国有企业盈利再大，留利再多，也是国家所有，实质上这是社会主义生产关系再生产的问题。国家既然是生产资料的所有者，也必然就是用这些生产资料生产出来的产品以及利润的所有者，否则，全民所有制如何日益巩固、完善和发展？否认企业法人所有权，并不等于不承认企业有权拥有自留资金。企业拥有自留资金的法律根据是经营权。企业经营成果越好，自留资金也就越多，生产也就越来越扩大，与此相适应，企业的奖励基金和福利基金也必然会随之增多。由此可见，国家享有所有权，企业拥有经营权，正是兼顾了国家、集体、个人三者的利益。

坚持国有企业法人所有权观点以及相对所有权观点的同志还有一个重要的论据是：现在我们承认社会主义经济是商品经济，全民所有制企业之间相互交换的产品也是商品，而商品交换必然会发生所有权转移。因此，国有企业应有一定的所有权。关于所有权的相互让渡是不是商品基本特征的问题，我国以及其他一些社会主义国家经济学界的认识并非完全一致。从《决定》的精神来理解，产品成为商品，并不一定必然以所有权转移为标志。为说明这一问题，必须对商品的共性和特性作一简要分析。

商品的共性，从其体现的社会关系来理解，即一般商品关系的本质。这种一般商品关系即经济关系的本质是什么呢？抽象地概括，它只是通过等价交换所体现的生产者和消费者的关系，此外再没有任何多余的东西。这种等价交换是由社会分工决定的。社会分工，一方面是劳动分工，因而决定了必然要进行交换；另一方面是劳动者分工，由此劳动者成为彼此独立的生产者，具有各自不同的经济利益，因而要求这种交换必须等价。由此可见，商品的共性，即一般商品关系的本质，归根结底即社会分工；只要存在这种社会分工，就必然存在商品经济，必然存在商品。所以衡量某一产品是不是商品的一般标准，只能是社会分工，而不能是所有制以及反映它的财产权关系，也就是说，所有权的转移并非商品的基本或一般特征。

问题的关键在于商品的特性。社会主义经济与资本主义经济都是商品经济，但是这两种经济的商品，却有质的不同，即反映的所有制不同。由于这种不同，商品交换在法律上就表现为所转移的财产权利的不同。在私有制条件下，企业属于资本家私人所有，商品生产和交换是作为生产者或生产经营者的私事而各自独立进行的，因此所有权的转移就必然成为私有制经济商品的特征。马克思主义经典著作就是在这种意义上给商品下定义的。但是我们不能把私有制经济的商品视作商品一般，又用之来考察社会主义公有制经济的商品，从而得出社会主义商品交换也必然以所有权转移为特征的结论。诚然，社会主义商品经济里有的商品交换也是以所有权转移为特征，这主要表现在具有不同独立利益的国有企业与集体企业之间、集体企业相互之间的交换。但是全民所有制商品生产者之间的商品交换并不转移所有权，而只是经营权的相互让渡，这就是这种商品交换的特性。

综述全文，经营权较经营管理权、相对所有权、用益权、企业法人所有权这些物权观点而言，是比较科学而准确的提法，它可以而且只有它才能成为国有企业法人财产权利的依据。

论国家所有权、行政权与企业经营权的分离[*]

王　忠　姜德源^{**}

摘　要： 企业经营权是独立、排他的，在法律规定范围内受到严格保护。经营权的客体是国家（所有者）授予它经营管理的财产。国家作为所有者有权依法对企业征收所得税、调节税，并依法监督企业执行国家法律、计划等情况。作为行政权的主体，国家有权依照法律对企业征收产品税、营业税、增值税、城市维护建设税等税种，并依法管理和指导企业活动，使之符合国民经济发展要求。

关键词： 企业经营权　国家所有权　国家行政权

　　搞活全民所有制企业（以下简称"企业"），要解决的主要问题之一，就是确立国家与企业之间的正确关系。社会主义国家由于既是全民财产的所有者，又是行政权的行使者，具有双重身份，它在与全民企业发生联系时，在不同身份下所处的法律地位是不同的。在深化企业政治体制改革的过程中，注意从理论上和实践上区分上述情况，弄清政府机构行使各种权力的正确含义，对于消除"政企不分"、"以政代企"的现象，实现国家所有权与行政权及经营权的分离，具有重要意义。

---

　　* 本文原载于《法学研究》1988 年第 2 期。

　　** 王忠，吉林大学法学院教授（已故）；姜德源，论文发表时为吉林大学法学硕士研究生，现为君泽君律师事务所律师。

一

在法律上，所有权和行政权分别属于民法和行政法上的权利（国家行使行政法上的权利时，一般称权力），两种权利的性质是截然不同的。概括地讲，行政权是一种管理权，所有权则是一种对物的占有、使用、收益、处分权。但在传统的经济体制中，国家所有权和国家行政权往往融合在一起。因为，作为国家所有权主体的国家是个抽象的概念，其物质实体是以国家机关的形态出现的。由于对这两种权利未加以区分，在实践中，众多的政府机关运用行政权来代替所有权的行使，使企业变成了"附属物"。《中共中央关于经济体制改革的决定》提出的"所有权与经营权适当分开"的措施，目的就是使企业摆脱这种地位，从而成为具有一定权利和义务的法人。改革过程中仍然存在的政府机关的随意干预现象，说明对国家所有权与行政权进行区分很有必要。

在社会主义社会，国家作为主权者，要进行行政管理和国民经济管理。在国民经济管理中，国家在对全民所有制经济和其他经济进行管理时，其身份是不同的。管理全民所有制经济，国家以所有者和主权者的双重身份出现，国家所有权的实现，以国家行政权为后盾。对其他各种经济（包括集体、个体、合资、外资经济）的管理，国家是以主权者的身份出现的，凭借其权威，保证这些经济按其意志运行。国家所有权与国家行政权的具体区别是以下几点。

第一，权利的客观基础不同。国家行政权源于国家主权，它的客观基础是国家的政治上层建筑，如各级行政机构、军队、警察、监狱等。国家所有权则源于全民所有制的经济基础，是全民所有制在法律上的体现。全民所有制经济的建立，使得社会主义国家以全社会代表者的身份来行使对全民财产的所有权。

第二，权利的对象及法律关系内容不同。行政权的对象是各种组织及公民的行为。政府机关通过各种手段来规范或纠正被管理者的行为，使其符合国家和社会利益的要求。在进行国民经济管理时，国家依靠经济的、行政的、法律的手段来促使企业完成国家计划，保证经济发展的平衡。也就是说，国家计划的完成，只有通过企业的具体活动才能实现，国家只不过施加外界影响而已。国家所有权的对象，则是全民所有的财产。国家从全社会的利益出发，直接对财产行使处分权，将全民财产授予企业经营管理，这种行为不需要任何组织或个人的协助。因此行政权的内容属于政治上层建筑关系范畴，它不与财产发生直接联系，所有权的内容则是一种经济关系，与财产发生直接的联系。

第三，行使权利的方式不同。国家行使行政权时，主要运用行政命令的手段，具有灵活性。在行政法律关系中，国家处于命令、指挥者的地位，企业则处于执行、服从者的地位，二者属于上下级关系，地位是不平等的。在行使所有权时，国家一方面独立处分其财产，不需要任何人协助；另一方面在参加具体的民事法律关系时，是以特殊民事主体的身份，与其他主体（包括企业）平等互利。

第四，权利的范围不同。国家行政权的范围及于一切个人、企业、事业单位，这是国家主权对内的体现，任何组织和个人都必须服从国家行政权的指挥。如国家对国民经济的管理，不仅包括全民所有制经济，还包括集体、个体经济，以及外资、合资经济。国家所有权的范围，则仅及于全民所有制企业经营管理的财产，国家无权对其他所有制经济组织的财产行使所有权。

第五，行使权利所遵循的原则不同。国家在行使行政权时，遵循行政规律，本着提高行政效率的原则，反对拖拉作风和官僚主义。国家在行使所有权时，则从充分发挥财产的社会、经济效益的愿望出发，按照发展商品经济的客观要求，本着尊重民事权利和等价有偿的民事原则进行。

第六，两种权利对生产力的作用机制不同。行政权属于政治上层建筑，它对生产力的作用要通过生产关系这个中介才能发生，只有在行政权的行使符合生产关系的要求时，它才能对生产力的发展起促进作用。正因如此，在进行经济体制改革的同时，还要进行政治体制的改革。国家所有权的行使，包括其变革，是按照生产关系适合生产力状况的规律，调整生产关系同生产力不相适合的环节和方面，因此，它对生产力的作用是直接的。经济体制改革的最终目的，就是促进生产力的发展。

第七，两种权利的直接目的不同。行使行政权的直接目的，是巩固和加强人民民主专政，维护正常的社会、政治、经济秩序，为经济的发展提供保障。行使国家所有权的直接目的，是巩固和加强社会主义公有制，是在保持财产原有价值的基础上，实现全民财产的增值，保证在社会财富不断积累的基础上，不断提高人民的生活水平，充分发挥社会主义制度的优越性。

以上是对国家所有权与行政权进行的初步区分。区分的目的是要在实践中分清国家机关行使权利时的具体身份，使其行为科学化、规范化、法律化，彻底实现"政企分开"。

二

社会主义全民所有制，是指生产资料归全体劳动者所有的一种经济形式。在目前生产力水平状况下，只能由国家这一社会中心代表全体人民行使对生产资料的所有权，国家因而成为全民生产资料的所有者。我们讲改革、搞活企业，不能动摇全民所有制这一基础，而只能巩固和强化这一基础。因此，搞活企业的根本途径，应该是实现所有权与经营权的彻底分开。确切地说，是实现所有权、行政权与经营权的彻底分开。

过去一段时期，在论及国家所有权与经营权"适当分开"的理论依据时，人们根据传统的所有权理论，认为国家作为全民财产的所有者，将全民财产授予企业经营管理，即将所有权的占有、使用权能分离出去，保留收益权和专属权（最终收回权），企业则在国家授权的范围内享有占有、使用、收益、处分权。并且认为，这些权利的行使，要受到国家所有权的制约，国家对企业采取的一切行为，都是基于对企业经营管理的财产享有所有权。我们认为，只用传统的所有权理论来解释所有权与经营权的分离，还不能揭示国家与全民企业之间分权的全部内容，也不能彻底解决实践中出现的问题，例如两权分离的界限难以划分、政府随意干预等。要彻底解决这些问题，必须首先将所有权与行政权区分开来，再在弄清所有权、行政权、经营权内涵与外延的基础上，具体划清这三权的界限，并使之法律化，这样其在具体实践中才能各行其权，互不干扰。因此，分权的内容应是所有权、行政权、经营权"三权分离"。

根据我国《民法通则》第41条的规定，全民所有制企业有符合国家规定的资金数额，有组织章程、组织机构和场所，能够独立承担民事责任，经主管机关核准登记，取得法人资格。企业既然是法人，它便有独立的权利能力和行为能力。根据《民法通则》第 82 条的规定，"全民所有制企业对国家授予它经营管理的财产依法享有经营权，受法律保护"。经营权既独立于国家所有权，又独立于国家行政权，在法律规定的范围内有排他性，经营权的享有者、行使者只能是全民所有制企业。

根据所有权的原理，作为所有者，国家依法将全民财产授予企业经营管理，实际上这是对全民财产行使了法律上的处分权。至此，国家作为所有者，对全民财产的权利就只有收益权和专属权，以及依法监督企业执行国民经济计划及各项法律、法规的权利。因为国家在对全民财产行使处分权的过程中，已经实现了按照经济发展的总体要求，合理地进行生产力布局，合理地安排产业结构，按比例分配劳动力，解决了合理开发、利用国有资源等方面关系到国民经济宏旨的问题。国家之所以有通过计划和经济的、行政的和法律的手段对企业进行必要的管理、检查、指导和调节，通过税收等形式从企业集中必须由国家统一使用的纯收入，委派、任免或批准聘选企业的主要领导人员，并可以决定企业的关、停、并、转、迁等权利，恰恰是因为它是行政权的主体。国家作为主权者，要维持社会的生存，就必须有物质基础，协调社会政治、经济的发展。国家在进行上述各种活动时，并非以民事主体的身份，也并非按民法原则进行，以国民经济管理为例，国家下达经济、社会发展计划，是凭借其权威，以行政命令贯彻下去的。企业作为商品生产者，必须执行，否则会受到制裁。在执行计划的问题上，没有平等协商的余地。因此，在改革实践中，必须分清政府机关在具体的法律关系中所处的地位，这样才能判别其行为是否与其身份、地位相符合。在此基础上，按照"政企分开"的总原则，根据相应的法律（民法、行政法）原则办事，就可以使政府机构管理经济的职能科学化，使其在与企业的相互关系中，由原来的"直接经营"、"不当干预"转到协调、服务的轨道上来。

因此，国家所有权、行政权与企业经营权的关系是：企业经营权是独立的、排他的，在法律规定的范围内受到严格保护。经营权的客体，则是国家（所有者）授予它经营管理的财产，国家作为企业经营管理的财产的所有者，有权依法对企业征收所得税、调节税，并依法监督企业执行国家法律、计划等情况；作为行政权的主体，国家有权依照法律对企业征收产品税、营业税、增值税、城市维护建设税等税种，并依法管理、指导企业的活动，使其活动符合国民经济发展的要求。

三

根据所有权与经营权适当分开的原则，政企分开后，政府机关不再直接经营企业，其管理经济的主要职能是：制订经济和社会发展的战略、计划、方针和政策；制订资源开发、技术改造和智力开发方案；协调地区、部门、企业之间的发展计划和经济关系；部署重点工程特别是能源、交通和原材料工业建设；汇集和传布经济信息，掌握和运用经济调节手段，制定并监督执行经济法规；在规定的范围内任免干部；管理对外经济技术交流和合作；等等。这些职能的实施，主要是为了保证经济发展的综合平衡，为企业的发展创造良好的外部环境，也即做到大的方面管好管住。政府机关要做好上述工作，需要付出极大的努力，要在指导思想、工作作风上进行彻底的转变，树立为企业服务的思想。而企业，作为国民经济的细胞，在服从国家计划管理和遵守政策法律规定的前提下，有权选择灵活多样的经营方式，有权安排自己的产供销活动，有权拥有和支配自留资金，有权依照规定自行任免、聘用和选举本企业的工作人员，有权自行决定用工办法和工资奖励方式，有权在国家允许的范围内确定本企业产品的价格，等等。这些权利，是搞活企业所必需的。能否搞活微观经济，取决于国家是否按照商品经济的要求，把企业应有的权利归还给企业。

国家在大的方面管好管住，企业在小的方面放开搞活，这只能是分权的原则界限，在改革的实践中，还必须将权利的划分具体化，找出分权的具体形式来。根据所有权与经营权适当分开的原则精神，在深化企业改革的实践过程中，相继出现了租赁制、承包制、企业经营责任制、资产经营责任制等具体措施，这些措施，是在实践中进行的有益探索，并取得了一定成效。

实际上，我国企业改革的发展过程也说明，完善企业经营机制是实现所有权与经营权分离的良好措施。我国企业改革到目前基本上分四个阶段，第一阶段是从1978年到1980年的企业扩权试点，第二阶段是从1981年到1982年的经济责任制试行，第三阶段是从1983年到1986年的利改税，第四阶段是从1986年底开始的以完善企业经营机制为重点的深化企业改革。前三个阶段的改革，虽然都是针对搞活企业而采取的措施，但都没有将企业经营权与所有权分离的具体形式，因此，在改革中收效并不大。这正像我们过去的改革，总是局限于中央与地方的分权，而忽视了企业这一经济细胞的作用。第四阶段的改革，紧紧抓住经营权这一环节，并用法律形式（合同）将经营权与所有权、行政权的范围、内容明确下来，使得经营者在合同允许的范围内能享有充分的生产经营自主权，并依据合同理直气壮地抵制不合理的行政干预，从而充分地调动了经营者的积极性，也大大增强了其责任感，因此，改革收到了很大实效。

第四阶段的改革，由于用法律手段（合同）具体界定经营权、所有权与行政权的界限，因此显示出优越性和生命力。可以肯定，将法律手段引入经济改革，应是一种发展趋势，也是经济法制建设的重要内容。

所有权所有制对应关系剥离论和现代企业制度[*]

康德琯[**]

摘　要：关于所有制关系的法律表现问题，公认答案一直为对应关系论。但该理论的所有制观、所有权中心论，以及对法律反映经济关系功能的定位均存在疑问。为推进现代企业制度，在破除了对应关系论和所有权中心论后，应该树立国家所有权并非全民所有制的唯一法律实现形式的新观念，明确现代企业制度所要求的产权关系明确、产权边界清楚，解决中介性国有资产经营机构存在的问题。

关键词：全民所有制　国家所有权　对应关系论　现代企业制度

一　问题的提出与研究的缘起

对于所有制关系的法律表现问题，过去公认的答案是：一定的所有制关系在法律上表现为相应的所有权，为使所有制性质不改变，必须维护相应的所有权（下文称对应关系论）。这一论断，从理论层面看，是为所有权的法律制度寻找经济根据；从实际的政治意义看，这一论断配合所有权

---

　* 本文原载于《法学研究》1994 年第 6 期。

　** 康德琯，中国政法大学教授（已故）。

成分论和所有权等级论，就便于用法律手段或行政手段维护并发展公有制，限制并消灭私有制。但是，这一论断是否正确至少涉及三个方面：（1）到底什么是所有制关系，它是不是生产资料归谁所有的问题；（2）对应关系论是以大陆法系的物权中心论和物权中的所有权中心论为前提的，在财产权利结构模式发展到今天，改革又面临着建立现代企业制度任务的条件下，它涉及大陆法系自身的理念是否要有所突破（即使仍坚持其基本传统），以及如何对待两大法系的传统和理念的问题；（3）法律反映经济关系的功能是仅限于肯定、维护现存所有制关系并对其进行政治评价，还是应延伸至运用财产权利结构模式已有的丰富遗产，为一定经济关系提供具体、多样、可选择的产权制度框架，以解决好所有制的实现形式问题。这属于法律功能的定位问题。笔者对对应关系论（即所谓对应关系剥离论）持怀疑和否定态度已有多年。起初只从搞清什么是所有制上去研究它，近来认识到它涉及广泛的理论和实践背景，才下决心写这篇论文，试图多方位地探讨这一问题。

二　三点基本认识

上述论断涉及的三个方面实际上是对应关系论所面临的三个理论困境，笔者的三点基本认识就是试图摆脱三个困境而得出的。

第一，对应关系论中的所有制概念是按所有权的模式塑造的，这样的所有制观是错误的，再把它作为所有权制度产生的本源，是逻辑上的循环论证。

从两个有密切联系但并不直接对应的概念出现的顺序看，所有权概念出现在前，在罗马法时代就已有了相当严谨的所有权概念和制度；而所有制概念出现在后，这是马克思提出并在后来才加以科学界定的概念。马克思为了克服"形而上学或法学的幻想"，在区分了经济基础和上层建筑后，提出了所有制概念并把它作为调整财产关系的法权产生的本源。但即使是这样的科学巨匠，其早期的所有制概念也是按所有权的模式塑造的。这表现于他把所有制看作对生产资料在经济上的占有关系。他说过，"所有制（占有）是生产的一个条件"，"在任何所有制形式都不存在的地方，就谈不到任何生产，因此也就谈不到任何社会"。① 把所有制看作生产得以进行的制度性前提，等于肯定了所有制是生产关系的基础，这具有重要意义；而把所有制等同于占有，无疑反映了其早期理论的不成熟。

所有制并不是所有者对生产资料的占有或生产资料对所有者的归属关系，这从马克思对资本这一特殊的所有制范畴的论述中看得很清楚。他说："在资本的公式中，活劳动对于原料、对于工具、对于劳动过程中所必需的生活资料，都是从否定的意义上即把这一切都当作非财产来发生关系。"② 又说："在资本的概念中包含着这样一点：劳动的客观条件……表现为对工人来说是异己的人格的财产。"③ 可见，资本这种所有制关系包括资本家和雇佣工人双方对生产资料中的财产和非财产（或称"异己的人格的财产"）的双重关系。据此，我们可以把所有制关系的本质含义界定为生产全部当事人对生产资料的全部关系的总和。这是一种通过人对物的关系所表现出来的人与人的社会关系。这种人与人的社会关系反映着经济关系的本质。当然有"姓资姓社"的问题。说到这里，生产的全部当事人对生产资料的全部关系，应该发展或更正为生产的全部当事人对生产要素的全部关系。因为前两段引文中所说的雇佣工人对生产资料的关系是一种对异己的人格的财产的关系，只能说明活劳动所创造的财产异化了，但异化有多种形态。只有判明了一方占有生产资料，而另一方不占有生产资料，只占有劳动力这一生产要素，而它又必须作为商品来出卖时，才能真正说明资本这种所有制关系的本质。

可见，所有制概念有两个特征：其一，它是全部生产当事人对生产要素的全部关系的总和；其二，它具有性质问题，或称"姓资姓社"的问题。这两个特点所有权概念都不具备。所有权反映的只是所有者一方对生产要素的权利，并作为一种对世权为其权利的行使提供法律保障。所有权作为一种民事权利或私权，它反映所有制关系应是为其具体运作提供一个法律框架，这具有客观性和中性的特点。无论是哪一种主体（资本家也好，国家也好）的所有权的权利内容和对所有权的民法保护方法，都不应

---

① 马克思：《〈政治经济学批判〉导言》，载《马克思恩格斯选集》第 2 卷，人民出版社，1972，第 90 页。

② 《马克思恩格斯全集》第 46 卷（上），人民出版社，1979，第 500 页。

③ 《马克思恩格斯全集》第 46 卷（上），人民出版社，1979，第 517 页。

该有区别。至于体现对不同经济成分持有不同态度的国家意志，那是宪法、所有制法和其他法的任务，而不是民法的任务。

那么，所有制真的是像上面所分析的那样一个概念吗？这里需要和产权经济学的产权概念作些对比分析。如果二者相吻合，就说明上面的认识具有客观性。产权经济学是20世纪30年代出现于英国、五六十年代后又盛行于美国的当代西方经济学的一个重要流派。它和其他流派的一个重要区别在于，其他流派主要进行的是市场经济运行机制的分析，只把既定的制度作为前提而不去分析，而产权经济学进行的恰恰是市场经济的制度分析（即所谓产权制度问题）。因此，从一定意义上说，产权经济学就是西方的所有制理论。产权无疑是这一学派理论的中心概念，但其产权概念实际上有两个：一个是产权制度的产权概念，相当于我们的所有制概念，它构成了市场经济运行的制度性前提；另一个是各项具体权利的产权概念，它又和英美法系中作为法学概念的产权概念相通。后一问题在分析两大法系理论时要涉及。现在先分析其第一个产权（即产权制度）的概念。

产权经济学的一个基本出发点是：市场上物品的交换，其本质是存在于物品上的一组权利的交换，为此它提出了权利束的概念。权利束既指物品的主人（比如所有者）对这一客体的一组权利（比如所有权的各项权能），也指对同一客体享有不同权利的各个主体的权利总和，还指在一个经济组织（比如企业）内，不同的人对不同生产要素的权利组合（如厂主对设备和资金拥有权利、工人对劳动力拥有权利）。权利束就是产权制度。产权要求边界清晰，这样就可以清楚界定人在经济活动中如何受益、如何受损、如何补偿。这就可以减少制度运行的成本，提高资源配置的效率。对此产权概念，他们是这样下定义的："产权不是指人与物之间的关系，而是指物的存在及关于它们的使用所引起的人们之间相互认可的行为关系。"[①] "产权是一种社会工具，其重要性就在于事实上它们能帮助一个人形成他与其他人进行交易时的合理预期……产权是界定人们如何受益及如

---

① 〔美〕E. G. 菲吕博腾、S. 配杰威齐：《产权与经济理论：近期文献的一个综述》，载〔美〕R. 科斯、A. 阿尔钦、D. 诺斯等《财产权利与制度变迁——产权学派与新制度学派译文集》，上海生活·读书·新知三联书店，1992，第204页。

何受损，因而谁必须向谁提供补偿以使他修正人们所采取的行动。"① 上述引文表明：除了马克思更重视经济关系的抽象分析，产权经济学更关注交易的具体运作这一区别外，二者在精神上完全相通。因此，对所有制只能作上面的那种解释。所有权与所有制并不存在直接的对应关系。民法反映经济关系不可能也不应该把其性质反映出来，再搞一个按成分的区别对待。所有制关系在法律上的表现应该是财产权利结构体系的总和或者产权制度。

　　第二，对应关系论是以大陆法系的所有权中心论为其逻辑前提的，而财产权利结构体系的历史发展，即使固守大陆法系的传统，也已突破了所有权中心论。下面是一个供讨论的关于财产权利结构体系历史演变轨迹的粗略图示：②

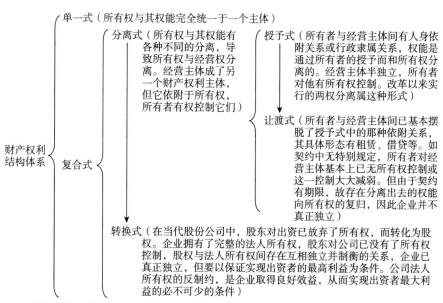

（图中的箭头代表历史演变的总趋势，但不排除几种形式在全社会的并存，也不排除发展中出现倒转现象。这一图示既反映了整个人类历史上财产权制度形态演变的轨迹，也反映了当前全民企业改革的轨迹）

　　①　〔美〕H. 登姆塞茨：《关于产权的理论》，载〔美〕R. 科斯、A. 阿尔钦、D. 诺斯等《财产权利与制度变迁——产权学派与新制度学派译文集》，上海生活·读书·新知三联书店，1992，第 97 页。

　　②　参见康德琯、殷岩峰《所有制、现代企业制度和产权关系——对建立中国当代产权经济学的思考》，《政法论坛》1992 年第 6 期。

根据这一图示，结合本文的论题，可以看出以下几点。

其一，所有权是所有制的法律表现之说，表象地看，只完全相容于单一式的财产权利结构，并大体相容于复合式中的分离式的结构，因为在这以前所有权中心论还未受到严重的挑战。

其二，到了以股份公司为代表的现代企业制度阶段，所有权中心论已受到根本性的挑战。现代企业制度出现的基本历史契机，是社会化大生产的发展对规模经济提出要求，使得出资必须多元化，这才导致了法人企业制度的产生。但公司又是由股东出资形成的，如果股东都按其出资份额对公司实行所有权控制，公司运作机制就会不合理。因此，为保证机制合理和股东的最大利益，就需要公司在产权上独立，这就要求所有权下移到法人这一次级主体，出资者的所有权必须转化为股权，从而形成股权与法人所有权独立而又相互制衡的关系，并逐渐形成法人产权、股东的有限责任和经理阶层治理企业等一套基本制度。此时，公司财产的最终主人还是各个股东，但他却不以所有权的形式来掌握自己的财产，股东已不是原来意义上的所有者。[①] 这表明所有权中心论让位于股权与法人所有权互相独立并制衡的财产权利结构了。这就是转化式，它代表财产权利结构发展的一个新阶段，与市场经济的要求相适应。

其三，让出资者（原所有者）放弃其所有权而进行权利形态的转化，对他是一次"共产"，因为所有权是对实物形态的财产绝对的、任意的支配权利，必然有所有权偏好的问题存在。[②] 这一偏好必须满足，但所有权又要下移。这一两难问题立足于大陆法系的传统是可以得到解决的。关键是要建立财产两重化的观念。股份公司尤其是证券市场形成后财产确实两重化了。一重是实物形态的财产，一重是证券形态的财产，这是股东权化了的财产，又是财产化了的权利，"转化"就是将实物形态的财产的所有权，转化为证券形态的财产的所有权。但是作为物权形态的所有权（即对实物形态的财产的所有权），其中心地位已经丧失。

大陆法系国家的传统要突破所有权中心论，必然涉及两大法系的理念

---

① 笔者明确地认为股权不是所有权，并对股权性质提出了个人的看法，这里不能详论，可参见康德琯《股权性质论辨》，《政法论坛》1994 年第 1 期。

② 关于所有权偏好，参见康德琯《深化企业制度改革思路之新探索——改革中的所有权忧虑评析》，《中国法学》1993 年第 2 期。

如何互相兼容和借鉴的问题。大陆法系自罗马法以来就有严谨的物与物权的概念。由于其法典化的传统，属于物权范畴的一切权利，都要有一个总的上位概念，这就是所有权。它强调对物的一切权利都来自所有权并可回归于所有权，由此决定了它突出强调物的法律归属。它还极重视概念的严谨性，但由于时代的局限性，其物的概念却仅限于有使用价值的实物形态的物，其不可能有财产两重化的概念。严谨的另一面是呆板和对新情况的兼容性不足。相反，英美法系由于强调单行法和判例的效力，故并不刻意追求概念的严谨和财产的最终归属，它更强调务实和对同一客体的不同人的权利的具体界定。如按大陆法系的标准要求，其固然显得理论上不够严谨和成熟，但其对新情况的兼容性却较强。财产权利结构体系发生了重大变化后，并不与其原有的理念发生根本性的冲突。

作为法律权利的产权概念，是英美法系的概念。大陆法系的各项物权，甚至包括债权的各项权利，还包括现代企业制度出现后股权这一新的权利形态，都可归于产权这一概念之下。而英美法系的产权法律概念与产权经济学的第二个产权概念在精神上又是相通的。

产权经济学所讲的作为各项具体权利的产权，强调边界清晰。边界清晰的产权就要具有明确的排他性和可交换性。充分具备这两性就叫产权的完整，不充分具备这两性就叫产权的残缺。它强调的是权益（interest）的程度（degree）、数量（quantity）、性质（nature）和范围（extent），而不特别强调物在法律上的最终归属及权利产生的渊源和可回归性。而它讲权利边界清晰，最终落脚到使人们在交易中建立合理的预期，减少制度的运行成本和提高资源配置的效率。

中国是个深受大陆法系传统影响并严格遵循其传统和理念的国家，这一情况短期内很难改变，而且由于其适应了在变革时期规范经济关系、维护国有资产并保护其他经济成分健康发展的需要，也不应进行人为改变。现代，两大法系的理念已有互相渗透和交融的趋势。我们应因势利导，在基本遵循大陆法系传统的前提下，容忍英美法系理念的渗入，使其在自身基础上突破，即承认在现代企业制度中，所有权已下移到企业法人的事实，如实地承认股权的非所有权性质。在此基础上，多在产权边界清晰化上下功夫，少在改变国家所有权会不会改变所有制性质上做文章。以此，在改革中既保障国有资产不流失，又保证企业能实现产权和经济活动方面的真正独立。

第三，对应关系论将民法反映所有制关系的功能定位为记录、肯定和维护，其实这应是宪法和所有制法的任务；民法应该主要运用财产权利结构体系的发展所积累的历史遗产，为所有制的具体运作提供具体的法律框架，解决所有制的实现形式问题。

上述两种法律功能定位，前者可被称为消极反映论，后者才是能动的反映论。关于财产权利结构历史发展所蕴含的法律文化内涵，在前列图示中已可初步窥见，如果吸收了英美法系的理念和具体内容，则还有借贷、信托、代理等多种法律形式可资利用。把这些都归于他物权是不够的、苍白的。关键是权利的法定边界要清晰，具有排他性和可交换性，可操作性强。具备了这些条件，就都是一项项独特的产权。在此基础上建立起具体的、多样化的所有制实现形式——产权制度，并使之服从于成本—效益这一经济活动的总原则。

三　现代企业制度的基本问题

研究所有制的法律表现这一抽象层次很高的理论问题，说到底还是为改革实践服务的。如果问今后一段时间内推进现代企业制度的最大障碍是什么，笔者认为还是观念问题。当我们破除了对应关系论、所有权中心论，并对法律反映经济关系的功能作了新的定位后，观念问题就有可能解决了。这包括以下几个要点。

第一，破除了对应关系论和所有权中心论以后，应该树立国家所有权并非全民所有制的唯一法律实现形式的新观念。对于建立现代企业制度的历史任务而言，保证国有资产不流失和全民所有制的性质不改变与保障企业在财产关系和管辖关系上的真正独立性，两个条件必须同时满足。二者从性质上讲并不矛盾。出资者国家以股权形式（不是所有权性质）来掌握其财产，这仍是它的财产，只要产权边界清楚，丝毫不影响其权益。两相比较，今天强调保障企业真正的独立性更为重要。因为在旧观念看来，这是次于保证国有资产不流失和全民所有制的性质不改变的第二位的任务，但是实际上这是使企业有合理的机制、有更高的效率从而使其能生存和发展的关键。现在人们总是忧心忡忡地惊叹国有资产每天流失多少，却没有同样痛惜国有资产在不合理的机制和无效率运营下的虚耗。这样的实际损失也许更惊人。所有权中心论和对应关系论充其量只能容纳两权分离的改革思路，但实践已经超越了它，走上了权利转化的改革道路，而理论和观念还跟不上。

第二，现代企业制度要求产权关系明晰、产权边界清楚。这不应仅指不同出资者的份额清楚、界定准确，其首要含义应该是出资者与法人的财产边界清晰，法人有独立于出资人的财产，股东与法人两个主体的权利（股权与法人所有权）是互相独立和制衡的关系。立足点不能只是保护国有资产（这一点极其重要，笔者决不否认），也要保证企业独立，从而使企业在此基础上真正面向市场，以一个理性的经济人的角色在市场上生存和发展，并接受市场对其命运的"裁判"。

第三，在公有制基础上建立现代企业制度的关键难点之一，是中介性的国有资产（证券形态的）经营机构问题。国有资产数额庞大，被列入公司化改造者的原来大多是国有独资企业，公司化改造后国家势必成为这些公司的控股股东。面对这一形势有两个思路。一个思路是给国家找一个"所有者"代表，这会使原政企不分、企业不独立的旧弊在新形势下复归甚至发展。近闻公司化改组后的股份制企业也要转换机制，就是这一问题的反映。这一思路的特点是有一个中介机构，但却不是国有资产的中介经营机构，而是被授权的管理机构。其"优点"是国有资产也许不流失，国有的名分不变，但基本上没有什么实质性的进步，还要转换原有的机制，只有集资的效果。另一个思路是中介机构必须定位为中介性的资产经营机构，它自身必须是企业，也要具有产权关系和管辖关系上的独立性，对于企业而言，它不应该成为控股股东。这一中介机构的性质和地位如何界定，是建立现代企业制度后产权制度体系的关键问题，是全民所有制新的实现形式中的主要内容之一，也是财产权利结构体系发展的丰富法律文化遗产的重要用武之地。

这一企业性的中介资产经营机构的具体设计，思路有很多，其中有两个最具代表性。其一是信托制的方案，具体地讲，是国家将国有资产分散地交给多家投资经营公司来实行信托制的经营，多家投资公司对公司制企业实行交叉持股，以避免控股股东的泛滥。对竞争性行业实行一般信托，对特定行业实行特定信托。其二是更为大胆的方案，提出者是世界银行中国局，它主张国家将国有的证券资产分散交给多家投资公司，作为对价，投资公司付给国家一笔等额的本公司的债券。用这个办法保障投资公司的独立性，也维护了国有资产的权益，在此基础上投资公司对公司化的企业持股，进行真正企业化的资产经营活动。[①] 笔者这里并不想评论各种方案的优劣，只是想指出如何设计中介性机构也有一个观念转变的问题，而且这表明财产权利结构发展的法律文化遗产对设计改革后的产权制度（所有制的实现形式），有着何等广阔的用武之地。这是民法反映经济关系的功能定位问题，也是本文的主要目的之一。

---

① 国家体改委经济管理司编《股份制指南》，改革出版社，1989，第291—300页。

自然资源国家所有权双阶构造说[*]

税　兵[**]

摘　要： 祛除国家所有权的法律神话，遵循解释论立场的研究范式，中国语境中的自然资源国家所有权是一个法规范系统。该系统包含基础性规范、确权性规范、授权性规范及管制性规范四个单元，分别由宪法文本、物权法文本和特别法文本予以载明。具备转介功能的引致条款把各单元串联成一个整体。在现代法秩序中，所有权绝不是由某一个部门法"独家经营"的法律概念。就所有权类型的理论反思而言，自然资源国家所有权蕴含着宪法所有权与民法所有权的双阶构造，纯粹私权说与纯粹公权说均难谓恰当。就自然资源使用的法律调整机制而言，应回归公物与私物二元区分的大陆法传统，并对"非对物采掘类"与"对物采掘类"自然资源作类型化处理，由此形成不同的规范配置。

关键词： 自然资源　国家所有权　法规范系统　合宪性控制引致条款

一　问题缘起：国家所有权并非法律神话

1978 年以来中国社会经济体制的发展史，就是国家所有权理论的演变

---

* 本文原载于《法学研究》2013 年第 4 期。

** 税兵，论文发表时为南京大学法学院教授，现为澳门大学法学院教授。

史。作为"最为基础、最为核心、最具特色的财产权体系"，[①] 国家所有权制度是我国民法学者长期关注的学术热点，[②] 也是《物权法》审议过程中极具争议的理论难题。国家所有权具有专属特征，缺乏民事上的可让与性，难以简单适用私法规则，被学者喻为"一个国家所有权的神话，一个运用法律讲述的神话"。[③]

然而，真实世界中的国家所有权不是一个缥缈的传说，反倒弥漫到社会生活的各个角落，成为触手可及的客观存在。例如，有学者诘问道："物权法第 46 条规定矿藏、水流、海域属于国家所有，那么，居民从河里取水是否侵犯了国家的财产所有权？"[④] 本文的研究正是从该诘问展开，并将自然资源国家所有权作为研究范畴。

国家所有权作为一个移植来的法律概念，随着中国改革开放的进程，逐步展开本土化塑造，以适应经济发展的需求。传统民法以公私法的二元区分为基础框架，自然资源国家所有权就其性质而言，属公法上的支配权而非民法上的所有权。[⑤] 但是，这个理论预设在转型社会时期的中国面临水土不服的困境，因为它难以解答国有自然资源如何进入市场的问题。在社会主义市场经济条件下，土地、海域、矿产、水、林业等自然资源作为基本的生产要素，亟待进入市场流通，实现优化配置。不可让渡的国有自然资源一旦进入民事领域，就势必适用相应的私法规范。难题就此产生，自然资源国家所有权能否从"主权意义的所有"转化为"私法意义的所有"？倘若不能转化，何以论证自然资源普遍利用的正当性？假若能够转化，隐于其后的法律机理又是怎样的？中国民法学界曾沿袭苏联的"权能分离说"来解释该现象，但此说的合理性遭到广泛的质疑。究其原因，

---

① 马俊驹：《国家所有权的基本理论和立法结构探讨》，《中国法学》2011 年第 4 期。

② 譬如，中国大陆的第一篇民法学博士论文就是王利明教授在 1991 年完成的《国家所有权研究》。根据中国知网（CNKI）数据库的不完全统计，2001 年至 2010 年以国家所有权为主题的博士论文有 115 篇，1999 年至 2011 年以国家所有权为主题的论文共计 874 篇。

③ 王军：《国家所有权的法律神话——解析中国国有企业的公司制实践》，博士学位论文，中国政法大学，2003，第 1 页。

④ 柳经纬：《我家住在小河边》，载张士宝编《法学家茶座》第 19 辑，山东人民出版社，2008。在此之前的 2006 年，孙宪忠教授就质问道：用了地下的水、打了地里的野兔、捕了海里的鱼，都是侵害了国家的所有权，"如此类推下去，空气不也是国家的了"，参见《渔业权论争背后的法理冲突》，《法制日报》2006 年 12 月 31 日。

⑤ 〔日〕美浓部达吉：《公法与私法》，黄冯明译，中国政法大学出版社，2003，第 161 页。

"权能分离说"完全漠视了宪法所有权与民法所有权的区别，混淆了公产与私产的区隔，遮蔽了公法调整机制与私法调整机制的差异。由此造成在实践中的危害是，国家所有权仿佛长袖善舞的"川剧变脸"，欲坐享私权的好处，挥袖变白脸；欲独断公权的实益，挥袖变红脸。简言之，在转型时期的中国，本文的尝试兼具理论与实践的双重意义。

二　重拾文本：自然资源国家所有权的规范配置

居民从河里取水是否侵犯了国家所有权的问题，经由网络热议，引起了宪法学、民法学、行政法学及法理学等领域众多学者的讨论，林来梵教授戏称"有人摸到了合理答案的鼻子"。[①] 这个诘问看似具体琐碎，却可让我们见微知著，因它牵扯出一系列宏大问题。首先，《宪法》第9条规定的自然资源国家所有[②]与《物权法》第46条规定的自然资源国家所有，在法律性质上能否等同视之？其次，《宪法》条款一旦进入《物权法》文本，是否仅仅停留在形式意义上，甚至纯属"法学的扯淡"？[③] 最后，《物权法》语境中的私法因素与公法因素是否彼此协力，促进自然资源的优化配置？

在笔者看来，上述问题遵循了解释论的研究范式。在中国法学界开始摆脱"立法中心主义"的当下，重新解读现行的法律文本，"戒除超然世外或漂移域外的研究者主体内心定位"，[④] 是研究自然资源国家所有权问题的必由之路。沿袭此功能主义的视角，笔者把自然资源法律规范区分为基础性规范、确权性规范、授权性规范与管制性规范四个单元。其体系构造如图1所示。

具体而言，自然资源物权的立法文本包括三个效力位阶：《宪法》、部门法与特别法。其中，部门法集中体现为《物权法》，特别法则包括《土地管理法》、《矿产资源法》、《海域使用管理法》、《森林法》、《草原法》、

---

① 林来梵：《关于"菊花疑问"的辩诘》，《法制资讯》2008年第6期。
② 《宪法》第9条规定了自然资源国家所有和集体所有两种形态，本文的讨论集中于自然资源国家所有权，集体所有权暂不涉及。
③ 葛云松教授把《物权法》关于国家所有权的条款称为"僵尸法条"，因为"其徒有人形（位居法条之列），却毫无生命迹象"。参见葛云松《物权法的扯淡与认真：评〈物权法草案〉第四、五章》，《中外法学》2006年第1期。
④ 陈甦：《体系前研究到体系后研究的范式转型》，《法学研究》2011年第5期。

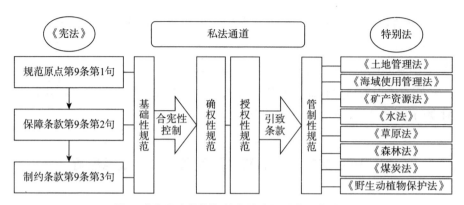

图1 "公私法接轨"的自然资源法律规范体系

《水法》、《野生动植物保护法》等法律法规。[1] 我们不妨把立法文本视作一个具有内在关联性的法律系统，然后动态地考察各单元的规范性质，寻求规范之间的逻辑脉络。

（一）基础性规范

本文所谓的基础性规范，是指自然资源法律规范体系的逻辑原点，它决定着自然资源的基本法律属性。依德国联邦宪法法院之见解，"民法法律制度，并不包含对所有权内容及其限制的终局性规定。"[2] 对自然资源作出"终局性规定"的宪法规范即本文指称的基础性规范。[3]

我国自然资源国家所有权的基础性规范是《宪法》第9条。其第1款规定："矿藏、水流、森林、山岭、草原、荒地、滩涂等自然资源，都属于国家所有，即全民所有；由法律规定属于集体所有的森林和山岭、草原、荒地、滩涂除外。"第2款规定："国家保障自然资源的合理利用，保护珍贵的动物和植物。禁止任何组织或者个人用任何手段侵占或者破坏自然资源。"

---

① 须明确的是，自然资源的范畴历来存在争议。传统民法把土地资源归于自然资源范畴，现今仍有不少学者持此见解。自1990年《城镇国有土地使用权出让和转让暂行条例》颁布后，土地使用权成为与自然资源使用权处于同一序列的权利类型。学界通常把土地资源从自然资源中分离出来。

② 〔德〕鲍尔·施蒂纳：《德国物权法》上册，张双根译，法律出版社，2004，第519页。

③ 与之不同的是，在未严格区分公法规范和私法规范的美国，财产利益的终局性分配属于联邦法和州法范畴，不是由宪法予以确立。参见 Allan Ides and Christopher N. May, *Constitutional Law: Individual Rights*, Aspen Publishers. Inc., 2001, p. 163。

依文义解释，《宪法》第9条涵括了三个层次，以句号为断，姑且称之为《宪法》第9条第1句、第2句、第3句。其中，《宪法》第9条第1句是基础性规范的核心，具有原命题的意义。

它不仅在宪法层面明确了自然资源国家所有权的性质，而且厘定了国家所有的法律性质——"国家所有"即"全民所有"。按照民法理论的内在逻辑，"全民所有"只是一个经济或社会意义上的概念，不能成为特定个体权利方面的法律概念。[①] 相反，西方语境中的财产权理论恪守着公产与私产相分野的罗马法传统，把财产权区分为公共财产权（Commons Property）、国家财产权（State Property）和私人财产权（Private Property）三个序列，构建起从公产向私产循序递进的"财产权形态三部曲"。[②] 固然，公共财产与国家私产的边界是一个长期未得到确定的理论问题，其范围亦变动不居，[③] 但越来越多的立法例承认了二者的区分，尤其是经历了体制转型的苏联及东欧地区国家。例如，《俄罗斯联邦民法典》专门规定了公共所有权一章，私人所有权与公共所有权的区分不在于所有权主体，而在于所有权客体，"在公共所有权多元化的条件下，对于将国家所有权设计为特别种类所有权的客观基础已经消失"。[④] 如果我们不再迷失于"国家与全民是什么关系"的政治哲学追问，而是选择回归公产与私产相区分的法律架构，作为国家所有权客体的自然资源，同样也应区分为国家公产和国家私产。如果以是否服务于社会公共目的为区分标准，国家公产指每一个社会成员都有权按公共用途进行非排他性使用的自然资源，如国有道路、桥梁、河流、公园；国家私产则指以实现国库收入最大化为目的之自然资源，例如政府进行住宅开发的土地。[⑤]

《宪法》第9条第2句与第3句是常常被学者忽略的条款，相关著述往往一带而过，甚至毫不提及；但在《宪法》第9条的法条结构里，它们

---

① 马俊驹：《国家所有权的基本理论和立法结构探讨》，《中国法学》2011年第4期。

② "财产权形态三部曲"（standard trilogy of property）的划分标准及理论进展，参见 Michael A. Heller, *The Dynamic Analytics of Property Law*, 2 Theoretical Inquires of Law 82 – 86（2001）; Abraham Bell & Gideon Parchomovsky, *Reconfiguring Property in Three Dimensions*, 75 U. Chi. L. Rev. 1015 – 1070（2008）。

③ 王名扬：《法国行政法》，北京大学出版社，2007，第236页以下。

④ 〔俄〕E. A. 苏哈诺夫主编《俄罗斯民法》第2册，王志华等译，中国政法大学出版社，2011，第502页。

⑤ 参见肖泽晟《公物法研究》，法律出版社，2009，第13页。

仍具有十分重要的意义。比照林来梵教授对该法条的定性，① 第 2 句属保障条款，第 3 句属制约条款。不过，笔者认为，宪法第 9 条第 2 句的规范意义超出了宪法文本中的其他私人财产权保障条款。"国家保障自然资源的合理利用"的表述，可以理解为如下的规范指引：一方面，宪法第 9 条第 1 句规定了国家的所有权主体地位，第 2 句规定了作为所有权主体的国家所应承担的社会义务，即自然资源国家所有权应受到"合理利用"的限制；另一方面，第 2 句为自然资源使用预留了制度空间，即只要这种"利用"是合理的，就应受到宪法的保障。因此，居民从河里取水属于对自然资源的合理利用，是宪法赋予的基本权利。

归纳起来，作为基础性规范的宪法文本承载了自然资源国家所有权的宪法规范体系。其制度设计固然简单，但终究是法教义学层面绕不过去的逻辑原点。

（二）确权性规范

《物权法》文本中，关涉自然资源物权的条款共有 6 条，即第 46 条、第 48 条、第 49 条、第 119 条、第 122 条和第 123 条。根据规范功能的不同，本文把前三个条款合称为确权性规范，把后三个条款合称为授权性规范。

所谓确权性规范，是指在私法领域确立自然资源国家所有权的法律规范，使其在实定法范畴完成了权利塑造。《物权法》第 46 条规定，"矿藏、水流、海域属于国家所有"；第 48 条规定，"森林、山岭、草原、荒地、滩涂等自然资源，属于国家所有，但法律规定属于集体所有的除外"；第 49 条规定，"法律规定属于国家所有的野生动植物资源，属于国家所有"。乍看起来，上述条款完全是照搬《宪法》规范，不过是《宪法》第 9 条第 1 句的具体化，因此在《物权法》审议过程中受到了不少民法学者的质疑甚至批判。然而，批评者可能忽略了一个关键性因素——看似相近的法律规范如果出现在不同的立法文本中，是否产生不同的法效果。笔者的回答是肯定的。法律概念之间依照"抽象程度"及"负荷之价值"构成效力位

---

① 参见林来梵《从宪法规范到规范宪法》，法律出版社，2001，第 208 页。

阶，① 法律规范之间同样存在效力位阶的区分。诚然，"公法中可能包括私权的规则，私法中亦不妨包括公权的规则"，② 但公法关系与私法关系毕竟有所区别。宪法文本中的所有权与民法文本中的所有权存在效力位阶的不同，不能越俎代庖。"公私权利内涵相同而并存，当然不意味着其功能也相同，由于一对抗国家，一对抗世人，其侵害的方式有其本质的不同。"③ 确权性规范把自然资源国家所有权从宪法权利转变为民事权利，但私权化的转换过程并不意味着立法者可以肆意解释，《宪法》文本中仍然耸立着合宪性控制的"大闸"。

（三）授权性规范

拉伦茨把法律规范区分为"完全法条"与"不完全法条"两类，不完全法条"只有与其他法条相结合，才能开展共创设法效果的力量"。④《物权法》第 119 条、第 122 条与第 123 条均为不完全法条。

《物权法》第 119 条规定，"国家实行自然资源有偿使用制度，但法律另有规定的除外"；第 122 条规定，"依法取得的海域使用权受法律保护"；第 123 条规定，"依法取得的探矿权、采矿权、取水权和使用水域、滩涂从事养殖、捕捞的权利受法律保护"。对于上述条款所规定的各项权利之法律性质，学理上主要存在"准物权说"与"用益物权说"两种主张。⑤ 不管关于权利性质的具体见解如何不同，学者们对于上述法条的规范功能的理解应该没有实质性差异。授权性规范在法学方法论上名曰"引用性法条"，"引用性法条的主要功能，由立法技术的观点论，在避免烦琐的重复规定或避免挂一漏万的规定；由法律适用的观点论，这种法条具有授权法院或其他主管机关为法律补充的功能"。⑥《物权法》第 119 条、第 122 条与第 123 条作为授权性规范的特殊性在于，它们不仅具有法律补充授权的

---

① 参见黄茂荣《法学方法与现代民法》，法律出版社，2007，第 125 页以下。
② 尹田：《民法调整对象的理论检讨与立法表达》，载易继明主编《私法》第 8 辑第 2 卷，华中科技大学出版社，2010，第 27 页。
③ 苏永钦：《民事立法与公私法的接轨》，北京大学出版社，2005，第 144 页。
④ 〔德〕卡尔·拉伦茨：《法学方法论》，陈爱娥译，商务印书馆，2005，第 138 页。
⑤ "准物权说"的见解，参见崔建远《准物权研究》，法律出版社，2003；"用益物权说"的见解，参见税兵《论渔业权》，《现代法学》2005 年第 2 期。崔建远教授对笔者观点的全面回应，参见崔建远《论争中的渔业权》，北京大学出版社，2006。
⑥ 黄茂荣：《法学方法与现代民法》，法律出版社，2007，第 172 页。

意义，还具有引致条款的功能，与确权性规范一起开拓了连接公法与私法的通道。

通常而言，引用性法条的语法结构体现为"依照某某规定"，而授权性规范表述为"依法取得的某权利受法律保护"。按照全国人大法工委的解释，所谓"受法律保护"，是指"这些权利受物权法以及相关法律的保护"，[①] 相关法律包括《矿产资源法》、《水法》、《渔业法》等特别法。换言之，对海域使用权、取水权、采矿权、探矿权、捕捞权等自然资源使用权的保护机制是双元的，并存着《物权法》救济与特别法救济两个位阶的法规范。由此引申出的结论是，《物权法》的授权性规范明示了特别法对自然资源使用权的保护义务，下位阶的特别法不能只是硬生生地塞满各式禁止性与义务性条款，应同时承担起《物权法》"订单外包"出来的民事规范功能。

（四）管制性规范

苏永钦曾形象地描绘民法与特别法的互动关系，"民法之后陆陆续续订定的多如牛毛的法令，像躲在木马里面的雄兵一样涌进特洛伊城，管制性规范摇身一变成为民事规范"。[②] 不过，如此生动的剧本并未在中国大陆照单上演。反观林林总总的自然资源特别法，颁布施行于《物权法》之前，不从权利配置而从行政管理的角度加以规范，行政处罚几乎是最常用的管控手段。例如，1996年修正的《矿产资源法》，在全部53条中，有10条专门规定违反该法的法律责任，"必须"的词频为20次，"应当"的词频为19次，"有权"的词频仅为4次，而且其中有2次是指行政机关有权作出行政处罚，所言之"权"乃"权力"而非"权利"。

管制性规范立法状况的成因不难理解。传统中国历来有"立公灭私"的观念，秦代就有"颛川泽之利，管山林之饶"[③] 的律令。在漫长的历史进程中，"国家本身就构成一座超级'收租院'，流露出非常明显的营利气质，往往不大顾忌'与民争利'的指责"。[④] 1949年后实行的计划经济体制

---

① 胡康生主编《中华人民共和国物权法释义》，法律出版社，2007，第276页。
② 苏永钦：《走入新世纪的私法自治》，中国政法大学出版社，2002，第7页。
③ （汉）班固：《汉书·食货志》，中华书局，1985。
④ 邓建鹏：《财产权利的贫困》，法律出版社，2006，第3页季卫东序。

孕育出深厚的"国有资产情结"，专属于国家所有的自然资源长期被逐出市场秩序之外，成为公权力扩张的集散地，这使得怀疑与排斥私权成为立法者本能的做法。例如，中国曾经在 50 年代通过土改把林业资源分给农民，后经合作社将其归集体所有，80 年代农民获得了自留地、责任山，林权改革出现了"山分到哪里就砍到哪里"的现象，出现了所谓"没有私权就死，有了私权就乱"的怪圈。① 在公与私反复博弈的过程中，公权力牢牢掌握着主动权，由此颁布的特别法被深深烙下管制印迹，难以"摇身一变成为民事规范"，嗣后回填的《物权法》授权性规范，其引致条款的功能只好大打折扣。

三　理论反思：自然资源国家所有权的法律特性

习惯了用西方的经典源流来解释中国现象的学者们，很容易在自然资源国家所有权问题上陷入理论迷茫。肇始于罗马法，西方法律传统中存在着主权（imperium）与所有权（dominium）的分野，② 公产与私产由此泾渭分明。反观转型时期的中国，西方古典理论赖以存续的制度前提并不存在，西方模式似乎失去了中国意义。不过，这并不意味着我们可以漠视既有的理论传统，彻底的西化与彻底的本土化都不可取。因此，笔者将从自然资源权利配置的西方经典学说出发，讨论关于所有权类型的理论争议，进而论证中国语境中自然资源国家所有权的法律特性。

（一）西方语境中的两个隐喻式命题

"人人都想要地球，但地球只有一个。"③ 在西方制度经济学中，存在两个关于自然资源权利配置的隐喻式命题：公地悲剧与反公地悲剧。公地悲剧的隐喻源于 1968 年哈丁（Hardin）在《科学》杂志上发表的一篇开创性文献。他在考察过度放牧现象时写道："在一个信奉公地自由使用的

---

① 国家林业局政策法规司编《集体林权制度改革调研报告》，转引自徐平《森林资源物权的双重性与公共权力的介入》，《政法论坛》2008 年第 1 期。

② Geoffrey Samuel, The Many Dimensions of Property, in J. Mclean（ed.），*Property and Constitution*, Hart Publishing, 1999, pp. 40 – 45.

③ 〔美〕庞德：《通过法律的社会控制》，沈宗灵等译，商务印书馆，1984，第 76 页。

社会里，每一个人追求他自己的最佳利益，毁灭是所有人趋之若鹜的目的地。"① 这句话其后被无数次引用，成为人们谈论物种灭绝、臭氧层空洞、地下水开采、渔场滥捕乃至高速公路拥堵的理论模型。②

在哈丁提出公地悲剧隐喻的 30 年后，海勒（Heller）阐述了一种相反的理论模型——反公地悲剧。海勒曾考察俄罗斯社会转型现象，他在莫斯科街头发现路边的摊贩货品齐全，正规店铺却货品匮乏，原因在于正规店铺存在从联邦政府到地方政府的多个财产权人。他分析的结论是，任何一种稀缺性的资源，如果出现了未设定财产权的状态，就会发生"过度使用"的公地悲剧；如果设定了多个财产权，就会发生"低度使用"的反公地悲剧。③ 反公地悲剧理论提出后，诺贝尔经济学奖得主布坎南（Buchanan）从数学上证明了该假设。④ 如今，反公地悲剧成为"整天挂在搞财产法的学者嘴边的名词"，⑤ 具有深远的学术影响。

两个隐喻式命题的理论意义在于，证立了自然资源国家所有权配置的合理限度——权利缺失和权利过度皆会导致悲剧甚至灾难。换句话讲，把自然资源作为纯粹的公共物品和私人物品都是无效率的。一些发展中国家的教训表明，不合理的权利配置将导致资源的浪费性使用，以及对最初使用者的不公平。⑥

与此同时，我们也应注意到，运用上述命题分析中国现象存在局限性。其一，如奥斯特罗姆所批评的，"基于隐喻的政策可能是有害的"，⑦ 把自然资源的政策工具简单诉诸国有化或私有化方案，将付出高昂的代价。相反，"在现实场景中，公共的和私有的制度经常是相互齿合和相互

①　Garrett Hardin, *The Tragedy of the Commons*, 162 Science 1244 (1968).

②　荣获 2009 年诺贝尔经济学奖的埃莉诺·奥斯特罗姆是首位获得该奖的女性学者，她创建了一个数字图书馆来探讨遭遇公地悲剧的形形色色的社会领域（http://dlc.dlib.indiana.edu/dlc/contentguidelines）。

③　Michael A. Heller, The Tragedy of the Anticommons: Property in the Transition from Marx to Markets, 111 *Harv. L. Rev.* 621－688 (1998).

④　James Buchanan, Yong J. Yoon, Symmetric Tragedies: Commons and Anticommons, 43 *Journal of Law and Economics* 1－13 (2000).

⑤　Lee Anne Fennell, Common Interest Tragedies, 98 *NW. U. L. Rev.* 907 (2004).

⑥　〔瑞典〕托马斯·思德纳：《环境与自然资源管理的政策工具》，张蔚文等译，上海生活·读书·新知三联书店、上海人民出版社，2005，第 94 页以下。

⑦　〔美〕埃莉诺·奥斯特罗姆：《公共事务的治理之道》，余逊达等译，上海生活·读书·新知三联书店，2000，第 43 页。

依存的，而不是存在于相互隔离的世界里"。① 其二，公地悲剧与反公地悲剧的命题，都只关注了自然资源使用的效率价值，而忽略了自然资源使用的公平问题。尤其是在转型时期的中国，自然资源的分配过程往往伴随着寻租与剥夺，公平应该具有头等重要性——尤其是对依赖自然资源生存的特定群体而言。其三，反公地悲剧之所以在英美国家频发，与普通法系的财产权构造紧密相关。普通法系中的所有权是一种"权利束"，能够基于抽象的利益作质的分割，地役权、寄托（bailment）、特许权（franchise）、许可（license）均属于有限制的所有权。"在人们开列出可以取得所有权的'物'的类型之前，财产观念便会保持无限开放状态。"② 大陆法系的所有权概念坚守"一物一权"原则，对其只可作量的分割，且这种分割受所有权弹性的约束。因此，普通法系国家因所有权过度分割而呈现的反公地悲剧，在大陆法系也就轻得多了。

（二）中国语境中的理论反思

大陆法系的中国因循形式理性的法律思维，"民法典的生命当然就在逻辑"，③ 而概念的精准当然是逻辑的起点。基于体系化的要求，厘清自然资源国家所有权的法律性质，需首先以所有权的类型区分为前提。

所有权类型区分的学说源于德国学者莱耶（Layer），他宣称所有权是一般的范畴，并根据作为基础的利益区分公法所有权与私法所有权。他认为，公共目的所及之处，物就得受公法的规范；如果公共目的不存在，"闪现的就是民法的光芒"。④ 一个棘手的问题是，中国语境中的自然资源国家所有权，究竟是公法所有权还是私法所有权？

很长时期内，自然资源国家所有权被我国学界视为一种纯然的民事权利，持此见解的不仅包括民法学者，还包括经济法、行政法等领域的学者。例如在1992年出版的经济法学全国统编教材《自然资源法》中，自

---

① 〔美〕埃莉诺·奥斯特罗姆：《公共事务的治理之道》，余逊达等译，上海生活·读书·新知三联书店，2000，第31页。

② 〔美〕斯蒂芬·芒泽：《财产理论》，彭诚信译，北京大学出版社，2006，第21页。

③ 苏永钦：《民事立法与公私法的接轨》，北京大学出版社，2005，第22页。

④ 〔德〕格奥格·耶利内克：《主观公法权利体系》，曾韬等译，中国政法大学出版社，2012，第70页。

然资源国家所有权被定义为"对自然资源占有、使用、收益和处分的权利"。① 此概念完全照搬了《民法通则》对所有权的定义。不过，在围绕物权法所展开的学术争论中，把自然资源国家所有权定性为民事权利的观点逐渐被摒弃。譬如，吕忠梅教授质疑道："国家对自然资源的所有权是民法意义上的所有权吗？它具备所有权完整的属性吗？空气在循环、水在流动、森林在生长和死亡、野生动物在迁徙，它们如何'特定'为所有权的客体？"② 朴素而又闪光的类似观点被学界广泛接受。梁慧星先生曾形象地写道，"属于中国国家所有的天鹅、大雁、红嘴鸥等候鸟飞往俄罗斯的西伯利亚，岂不构成对俄罗斯领空、领土的侵犯？"③ 来自生活常识的反问，同时上升为理论的反思。

　　宪法所有权与民法所有权的二分法，渐次成为解释中国社会财产权多元结构的分析工具。在现今大多数国家的立法例中，所有权既是民法用语，又是宪法概念。宪法所有权与民法所有权存在明显差异。就表象而言，民法所有权侧重于对所有物本身的保护，而宪法所有权侧重于对财产权主体的保护；民法只是把所有权视为一种物质性权利，而宪法则把财产权视为一种基本人权。④ 就实质而言，"作为针对国家的一种权利，宪法上的财产权乃属于一种特殊的'防御权'，即公民（或私人）对国家权力（或公权力）所加诸的不当侵害作出防御，并在实际侵害发生的场合下可得救济的一种权利"。⑤ 两种所有权的类型区分与中国社会 30 年的变迁状况相吻合，"改革开放以来，公域和私域的区分逐渐明朗，民法上的所有权开始恢复其私法属性，宪法的数次修正也使宪法意义上的所有权凸显出来"。⑥ 沿着类型区分的解释路径，包括自然资源在内的各种国家所有权被归入宪法所有权的序列，自然资源国家所有权从纯然的私权利被重新解释为一种纯然的公权利。在学者们看来，这种观点几乎具有拨乱反正、正本

---

① 参见肖乾刚主编《自然资源法》，法律出版社，1992，第 34 页。

② 吕忠梅：《物权立法的"绿色"理性选择》，《法学》2004 年第 12 期。

③ 梁慧星：《不宜规定"野生动物资源属于国家所有"》，载张海燕主编《山东大学法律评论》第 4 辑，山东大学出版社，2007。

④ 房绍坤、王洪平：《公益征收法研究》，中国人民大学出版社，2011，第 9 页。

⑤ 林来梵：《针对国家享有的财产权——从比较法角度的一个考察》，《法商研究》2003 年第 1 期。

⑥ 徐涤宇：《所有权的类型及其立法结构：物权法草案所有权立法之批评》，《中外法学》2006 年第 1 期。

清源的味道。①

（三）对理论反思的反思

所有权类型的区分，仅仅为解释自然资源国家所有权提供了一个模糊的理论框架。进一步的问题是，即使宪法所有权与民法所有权类型区分的预设完全成立，能否简单地推导出，对自然资源国家所有权性质的判定只能作非此即彼的选择？换言之，宪法所有权与民法所有权是否完全区分开来，二者之间是否存在混合性的中间地带？

如同批评者所指出的，自然资源的国家所有权不具备私权的一般形式特征，原因归纳起来包括以下几点。其一，自然资源国家所有权被排除于私法规则的调整范围之外。例如，不适用物权变动的构成要件，不适用物权公示原则，不适用善意取得规则，不得设立有利于第三人的负担。其二，自然资源国家所有权不符合物权的法定含义。《物权法》第 2 条规定，"本法所称物权，是指权利人依法对特定的物享有直接支配和排他的权利"，自然资源显然难以被归到"特定的物"的范畴，尤其是水流、野生动物等处于不确定状态的自然资源。其三，自然资源国家所有权具有不可让渡性。专属于国家所有的自然资源具有唯一性的主体特征，不可以成为所有权处分的对象。其四，自然资源国家所有权的救济未采用民事责任的路径。我国现行法对侵害自然资源国家所有权行为的规制，不是通过物上请求权保护或侵权责任承担等私法手段，而主要是运用以刑事责任为主的公法手段。② 总之，自然资源国家所有权迥异于民法所有权，"纯粹私权说"难谓妥当。

反过来思考，"纯粹公权说"在理论上并不完美，同样存在可被攻击的脆弱性。什么是宪法所有权？该概念发轫于黑格尔的法哲学思想，并由

---

① 代表性文献，参见尹田《民法调整对象的理论检讨与立法表达》，载易继明主编《私法》第 8 辑第 2 卷，华中科技大学出版社，2010，第 27 页；徐涤宇《所有权的类型及其立法结构：物权法草案所有权立法之批评》，《中外法学》2006 年第 1 期；张力《论国家所有权理论与实践的当代出路：基于公产与私产的区分》，《浙江社会科学》2009 年第 12 期；金海统《资源权论》，法律出版社，2010；邱秋《中国自然资源国家所有权制度研究》，科学出版社，2011。

② 值得一提的是，我国刑法不是采用"侵犯财产罪"，而是采用"破坏环境资源保护罪"的罪名来惩罚侵害自然资源的行为。

德国联邦宪法法院通过判例予以确立，是指根据德国基本法第 14 条，赋予单个权利人获得财产利益的权利，以使其具有独立而负责之人格。① 关于宪法所有权的具体内涵，国内学者大致有两种见解。第一种认为，宪法所有权是针对公权力的防御性权利。② 第二种认为，宪法所有权是主体取得权利的资格，区别于民法上平等主体间的财产关系。③ 民法所有权体现为现实中的直接支配力，反映了"对人关系"与"对物关系"两个范畴；宪法所有权注重的是权利资格，不指向具体的客体，强调的是获取财产利益的可能性。"故而，赋予单个权利人此种权限之权利，也就是宪法上的所有权。"④

　　如果我们采纳第一种见解，把宪法权利视为一种消极权利，此种理解在指涉私人财产权时符合逻辑，但运用在国家财产权时则会出现一个悖论：国家所有权"是国家用来抵御国家权力的权利"。这个归谬式的结论在逻辑上显然不能成立，至少不能合理阐释国家所有权的性质，其错误在于没有认识到宪法权利的多维性。通常认为，宪法权利体系中最为核心的是各种防御性的自由权，旨在抗拒国家公权力对私人的侵犯或干预，是宪法规定的首要的、根本的、决定性的权利，故被称为宪法上的基本权利。⑤然而，现代宪法精神要求国家在尊重人民自由的同时，必须履行各种分配社会资源的义务，宪法权利的意蕴不再限于国家消极的不作为，亦强调积极的保障落实。⑥ 由此扩展出了很多新型的宪法权利，例如环境权、隐私权以及财产权，这些积极权利同样具有十分重要的意义。⑦ 在这个意义上，笔者认为，宪法所有权是国家享有的积极权利，而非针对国家公权力的防

---

① 〔德〕鲍尔·施蒂尔纳：《德国物权法》上册，张双根译，法律出版社，2004，第 518 页。
② 林来梵：《针对国家享有的财产权——从比较法角度的一个考察》，《法商研究》2003 年第 1 期。
③ 参见赵世义《论财产权的宪法保障与制约》，《法学评论》1999 年第 3 期。
④ 〔德〕鲍尔·施蒂尔纳：《德国物权法》上册，张双根译，法律出版社，2004，第 518 页。
⑤ 美国宪法史中的基本权利（fundamental rights）一词始于 1798 年的"卡尔德诉布尔案"（*Calder v. Bull*）。美国联邦最高法院对何为基本权利，至今仍持不确定的立场。参见 John E. Nowak, Ronald D. Rotunda, *Principles of Constitutional Law*, 4th ed. Thomson Reuters, 2010, pp. 250 – 252。
⑥ 苏永钦：《合宪性控制的理论与实际》，月旦出版社股份有限公司，1994，第 18 页以下。
⑦ 如《美国联邦宪法第九修正案》规定，"本宪法列举的若干权利，不得解释为对人民固有的其他权利的排斥或轻忽之意"。

御权，不属于我国《宪法》第二章所规定的公民的基本权利范畴。因此，把宪法所有权定性为消极的防御权，不能充分解释自然资源所有权的功能属性。

如果我们采纳第二种见解，把宪法所有权视为一种积极权利，就面临追问：既然宪法所有权是一种资格，那么自然资源国家所有权究竟是何种权利的资格？论者语焉不详。逻辑上有如下几种解释项供"纯然公权说"论者备选：

（1）宪法所有权只是一种抽象权利；

（2）宪法所有权是私主体取得民法所有权的资格；

（3）宪法所有权是私主体取得民法他物权的资格；

（4）宪法所有权是国家取得民法所有权的资格。

接下来，让我们逐一分析上述解释是否恰当。解释项（1）显然是可以排除的。如奥托·迈耶所言，国家"公法上的权力"在一定条件下可被赋予与私权利等同的地位，或能直接转化为私权利。① 事实上，自然资源国家所有权如只停留于抽象权利的意义，《宪法》第9条第2句所提及的"合理利用"就沦为具文，无法解释实践中大量自然资源被利用的现象。

解释项（2）在法理上和逻辑上均不能成立，它不仅违背了《宪法》第9条第1句对自然资源国家专属性的规定，而且不合逻辑——"资格"当然是指自己享有权利的资格，岂有让他人享有权利的资格？因此，该解释项自应被排除。

解释项（3）其实就是曾经盛行的"权能分离说"。在近代私法绝对所有权观念的影响下，所有权乃完全物权或自物权，所有权的权能被分离出去后产生他物权，以实现对财产的支配，这种理论即为"权能分离说"。该理论由于能自圆其说地解答公有制条件下国家财产进入市场的问题，"既承认了非所有人利用所有人财产的事实，又保证了所有权至高无上的地位，圆满地填补了传统物权理论在观念与现实之间的漏洞和空隙"，② 在苏联及我国遂成通说。"权能分离说"固然有实用主义的功效，但无法解释以其为依托建立起来的自然资源使用权制度，"在失去私法上所有权这

---

① 〔德〕奥托·迈耶：《德国行政法》，刘飞译，商务印书馆，2004，第112页。

② 孟勤国：《物权二元结构论——中国物权制度的理论重构》，人民法院出版社，2002，第5页。

一母权的条件下，自然资源使用权的'身世'就有了问题，无'母'哪里来其'子'"?① 易言之，宪法所有权不能直接成为自然资源使用权的"母权"，二者之间必须存在私法上的"转换器"——民法所有权。

解释项（4）恰好可以堵住解释项（3）的逻辑漏洞。国家享有自然资源的民法所有权，并不背离《宪法》第9条第1句确立的规范原点。宪法规范不仅保障了民事权利的正当性，而且可以通过"转介条款"直接塑造民事权利，例如人格权既是一种宪法权利，又是一种民事权利。因此，自然资源国家所有权的"纯粹公权说"与"纯粹私权说"一样，具有很强的片面性，"宪法所有权是国家取得民法所有权资格"的观点能够被证立。

四 双阶构造：自然资源国家所有权的解释论机理

在现代法秩序中，所有权绝不是由某一个部门法"独家经营"的法律概念。自然资源作为人类存续与社会发展的物质前提，理应运用各种法律工具对其予以调整，纯粹仰赖于公法手段或私法手段，都是法律不可承受之重。本文借用行政法上"双阶理论"的分析思路，来描述自然资源国家所有权的法律机理，即自然资源国家所有权是一个复合的法律关系，蕴含着"宪法所有权—民法所有权"的双阶构造，以实现"公有私用"的实践逻辑。

（一）双阶构造何以可能

作为公法与私法交错的产物的双阶理论，系由德国行政法学者易普森在1951年提出，它是指国家可以通过私法形态的法律行为，直接完成公行政任务。② 例如，在利用公共设施或者公营造物的法律关系中，包含利用许可行为（以行政处分为内容的公法关系）和利用实施行为（以契约形成内容的私法关系）两个阶段。再以国家的经济辅助为例，双阶理论将整个经济辅助过程割裂为前后两个不同阶段。第一个阶段是国家必须决定是否给予私人辅助，该行政处分行为受公法一般原理原则约束。第二个阶段是

---

① 金海统：《自然资源使用权：一个反思性的检讨》，《法律科学》2009年第2期。

② 参见程明修《双阶理论之虚拟与实际》，《东吴大学法律学报》第14卷第2期，2002。

如果国家决定给予私人辅助，则国家与受辅助人间的法律关系受私法规范约束，如：采低息贷款形式，为私法之借贷关系；采补贴形式，为私法之赠与关系；如国家提供保证，则为私法之保证合同关系。① 双阶理论所勾勒的"前阶公法＋后阶私法"的法律关系模型，打破了公私法泾渭分明的迷思，阐述了国家"脱下制服，换上便服"进入民事领域后的法律行为性质。

双阶理论固然有"法学上的虚拟"之色彩，被批评者认为是"负荷过量的定理"，但该理论让我们正视到，同一个生活事实中可能存在不同属性（公法与私法）的法律关系，同一法律关系中可能存在复数行为、复数请求权及复数权利义务关系。② 这对于我们理解自然资源国家所有权的法律构造富有启发性。如前所述，"纯粹私权说"和"纯粹公权说"都只是摸到大象的鼻子而已，无法完整描绘国家所有权的全貌。自然资源国家所有权的复杂性在于，它需要同时实现诸多的社会功能，既要保障宪法明示的生产资料公有的基本经济制度，又要完成民法担负的定分止争、物尽其用的规范任务，"这一方面使得干预性的公法和落实自治的民法如犬牙交错般地共存，另一方面使得民法在功能上面临调适的压力"。③ 高负荷的自然资源国家所有权显然不可以成为无视社会情势变迁的法律鸵鸟，它必须同时契合宪法规范与民法规范的社会需求。本文主张的自然资源"宪法所有权—民法所有权"的双阶构造学说，立足于复数权利义务关系的分析进路，相对合理地解释了公私法交错背景下自然资源所有权的法律机理。

那么，双阶构造的分析框架何以可能？

首先，宪法所有权与民法所有权不属于同一效力位阶，二者并不冲突。"一物一权"是物权法的基本法理，它是指同一物上不可存在不相容的两个物权，尤其不得并存排他性最强的所有权。然而，"一物一权"原则只适用于民法物权领域。宪法所有权与民法所有权既非不相容的物权，又非同一效力位阶的权利，不会发生权利冲突。宪法所有权与民法所有权不仅毫不抵牾，反倒相辅相成，突出体现为宪法权利的"辐射效力"。辐射效力理论强调，"宪法权利绝不仅指私人对抗国家的权利，还同时蕴含

① 许宗力：《法与国家权力》（一），元照出版公司，2006，第34页。
② 程明修：《双阶理论之虚拟与实际》，《东吴大学法律学报》第14卷第2期，2002。
③ 苏永钦：《合宪性控制的理论与实际》，月旦出版社股份有限公司，1994，第21页。

着广泛适用于诸部门法的客观秩序价值，指引和推动着立法、行政与司法"。① 引申开来，通过民事立法把宪法价值纳入实定法范畴，俨然已为国家义务。具体到我国自然资源所有权问题上，作为确权性规范的《物权法》第46条、第48条、第49条，正是《宪法》第9条"辐射效力"的具体实现。

其次，宪法所有权兼有国家取向与私人取向，需要通过民事立法形成具有间接效力的保护，这是双阶构造的理论前提。宪法上的基本权利如何适用于私法领域？这在学说上称为宪法规范的"第三人效力"或"水平效力"问题。按照阿列克西的论述，宪法规范的"第三人效力"包括三层属性：国家的义务、私主体对抗国家的权利、私主体之间的法律关系。② 苏永钦则把纯粹国家取向的权利称为宪法上的相对权，如教育权、诉讼权、选举权；而把同时具有国家与私人取向的权利称为宪法上的绝对权，如人身自由权、财产权。③ 如果我们再进一步探讨就会发现，宪法上的绝对权常常同时具有直接效力与间接效力。例如，人身权一方面由宪法直接加以保障，形成具有直接效力的保护；另一方面又通过民事立法形成具有间接效力的保护。所有权亦然。宪法规范与民法规范均保护所有权不受侵害，直接效力与间接效力同时发生。不过，这里存在一个容易被忽略的重要区别——国家所有权与私人所有权的宪法意义是不同的。私人所有权的宪法意义在于"针对国家性"，即防止受到国家公权力的侵害；而国家所有权的宪法意义不能理解为对公权力的防御，因为岂有国家"自己侵害自己"之理，在逻辑上显属谬误。④"宪法范畴的国家所有权"即宪法所有权，作用在于维护社会经济制度，与其被阐释为国家的基本权利，还不如被理解为国家的基本义务。"民法范畴的国家所有权"即民法所有权，作用在于实现物尽其用，并防范私主体对权利的侵害。两种类型的所有权并行不悖。

最后，公权力与私权利在自然资源所有权法律关系上的交错，是双阶构造的实践基础。事实上，同一法律关系中形成宪法权利与民事权利的双阶构造，并不罕见。例如，我国《宪法》第二章规定的各项公民的基本权

---

① Robert Alexy, *A Theory of Constitutional Rights*, Oxford University Press, 2002, p.352.
② Robert Alexy, *A Theory of Constitutional Rights*, Oxford University Press, 2002, p.358.
③ 苏永钦：《合宪性控制的理论与实际》，月旦出版社股份有限公司，1994，第25页。
④ 许宗力：《法与国家权力》（一），元照出版公司，2006，第43页。

利中，公民的财产权、人身权、继承权都同时存在宪法与民法的双阶构造。国家所有权的特殊性在于国家身份的复合性——就自然资源而言，国家既是资源管理者，又是资源所有者。以海域为例，我国《海域使用管理法》第 3 条规定，"海域属于国家所有，国务院代表国家行使海域所有权。任何单位或者个人不得侵占、买卖或者以其他形式非法转让海域"。该条款确立了国家作为资源所有者的民事权利。该法第 7 条又规定，"国务院海洋行政主管部门负责全国海域使用的监督管理。沿海县级以上地方人民政府海洋行政主管部门根据授权，负责本行政区毗邻海域使用的监督管理"。该条款确立了国家作为资源管理者的行政权力。公权力与私权利的交错，极易使国家在行使自然资源所有权时发生身份混同。[①] 一旦受到经济发展的驱动，国家很可能利用作为自然资源垄断供给者的优势，充分获取资源所有者的利益，怠于履行作为资源管理者的义务。一个典型例证是，随着土地资源的日益匮乏，围填海热潮席卷中国沿海地区，引发了一系列生态和社会问题。其法律根源在于，我国规定了违宪审查制度，但缺少专门机构进行有效操作，使得人们容易忽视财产权的宪法属性，[②] 导致国家的公法义务与私法权利被不合理切割。在国家为实现国库收入最大化而行使民法所有权时，本应承担的宪法义务被随意摒弃。鉴于此，重新认识自然资源所有权的双阶构造机理，在当下显得尤为迫切。

（二）双阶构造何以实现

在各国立法例中，自然资源国家所有是常见做法，并非社会主义国家的独有体制。即使在私人所有权观念盛行的美国，联邦政府仍是最大的土地所有者，如果加上州和地方政府拥有的土地，美国公共所有的土地占美国总面积的 42%。[③] 国家所有权意味着自然资源属于全体公民，但并不意味着作为管理者（或受托人）的政府不可以把任何权利授予私人。自然资源存在公共权利与私人权利的混合，如同私人土地上存在公共权利一样，

---

① 税兵：《从"事实之物"到"民法之物"：海域物权的形成机理及规范解读》，《法商研究》2008 年第 4 期。

② 童之伟：《宪法民法关系之实像与幻影——民法根本说的法理评析》，《中国法学》2006 年第 6 期。

③ 〔美〕丹尼尔·H. 科尔：《污染与财产权：环境保护的所有权制度比较研究》，严厚福等译，北京大学出版社，2009，第 22 页。

在"公共土地上存在私人权利"的现象具有不可避免性。① 鉴于此，笔者以是否设立排他性私权为标准，把自然资源区分为"公有公用"和"公有私用"两种情形。"公有公用"的自然资源譬如公园、街道、河流、湖泊等，其上未设立任何排他性私权，主要是基于两个原因：一是公共利益的存在使得私权的设立不合理，例如美国联邦最高法院禁止在可航行的水道设立私人权利；② 二是高昂的成本使得私权的设立不可行，例如很难把城市街道的使用主体限定为购买了使用权的特定人群。③ 与之相反，"公有私用"的情形则主要是出于满足效率需求和实现国库收入的最大化的目的，包括出让的国有土地、开发的矿产资源、有偿使用的无线电频谱资源以及设置排他性权利的海域、森林、草原等自然资源。

双阶构造的理论模型集中体现为"公有私用"的情形。需要讨论的是，"公有私用"如何通过法律机制得以实现？我们有必要把作为国家公产的自然资源划分为两个范畴："对物采掘类"与"非对物采掘类"。"对物采掘类"是指可直接获取的处于自然赋存状态下的自然资源，例如矿产资源、水资源、森林资源、渔业资源、野生动植物资源；"非对物采掘类"是指利用资源属性进行社会性开发利用活动的自然资源，最为典型的即为土地和海域两类不动产。④ 此类型化方法对于理解各种自然资源权利的属性大有裨益，因为"如果说非消耗性利用基本符合用益物权特征的话，将消耗性利用归于用益物权则难以服众"。⑤

在法学意义上，"对物采掘类"资源与"非对物采掘类"资源最大的不同是，前者能形成资源产品所有权，后者则不能。例如，矿产资源经挖掘后产生矿产品，渔业资源经捕捞后产生渔产品，林业资源经采伐后产生林产品，水资源经抽取后产生水产品。上述资源产品的法律特性在于以下两点。第一，资源产品均是特定化的有体物，符合成为物权客体（尤其是

---

① James L. Huffman, The Inevitability of Private Rights in Public Lands, 65 *University of Colorado Law Review* 241 - 277（1994）.

② *Gilman v. Philadelphia*, 70 U. S. 713, 725（1865）.

③ 〔德〕汉斯－贝恩德·舍费尔、克劳斯·奥特：《民法的经济分析》，江清云等译，法律出版社，2009，第 540 页。

④ 参见张璐《中国自然资源物权的类型化研究》，载陈小君主编《私法研究》第 7 卷，2009，法律出版社。

⑤ 吕忠梅：《物权立法的"绿色"理性选择》，《法学》2004 年第 12 期。

所有权客体）的全部属性要求。第二，资源产品的转让是包含所有权移转的物权变动。例如，矿产资源具有耗竭性和不可再生性，随着矿体向矿产品的转化过程而不断减少；矿产品一旦从矿体中分离出来，则同时发生采矿权人对其法律及事实上的处分。故而，一些立法例认为"转让采矿特许权的情形，应当单纯地将之视为动产买卖"。① 试想，如果我们不认为矿产品的出让乃以所有权移转为内容的物权变动，那么作为矿产资源所有权人的国家可以随时主张私法上的返还原物请求权，要求购买者返还矿产品，这将彻底颠覆交易秩序，有悖常理。

与此相反，作为不动产的土地资源与海域资源进入市场后，则不发生以所有权移转为内容的物权变动。例如，建设用地使用权或海域使用权的权利期限届满后，国家能够通过行使返还原物、恢复原状的物上请求权，恢复其所有权的圆满状态。因此，"对物采掘类"自然资源难以在用益物权的框架内得到阐释，② 必须承认资源产品所有权；而"非对物采掘类"自然资源则不存在此法技术障碍，借助自然资源使用权制度即可实现"公有私用"。

至此，可以得出本文的基本结论：自然资源国家所有权的法系统呈现公私法交错的状态，蕴含着垂直关系的宪法规范和水平关系的民法规范，体现为"宪法所有权—民法所有权"的法律构造。

余　论

正如黄宗智对清代法律的此番评述："清代的法律其实应该这样理解：它说的是一回事，做的是一回事，但是，二者结合起来，则又是另一回事。"中国语境下自然资源国家所有权制度具有复杂性，不能按图索骥般地依靠西方学说与理论来阐释，而需要我们重拾法律文本，用中国的法律来解决中国问题。

固然民法具有其固有的运行逻辑，但这不意味着民法规范可以"绝缘"

---

① 尹田：《法国物权法》，法律出版社，1997，第85页。
② 笔者所持的此观点最早受到王家福教授的启发。在2005年9月26日在青岛召开的"海域物权法律制度学术研讨会"上，王家福教授把采矿权等在"对物采掘类"资源上成立的使用权形象地称为"消益物权"。

于社会情势变迁。转型社会时期，市场经济与公有制的化学反应，演化出官方表达与实践逻辑的冲突格局。在往昔的计划经济体制下，利维坦式的国家权力遮蔽了市场需求，"公有公用"成为自然资源权利配置的不二选择。在今日的市场经济体制下，市场需求无所不在，"公有私用"成为自然资源权利配置的实践逻辑，最终演绎为公私法交错的双阶构造，使得市场力量在公有制的土壤里破茧而出。

总体而言，本文的研究还只是一个粗线条的解释框架，尚有太多的问题留待进一步探讨，譬如，作为自然资源所有者的国家应承担何种社会义务？宪法所有权与私法所有权在规则上如何勾连？如何实现合宪性控制？自然资源产品所有权具有何种法律特性？诸多问题，不一而足。由此我们可以说，就自然资源国家所有权的制度实践而言，中国法律人已经回答的问题远远少于有待回答的问题，这何尝不是拥有"后发优势"的研究者的幸运。

自然资源国家所有权公权说[*]

巩　固[**]

摘　要： 自然资源国家所有权在主体、客体、内容、行使、救济与责任等方面都与物权存在本质差异，其并非处理平等主体间财产关系、以确立特定主体对特定物的"直接支配"为内容的民法物权，而是划分国家与个人界限，为"全民"意义上的抽象国家以立法和行政手段"间接干预"资源利用提供合法依据的宪法公权。资源国家所有权与资源物权并非同一层面的事物，二者并非互相排斥，而是互补并存。国家所有权只是形成资源利用秩序的前提，资源物权才是建立秩序的关键，其需要明确的法律规定，而无法从宪法权性质的国家所有权中推出。没有清楚区分公权与私权、公物与私产是导致国有资源与民众"疏离"、偏离公益本质的根源，应当改变这一状况。

关键词： 自然资源国家所有权　宪法权　物权

2012 年 2 月，四川农民吴高亮在家门前河道里挖掘出价值千万的乌木，被当地镇政府以"国有财产"为名收走，而吴高亮仅获 7 万元"奖励"，引发一片"与民争利"的抱怨（以下简称"乌木案"）。2012 年 6 月出台的《黑龙江省气候资源探测和保护条例》（以下简称《条例》）规定，风能、太阳能等"气候资源归国家所有"，并对气候探测及开发规定了一系列限制，引发民众热议（以下简称"风光案"）。这两个引起热议的法律

---

　　* 本文原载于《法学研究》2013 年第 4 期。
　　** 巩固，论文发表时为浙江大学光华法学院副教授，现为北京大学法学院长聘副教授。

事件看似风马牛不相及，实则都与自然资源国家所有权密切相关，相关争议也反映了人们在这一问题上的诸多分歧。到底应如何正确理解自然资源国家所有权及其制度安排，合理解答和妥善处理事件所折射出的法律问题，本文试析之。

一　自然资源国家所有权"物权说"反思

在我国，主流理论认为，国家所有权乃国家对国有财产（或称"全民所有制财产"）所享有的占有、使用、收益和处分的权利，是全民所有制在法律上的体现。[①] 按此理论，尽管该权在主体、客体、权利行使等方面具有一定特殊性，但本质上与一般所有权并无差异，都是一种"权利人依法对特定的物直接支配和排他"的民事权利。[②] 由于我国无论是作为国家根本大法的《宪法》，还是作为民事基本法的《民法通则》、《物权法》，以及各类自然资源单行法中，都有关于"某某资源属于国家"的规定，故除少数法定例外情形外，我国自然资源全部为国家所有，由国务院"代表国家行使所有权"，普通主体只能通过具有用益物权性质的"自然资源使用权"对资源进行实际支配和利用。[③] 上述观点几乎完全是从民法物权的角度认识和界定自然资源国家所有权的，本文将其简称为"物权说"。

"物权说"占据我国理论主流并深刻影响法律实践，"乌木案"与"风光案"中的争议各方都受到这一理论的深刻影响。"风光案"中，黑龙江省人大认为，气候资源属于国家所有，立法机关当然可以"代表国家"行使所有权，就气候资源的使用设定许可及进行其他限制。"乌木案"中，镇政府也把代表国家行使所有权、防止国有财产流失作为强行收缴的理据。而争议的声音则集中在气候资源及乌木的国有属性上，或主张其应为个人所有，以个人所有与国家所有的非此即彼、彼此对立为预设。争议各方的逻辑前提都是"物权说"。然而，"物权说"貌似合理的表象下蕴含着

---

① 王利明：《物权法论》，中国政法大学出版社，2003，第 272 页以下；马俊驹、余延满：《民法原论》，法律出版社，2007，第 320 页。

② 《物权法》第 2 条第 3 款。

③ 关于自然资源使用权在我国的"通说"地位，可参见金海统《自然资源使用权：一个反思性的检讨》，《法律科学》2009 年第 2 期。

诸多难以解释的矛盾。

（一）物权主体的实体化、平等性与"全民国家"的抽象性、优越性之矛盾

作为一种以确定物的支配秩序为核心任务的私权，"物权法上的所有权主体必须具体、实际、特定并具有私法上的人格"。① 只有那些客观存在，并且对特定物的支配具有独立意志和利益的实体，才有拥有行使物权的可能和必要。自然人之外的任何实体只有在符合法定要件且经相应程序认定后才能作为"法律所拟制的人"获得物权主体资格，从事财产活动并承担相应责任。也因此，除苏联等少数特例外，多数国家和地区民法实践中的"国家所有权"都是一种"法人所有权"，其所谓的"国家"是对国库、国家机关、各级政府（有的甚至专指中央政府）等使用公共财产、履行公共职能的特殊法人——"政府法人"或称"公法法人"——的统称。② 尽管这些法人在财产来源、自身性质及职能定位等方面具有特殊性，但在民法上都是可以与其他民事主体清楚区分的独立个体。而在我国，无论是宪法还是物权法，都明确规定"国家所有，即全民所有"，也就是说，这里的"国家"乃"全体人民"意义上的抽象国家，而非行使国家权力、履行国家义务的具体主体——国家机关。正因为此，在我国理论界，"国家所有权"与"国家机关法人所有权"向来是被严格区分的，国家所有权的主体被认为具有"唯一性和统一性"，"中华人民共和国是国家所有权唯一的和统一的主体，任何国家机关、单位或个人都不能充当国家所有权的主体"。③ 然而，人民是一个抽象的政治概念，"是一个不容分割的整体，不确指任何个体"，④ 如何能够对物进行"直接支配和排他"？而且"全体

① 李康宁、王秀英：《国家所有权法理解析》，《宁夏社会科学》2005 年第 4 期。
② 比如，德国民法上的"国家"是一个可分割的概念，联邦政府之国库可称为"国家"，各州国库亦可称为"国家"（尹田：《物权主体论纲》，《现代法学》2006 年第 2 期）；德国联邦政府、州政府、县区或镇政府及其各级政府机关都是公共财产所有权的主体（孙宪忠：《德国民法对中国制定物权法的借鉴作用》，《中外法学》1997 年第 2 期）。而意大利民法区分"国有财产、省有财产、市有财产"（《意大利民法典》，费安玲、丁玫译，中国政法大学出版社，1997，第 232 页），加拿大土地有"联邦公有、省公有"之分，这里的"国（或联邦）有"均为"中央政府或联邦政府所有"。
③ 马俊驹、余延满：《民法原论》，法律出版社，2007，第 320 页。
④ 王军：《国企改革与国家所有权神话》，《中外法学》2005 年第 3 期。

人民"与作为其成员的一切普通民事主体（无论是国家机关、国有单位还是个人）都存在密切关联，无论意志还是利益都既不应该也不可能是"独立"的，[①] 在对自然资源的支配上又如何能够拥有"独立"地位？

另外，平等性也是物权主体的必备特征。只有在平等主体之间才有通过统一规则建立物的支配秩序的可能。无论具体的物权主体在现实中差异大小，其在法律上都被假定为平等，遵守同样规则，受到同等对待。而全民意义上的"国家"与作为其成员的普通民事主体之间，既不应该也不可能是一种平等关系。"国家所有权是社会公共利益或者国家利益的载体，此种利益当然高于私人利益。"[②] 实际上，各国普遍存在的征收、征用、国有化等制度，即专门针对"全民所有"与"个体所有"之关系的制度，其中国家所有权的优越性尽显无遗。

（二）物权客体的确定性与自然资源的不确定性之矛盾

"物权的客体主要是有体物，而且还必须是单一物、独立物、特定物。"[③] 物权作为对主体之于物的直接支配关系的确认，特定性和处于被控制状态是物权客体的核心特征。在不确定的、未被控制或无法控制的物之上无法成立物权。但在自然资源领域，无论水流、矿藏还是森林、野生动物，都大量处于特定性不明的"盖然状态"，未被控制且变动不居，单一性、独立性、价值大小难以判断，除土地之外几乎依托于其他载体（如土地或水），气候资源甚至连有体物都算不上，它们如何能够成为物权客体？反过来讲，如果自然资源国家所有权真的是一种客体特定的民法所有权，则江河湖海的跨界流动、野生动物的越境迁徙、野生植物的自然消亡甚至风雨雷电等每时每刻都在发生的自然事实，难道都意味着国有资源的变动和"流失"？

（三）物权内容的私权性与自然资源国家所有权内容的公权性之矛盾

在物权法上，所有权是"所有权人对自己的不动产或者动产，依法享

---

① "国家作为一个抽象的实体并没有自身独立的特殊利益，它的利益存在于众多的个体之间，国家对公共利益的维护最终还是为了维护私人利益的有效实现。"赵万一：《论国家所有权在物权法中的特殊地位》，《河南省政法管理干部学院学报》2007 年第 1 期。

② 尹田：《物权主体论纲》，《现代法学》2006 年第 2 期。

③ 王利明：《物权法论》，中国政法大学出版社，2003，第 29 页。

有占有、使用、收益和处分的权利"。① 而"全民"意义上的国家并非具体实体，客观上无法对自然资源进行占有和使用，其所有权中当然也不可能包含任何直接占有和使用自然资源的内容。而如果把资源管理部门征缴资源税费、批准资源利用许可的行为视为国家对其所有物的"收益"和"处分"的话，那么这种通过立法及行政进行的活动，至多只能算是一种"间接支配"，而且在性质上属于典型的公权力行为，绝非私权性质的民法所有权所能涵盖的。

（四）物权行使的自主性与资源国家所有权行使的非自主性之矛盾

所有权几乎是所有法律权利中对所有人意志尊重和保护得最为充分的一个，所有权人可按照自己的意志直接支配财产是所有权的最大特征和优势所在。然而，对于国家而言，所有权的这一优势近似"画饼"，因为通说认为国家无法直接行使所有权，只能"通过占有国有财产的各个国家机关和企事业单位来行使"。② 由此，物权法及一些自然资源单行法都规定由国务院"代表"国家行使所有权③，实践中各级政府及相关部门的资源管理活动也常被视为"代表国家行使所有权"。但是，如果国家所有权真是一种民事权利的话，这种安排就有问题。首先，国务院及其领导的整个行政系统是全民意志的"执行者"而非"代表"，让国务院代表"全民国家"行使所有权显然与由人民选举代表组成的国家权力机关代表人民形成国家意志的法理不符，与"人民行使国家权力的机关是全国人民代表大会和地方各级人民代表大会"、"中华人民共和国国务院，即中央人民政府，是最高国家权力机关的执行机关"的宪法规定不符，④ 也与政府预算须经人大批准的政治实践不符——政府连自己花钱都须经人大批准、向人大报告、受人大监督，如何能够成为国家在财产领域的"总代表"？其次，依民法理论，无论代理还是代表，都应当有被代表者的明确授权，行为人应以"被代表者"名义活动，而实践中具体的资源管理活动几乎不可能得到

---

① 《物权法》第 39 条。
② 王利明：《物权法论》，中国政法大学出版社，2003，第 276 页。
③ 参见《物权法》第 45 条第 2 款、《水法》第 3 条、《矿产资源法》第 3 条、《草原法》第 9 条、《海域使用管理法》第 3 条等。
④ 《宪法》第 2 条第 2 款、第 85 条。

"国家"的明确授权，而这些活动也都是管理部门以"自己的名义"而不是"中华人民共和国"的名义进行的，如何能够将其视为对国家的"代表"？另外，民事权利的一大特点是可处分、可放弃或消极行使，资源管理权则显然不可。

（五）物权的救济补偿性、责任自负性与资源国家所有权的救济惩罚性、"不负责任性"之矛盾

如果自然资源国家所有权是一种物权，那么普通民事主体未经国家明确授权而对自然资源进行利用的行为将构成侵权，并产生以"损害填补"为主的民事责任。但实践中，个人对国有资源的各种直接利用，如采伐、采挖、猎捕、捕捞、垦殖、放牧等，不但通常并不构成非法，而且可通过"先占"取得资源物的所有权。即便一些因违反法律的明确规定而构成违法的活动，[①] 行为主体的责任也是以"惩罚"为主的行政责任或刑事责任，而很少产生对国家的民事赔偿责任。如，我国《矿产资源法》第39条对擅自开矿者"责令停止开采、赔偿损失，没收采出的矿产品和违法所得，可以并处罚金；拒不停止开采，造成矿产资源破坏的，依照刑法有关规定对直接责任人员追究刑事责任"的规定。《水法》第69条规定，对擅自取水或未依规定取水者，责令停止违法行为、限期补救、罚款；情节严重的，吊销取水许可证，等等。至于物权之追及效力，更是几乎不可能实现，哪怕是在江河奔流跨国、野生动物迁徙越境等明显"国有资源流失"的情况下。

与之相对应，实践中的"国有资源致害"，如江河湖泊决堤、野生动物伤人、风雨雷电致灾等，似乎也不会引起其所有权人——国家的赔偿。梁慧星先生反对规定"野生动物资源归国家所有"的一个重要理由，就是担心"以国务院为被告的'野生动物'致损赔偿案件诉讼浪潮的到来"。[②] 虽然这一担忧并没有成为现实，但却是按照物权理论的逻辑和侵权法上物件致害领域几乎已成通例的"所有人负责"原则所得出的必然结论。

---

① 主要是违反国家有关特定资源之利用的专门规定的行为，如非法猎捕、非法采矿、盗伐滥伐林木等。

② 参见梁慧星《不宜规定"野生动物属于国家所有"》，载张海燕主编《山东大学法律评论》第4辑，山东大学出版社，2007。

（六）用益物权的不可处分性与自然资源使用权的可处分性之矛盾

"物权说"把资源实际利用者对自然资源的利用权视为一种用益物权，其逻辑为，既然自然资源只能为国家所有，则国家之外的任何主体对资源的利用都是一种对"他人"之物的使用，故为他物权。然而，问题在于，多数资源利用者事实上都在进行着对资源物的实际处分，消耗性动产尤其如此，① 将这种明显包含处分权能的权利视为一种用益物权，未免牵强。

即便对于不动产，用益物权说在理论上也不无障碍：依民法理论，所有权与用益物权的区别仅在于权能充分程度不同，也就是说用益物权人享有的只能是包含于所有权之中的、为所有权人所"暂时让渡"的部分权能。而对于国有自然资源而言，国家事实上从来没有（也永远不可能）拥有实际利用者所拥有的那种直接支配和利用自然资源的权利，又如何能够让渡给他人？

（七）所有权的唯一性与动产资源的所有权双重性之矛盾

一些自然资源单行法认识到完全否认资源利用者可对资源物拥有所有权不切实际，因而对之持开放态度，但由此又产生"双重所有权"问题。例如《森林法》认可个人的林木所有权，但同时规定森林资源属于国家所有，《森林法实施条例》又明确规定森林资源包括林木。如果二者均为民法所有权，则显然违背"一物一权"原则，也与《物权法》第41条"法律规定专属于国家所有的不动产和动产，任何单位和个人不能取得所有权"的规定相冲突。在矿产、水、野生动植物等领域，都存在类似问题。有学者试图通过区分具有抽象性、总括性的"资源"与具体的"资源物"来加以解决，但这种解释只有在突破自然资源所有权的物权属性的前提下才能成立，在"物权说"的逻辑下是说不通的。②

---

① 如取水人对水、猎人对猎物、捕捞者对捕捞物、采矿者对矿物的实际处分等。

② 例如，有学者提出"水资源所有权"与"水所有权"之别，认为水资源是"抽象的、总括的概念，指全部的地表水和地下水的总和"，"水资源所有权属于特殊主体所享有的权利，在我国归国家享有"，"不作为交易的对象"；而水所有权"已归普通的民事主体享有，早已成为交易的客体。业已引入企业等市场主体的储水设施、家庭水容器中的水，不再是水资源所有权的客体，而是水所有权的客体"。参见崔建远《准物权研究》，法律出版社，2003，第255页以下。但水资源所有权能够成立的前提是"所有权可以建立在抽象的、总括的客体之上"，而这与传统物权理论是不相容的。

二　自然资源国家所有权的"公权说"解读

以上分析表明，自然资源国家所有权虽有"所有权"之名，但并不同于物权法上的所有权，在民法物权的理论框架下，难以得到正确理解和完整解释。那么，问题出在哪里，出路又在何方？对此，笔者认为，首先须破除那种局限于民法一隅望文生义的思维方式。实际上，所有权从来就不只是一个法律概念，[①] 在法律上也并不必然是纯粹的私法概念，[②] 在物权法框架下把所有权作为一种子物权进行理解实际上是继受大陆法系（尤其是德国）物权理论的结果。当然，继受本身具有相当的合理性，但若因此把物权法理论对所有权的认识绝对化，认为一切以"所有权"名义出现的权利都当然属于物权，必须从物权的角度去理解和把握，就可能在不经意间跨越真理的界限。对于国家所有权这样一种各方面都具有显而易见的"公"色彩的事物，必须要有超越私法的视域。

虽然即便最坚定的"物权说"论者也不否认自然资源国家所有权的法律依据主要来自宪法，但这似乎并没有对他们从作为典型私权的"物权"角度去界定和解读这一权利产生丝毫影响。个中原因，除前述所有权当然是物权的惯性思维外，还在于人们的宪法观。国内主流宪法观认为，宪法是包括民法在内的一切普通法律的"母法"，其主要价值和基本功能在于以其原则性规定为立法机关进行具体立法提供"法律基础"。[③] 依这种观点来看，宪法权利与民法权利只有"原则与具体"之分，没有本质差别。"宪法所规定的基本权利仅是一种原则宣示，惟有民法将宪法规定的原则宣誓'转化'为具体的民事权利加以确认之后，权利方可获得切实保护。"[④] 由此，宪法中的国家所有权规定就成了授予作为特殊民事主体的国家民法所有权的赋权条款，成了对应由民事一般法具体建构的民事权利的

---

① 经济学、社会学尤其是政治学领域都有自己的"所有权"概念。从本质上讲，国家所有权实际上是把政治性概念不加"翻译"地生搬硬套到法律中的结果。

② 比如，西方早期的土地所有权即承载着浓厚的公权力，直到近代才逐渐演变为纯粹私权。参见李凤章《法律移植，移植什么？——以土地所有权的中国命运为中心》，《法律科学》2009 年第 6 期。

③ 详情可参见林来梵《从宪法规范到规范宪法》，法律出版社，2001，第 303 页以下。

④ 谭启平、朱涛：《论物权主体》，《甘肃政法学院学报》2008 年第 5 期。

原则性宣示。按这一逻辑，物权法不仅可以规定自然资源国家所有权，而且必须予以规定，否则就是对宪法的无视甚至"违宪"。然而，这种对宪法与一般法关系的理解虽然从终极意义上说不能算错，却不免以偏概全，忽略了宪法最核心的价值和最重要的功能，有在实质上消解宪法之独立存在的危险。实际上，除"终极授权规范"这一形式功能外，宪法还承载着确认和保障基本人权、划分公私界限、平衡个人自由与国家干预的神圣使命。正是由于"将一些人的基本权利这一最高的价值赋予宪法规范加以体现，以图划定国家权力的界限"，"肩负这一使命的宪法本身才获得了最高法的地位"。① 所以，宪法规范并非仅是对下位法之应然规范的抽象概括，而是围绕个人（权利）与国家（权力）之平衡进行的制度设计。宪法权利是发生在个人与政治国家之间的，以规范和制约公共权力、参与和监督公共事务、增进和分配公共利益为指归的公权，其与调整平等主体关系、以解决个体间冲突为己任的私权存在根本区别。"宪法的全部内容都可以理解为对国家权力的制约，即宪法以国家权力为恒定的调整对象，它并不直接涉及私人之间的关系。"② 对任何宪法规定的理解，都不应脱离这一点。

在以"个人—国家"、"权利—权力"为基本预设的宪法语境下，一般认为，宪法所有权并非对具体财产的直接支配权，而是一种"防范国家侵犯"的"消极人权"，③ 是"公民（或私人）对国家权力（或公权力）所加诸的不当侵害作出防御，并在实际侵害发生的场合下可得救济的一种权利"。④ 如果这样，又如何理解国家所有权呢？按宪法所有权是"防御国家之权"的思路来理解，会不会出现国家所有权是"国家防御国家之权"的悖论呢？这涉及对作为言说前提的"宪法所有权"的认识。实际上，在宪法语境里，权利通常是指以与国家相对应的个人（或称"公民"）为主体的权利，一些学者甚至径以"人权"来指称，其不仅不包括以国家为主体的权力（利），而且正与国家权力相对应、以限制国家权力为宗旨。作为"防御国家之权"的"宪法所有权"实为"宪法中的个人所有权"，并非

---

① 林来梵：《从宪法规范到规范宪法》，法律出版社，2001，第 310 页。
② 夏泽祥：《作为公法与根本法的宪法》，《法学》2012 年第 2 期。
③ 李龙、刘连泰：《宪法财产权与民法财产权的分工与协同》，《法商研究》2003 年第 6 期。
④ 林来梵：《针对国家享有的财产权——从比较法角度的一个考察》，《法商研究》2003 年第 1 期。

对一切出现在宪法中的所有权的统称，其特性不能当然被套用于"国家"。对宪法国家所有权的正确理解，也应该从与其所对应主体之关系的角度着手，如果个人所有权是个人"防御国家之权"的话，国家所有权则是国家"反防御之权"，或者说是对个人防御权的"解除"，其实质是对相关领域国家权力运行的许可、对国家干预的宪法承认。

那么，为什么要在宪法中规定自然资源的国家所有权？为何对于多数社会财富，宪法都是通过规定个人所有权对国家干预严加防范，而在自然资源领域，却要通过国家所有权的"反向设置"为国家的干预打开一扇门？尤其值得注意的是，人类早期宪法很少有关于自然资源的规定，而"进入20世纪特别是20世纪中期以来，许多国家都在宪法中设立专门的自然资源国家所有权条款"。① 对此，应从自然资源的特性及其在现代社会中的角色来认识。

自然资源，"是客观存在于自然界中一切能够为人类所利用，作为生产资料和生活资料来源的自然界生成因素的统称"。② 自然资源的特征很多，对于理解自然资源国家所有权而言，关键在于两点。一是高度的公益性。作为人类生产和生活资料的终极来源，自然资源既是重要的经济要素，又是基本的社会保障条件，在现代工业社会，其意义尤为突出。正如学者所指出的，近代以来，"大国崛起的关键是经济的发展，而经济发展的过程，说到底是一个充分和合理利用自然资源、满足人类需要和创造物质文明的过程"。③ 资源能否得到高效利用、收益能否得到公平分配，直接决定社会的发展前景和公正度，实乃关乎国家发展、人民福祉的重大公共事务。二是权属的不确定性。自然资源处于原始状态，其价值主要源于自然力的作用，大量自然资源处于人力未加控制甚至认知不明的状态。在法律上，这不仅意味着自然资源常处于未被特定主体实际控制的"无主"状

---

① 邱秋：《水资源国家所有权的性质辨析》，《湖北经济学院学报》2009年第1期。在笔者有限的阅读范围内，社会主义国家的苏联、越南、古巴、朝鲜、老挝的宪法全部有此类规定；而非社会主义国家，如阿联酋、菲律宾、吉尔吉斯、科威特、土耳其、爱尔兰、爱沙尼亚、保加利亚、巴西、墨西哥等的宪法，也都有类似规定，其中秘鲁宪法更专设"自然资源"一节，对国家在资源方面的权力义务作出专门规定。

② 江伟钰、陈方林主编《资源环境法词典》，中国法制出版社，2005，第637页。

③ 周珂、翟勇、阎东星：《中国和平崛起与自然资源物权化》，民商法律网，http://www.civillaw.com.cn/Article/default.asp?id=19595，最后访问日期：2012年10月18日。

态，存在权属空白，而且意味着其权属界定的困难——既然其价值乃"天赐"，故谁都可以主张，谁都可在无充分理由的情况下独占，难以自发形成支配秩序。① 因此，自然资源之利用比一般财产更加依赖于明确制度的规范，否则极易陷于混乱，导致低效和不公。这两个特征决定了现代社会国家干预自然资源利用的正当性和必要性——国家必须掌握资源利用的主导权，从全民整体利益的高度出发，制定有关资源之分配、利用、惠益分享的统一规则，建立起富于激励性、体现公平的资源利用秩序，以实现资源利用效益的最大化。

但从法理上讲，国家对自然资源利用的积极干预面临几个方面的障碍。

第一，与历史习惯相冲突。长久以来，自然资源尤其是动产资源因其"天赐"色彩，通常被视为"无主物"，为人们"先占"所取得。这一方式扎根于人的自然本能，是自然物利用自然的最普遍方式，是任何生物的本能和生存之道，具有天然合理性，有着悠久历史和强大生命力。如果没有充分依据，国家的强力干预就欠缺合法性。

第二，与土地权利相冲突。在前现代社会，土地是最重要的生产资料，自然资源长期以来被视为土地的附属物，为土地权利所吸纳，对自然资源利用的干预将不可避免地与土地权利发生冲突。

第三，与传统物权秩序相冲突。传统物权法对物的分类（如动产与不动产、单一物与集合物、主物与从物等）主要是从交易角度进行的，对物的自然特性考虑不足。自然资源类型极为丰富，不同资源各有其价值、特点、稀缺性、利用方式及惠益方法。国家要实现资源利用的高效，就不能拘泥于物权法之规定，而须根据资源之特性"具体资源具体规定"，从而对传统物权秩序造成冲击。

要解决这些问题，为国家干预资源利用、主导资源秩序提供充分合法性，最便捷的途径就是在宪法这一国家根本大法中明确自然资源的公共属性和独立地位，宣布自然资源为国家所有，以为国家进行积极干预、排除低效滥用提供正当依据。从这个意义上说，自然资源国家所有权实际上是

---

① 这也是自然资源与"人工物"的重要区别之所在。人工物的价值主要由人类劳动所创造，故权属容易确定，一般归"创造者"所有，即使没有任何外在规则，也往往清楚、有序。

宪法对"全民"之于一国主权范围内的"自然资源整体"（无论种类多少、数量大小、是否被实际控制、价值大小）按照"全民意志"（体现为国家立法）进行"干预"（决定由谁利用、如何利用、收益如何分配等）之权的确认，其实质是国家积极干预资源利用的立法权及管理权。正是由于该权的存在，国家才可以通过立法建立有关资源利用的统一规则，把资源开发置于行政监管之下，并运用公共机制把资源收益用于公共支出和社会福利，其本质上是"以国家强制为基础、以政治程序为运行机制的公共权力（或称国家权力）"，① 迥异于"权利人对特定物的直接支配和排他"的民法所有权。

或许有人会说，立法权和管理权不是国家主权的应有之义吗？国家难道不可以直接依其主权对资源利用进行干预吗？这正涉及国家权力边界这一宪法根本问题。尽管国家在其领土范围内拥有神圣不可侵犯的主权，可以独立地对本国事务进行管理而不受干涉，但这种"不受干涉"只能是国际法层面的、针对其他主权主体而言的，绝不意味着国家权力在领土范围内可以无限、恣意地行使。在一国内部，国家权力（无论是行政权还是立法权）是有边界和限度的，这就是公民基本权利，② 而其界限正是由宪法所规定的。"如果立法机关可以随便给国家机关设定宪法以外的权力，那么宪法作为规范国家权力的作用就丧失了。"③ 而如前所述，自然资源作为社会财富的自然源泉原先实际上是与个人财产权密切交织、不可分割的，国家资源立法相当于把资源利用的主导权从个人"移交"到国家手中，是对个人资源利用自由的限制，是国家权力的扩张和个人权利的限缩。如此重大的事项，当然要以宪法权为依据，以宪法的明确规定为前提。

一旦把视角从民法转到宪法上、从私权转到公权上来，对自然资源国家所有权的理解就容易得多，诸多理论疑难也将迎刃而解。在主体上，全民意义上的抽象国家作为民事主体难以实现，作为宪法主体则毫无障碍。宪法上的国家，作为对社会整体公益和公共权力的指代，本来就是一个抽象概念，并可等同于"全民"。在客体上，自然资源的不确定性之所以对

---

① 王军：《国企改革与国家所有权神话》，《中外法学》2005 年第 3 期。
② 宪法中的公民财产权是以国家为预设对象的，其基本功能在于为国家权力设定边界，构筑"风能进，雨能进，国王不能进"的私人领地，故被视为一种"消极权"。
③ 蔡定剑：《关于什么是宪法》，《中外法学》2002 年第 1 期。

其作为物权客体构成障碍，是因为物权是一种"直接支配权"，而宪法权利指向的是国家与个人之关系，并不谋求对物的直接支配，因而不存在障碍。在内容上，自然资源国家所有权具体权能的公权性更是宪法权之公法性的典型体现。在行使上，国家机关无须具体授权即可代表国家行使权力、处理事务正是公法领域国家与政府关系的常态，而不可处分性及行使的非消极性也是公权力的典型特征。在救济上，侵害国有自然资源责任的惩罚性反映了侵害行为的违法性主要在于对公法秩序的违反。同样，也正因为国家所有权不是私权，国家并非资源的直接支配者，对其不负有民事上的照管义务，因而无须对自然资源致害承担民事责任。相反，对于严重失职、管理不善导致资源物受侵害的，倒是可以追究管理者的行政责任。

还有人会质疑，如果说自然资源国家所有权是一种宪法性公权，那么又如何看待《民法通则》、《物权法》等民法以及《森林法》、《水法》等自然资源单行法中关于自然资源国家所有权的规定？实际上，对于在《物权法》中规定国家所有权的合理性，学界向来不无争议，此在《物权法》制定过程中的相关讨论中显露无遗。对于现行法之规定，我们只能从"中国物权法的任务从来没有被认为是仅仅保护私人所有权及其他物权"的现实国情来理解，将之视为对宪法规定的细化和重申，"但物权法对于国家所有权的规定，并不能表明此种所有权即当然具有私权的性质"。① 至于自然资源单行法中的国家所有权规定，无论是从这些立法本身的公法性还是其内容的行政管理色彩来看，都明显属于对宪法规定的细化和重申，其存在本身更加印证了自然资源国家所有权的公权性。

三　自然资源利用秩序的实现：从资源国家所有权到资源物权

如果说自然资源国家所有权是一种宪法性公权，那么其对自然资源利用秩序的形成到底起什么作用？宪法中抽象的"国有"资源又是如何进入民事领域而得到实际利用的？这涉及资源国家所有权与资源物权的关系这一根本问题，应注意以下几点。

第一，资源国家所有权不能代替资源物权。这里所谓资源物权，是指

---

① 尹田：《物权主体论纲》，《现代法学》2006 年第 2 期。

资源实际利用者所享有的可依其意志直接支配特定"资源物"的权利。资源国家所有权明确了自然资源作为"全民财产"的公共属性，为国家的积极干预提供了合法性，但国家对资源利用的干预只体现在对资源利用秩序的确定（资源立法）和监管（资源管理）上，而不是越俎代庖，直接以民事主体身份"亲自"支配和使用。无论自然资源的公共性多么突出，其在实践中都只能被"分割"为特定的"物"，由一个个具体、实在而独立的民事主体（自然人或法人）进行支配和利用。当这种支配达到独占和排他的程度时，即构成民法上的物权。此时，资源物与其实际利用者之间才能形成实在的责、权、利关系，资源才能得到珍视和高效利用。因此，对于资源利用秩序的形成而言，资源国家所有权只是"形成秩序"的前提，并不等于秩序本身。只有国家充分行使这一权力，通过资源立法使宪法层面抽象的"国有"资源在民法层面转化为某种具体物权的客体时，资源的利用秩序才能真正形成。从这个角度来看，资源国家所有权实际上相当于对资源物权的"建构权"，而资源物权才是形成资源利用秩序的关键。由此也可以理解，为什么任何自然资源单行法的首要内容都是有关资源物权的规定，也即哪些社会主体可依何种条件和方式取得对何种资源物的合法利用权，而那些只被规定为国有的自然资源，实践中往往仍处于"无序"状态。

第二，资源国家所有权不排斥资源物权。资源国家所有权与资源物权不是一个层次的概念，当然可以并存而不相冲突。至于实际利用者对资源物的权利到底是使用权还是所有权，则应根据资源的性质和权利的内容加以判断：对于不动产资源，如海域、滩涂、草原等，利用者只能拥有使用权；而对于动产资源，尤其是消耗性资源，如水、野生生物、林木等，利用者则可拥有所有权而无须担心"双重所有权"问题。[①] 学界以往对此不加区分，凡是普通民事主体拥有的资源物权，一概称之为"使用权"，将其定性为用益物权，以避免与国家所有权相冲突，这实际上是混淆宪法权与物权、抽象资源与具体资源物的"多虑"。当然，与一般物权相比，资源物权在主体范围、期限、内容、利用方式、收益分配、可转让性等方面

---

① 由此可以解释"森林资源国家所有权"与个人"林木所有权"何以并行不悖。前者是指国家对森林资源整体的立法权和管理权，而后者是指个人对特定林木的占有、使用、收益、处分之权。

受到更多限制，这正是自然资源（在宪法上）之"全民所有"属性的影响和体现，并不影响该权利本身的私权性质。

第三，资源国家所有权催生资源物权。与一般物权不同的是，资源物权通常并不是基于私法规定、因民事行为而产生，而是基于公法规定、通过主管该资源的国家机关的行政活动产生，其典型方式有许可、划拨、出让、调配、发放等，具体方式依资源特性而异。但无论如何，赋予民事主体资源物权的实质是国家把"全民共有财富"交由"个别成员"直接利用，具有浓厚的分配色彩，其实质是国家为更好地实现"全民利益"而行使公权力的行政行为，而不是民事主体自由处分个人财产的民事行为，故不能像私权行为那样片面强调主管机关作为"所有权人（代表）"的"处分自由"，而应强调依法行政及过程的公平、公开、公正，注重程序正义、公众参与和社会监督。从民法角度看，对于资源物权主体而言，无论是使用权还是所有权，资源物权的产生本身都是一种基于国家公权的"原始取得"，而非对国家私权的"继受"。

第四，应根据资源特性确定资源物权的主体及内容。如果说在民法层面，国家只能把自然资源交由具体主体去直接支配和利用的话，就需要考虑哪些主体有资格获得资源物权，又应当根据什么标准来制定资源利用规则。国有财产是否只能由那些被认为能够直接代表国家、具有浓厚"公共"色彩的"国有单位"（如国家机关、事业单位、国有企业等，本文简称"公共法人"）进行支配、利用，否则即导致"国有资产流失"？这种狭隘视域至少在资源领域是不合适的。自然资源范围如此广泛，怎么可能只由特定主体专属利用呢？现实生活中，每时每刻都有无数"非公主体"在以各种方式支配和利用各种资源物，任何理论都不能罔顾如此显而易见的事实。

应当明确，公共法人是为行使特定公益职能或解决"市场失灵"问题而设置的，是手段而不是目的，其在自然资源领域的独占或优先地位只能以"更"有利于公共利益为前提，而自然资源类型多样，并非全都适合由公共法人独占利用。某种自然资源初始被分配给何种主体，主体进行何种利用、获得的收益如何分配，应当根据该资源的特性，从经济、社会、生态等综合效益最大化的角度进行考量。那些公益性强尤其是与国家安全密切相关的重要战略性资源，如无线电频谱、铀、稀土等重要矿产、珍贵濒危物种等，可由特定公共法人独占支配、专属利用和保护。那些与国家安全关系不大而对市场效率要求较高的经济性资源，如煤炭、石油、商品林、渔业资源等，则可根据资源利用能力对主体资格进行限制，向具备资质的社会主体开放，对不同所有制企业一视同仁，鼓励公平竞争，充分发挥市场作用，并强调有偿使用，把收益以公共福利形式向全社会返还。而那些与民众生活息息相关的资源、具有基本社会保障功能的资源、分布零散且管理困难的资源、经济价值不高或稀缺性不强的资源，如阳光、空气、水、普通生物、零星矿产等，则应向全体社会成员平等开放，允许有需要的社会成员在不影响他人权利及社会公益的前提下自由取用。有学者主张把国有资源分为国家专属经营的"国有私物"和可供民众自由利用的"国有公物"，[1] 还有学者提出"旨在保障生存的自然性资源权"和"旨在激励发展的人为性资源权"之别，[2] 都是从资源特性及社会效益角度进行的类型化思考，具有积极意义。无论如何，自然资源在宪法上的国有属性绝不意味着其在民法上也只能归作为"国家代表"的公共法人所有，公共利益（也即资源利用综合效益）最大化才是决定资源物权主体及内容的终极因素。

第五，物权规定不明的自然资源应被推定为国家对社会成员自由利用的默许。对于法律有明确规定物权的自然资源，民事主体必须依法（也即相当于按照"全民意志"）获得和利用。然而，任何国家的立法都不可能穷尽所有资源，对于法律没有明确规定物权的自然资源，如何确定其物权归属，民众可否进行支配和利用？这涉及资源物权的取得究竟应适用"法无明确授权即禁止"还是"法无明确禁止即自由"。对此，笔者主张后者。首先，从权利属性上看，无论自然资源的公共性多么突出，资源物权本身毕竟是一种私权，应当更强调"自由"。个人对自然资源的利用作为一种与生存发展密切相关的"自然权利"，具有天然正当性，应优先对其予以保护。其次，从财产性质上看，自然资源作为人人有份的公共财产，与成员利益密切相关，任何成员都有一定的正当使用权，这与张三未经明确同意而擅自使用李四的财产存在根本差异。最后，从"物尽其用"上看，后

①　马俊驹：《国家所有权的基本理论和立法结构探讨》，《中国法学》2011年第4期。

②　金海统：《论资源权的法律构造》，《厦门大学学报》（哲学社会科学版）2009年第6期。

者显然更利于激发社会成员利用资源的积极性。尤其是在国家几乎已对所有已知重要资源进行立法并严格管控的情况下，只有少量分布零散、价值不大的动产资源不在其列，留下一点直接享受"天赐财富"的机会未尝不可，大可由公众"先占"取得、自由利用。

或许有人质疑，如果个人可以自由利用自然资源，那么宪法规定自然资源归国家所有又有何意义？其实，如前所述，自然资源国家所有权是针对宪法中以"排除国家干预、防止国家侵害"为指归的个人所有权而言的，是为国家的积极干预奠定合法性基础的。但这一规定只是意味着国家对资源利用"可以"干预而非"必然"干预。对于特定种类的资源而言，国家是否有必要干预以及如何干预，应以资源利用效益的最大化为标准，取决于资源特性及社会需求，不可一概而论。对于法律没有明确规定物权的自然资源，应视为该类资源的价值、稀缺性、公益性等还没有达到需要国家意志作出特别安排的程度，或者说国家对此类资源的"支配意志"就是允许成员的自由利用。此时，有需要的社会成员自可以"先占"方式取得具体动产资源的所有权，或者对不动产资源进行"在先利用"。但是，自然资源国家所有权的存在意味着国家始终保有干预的权力和自由。随着资源的价值、稀缺性、公益性等情况的变化，在"全民"认为确有必要的时候，即可进行立法，对该类资源的物权归属、利用规则及收益分配作出特别规定，确立能够更直接地体现国家意志的物权秩序。这也是国有资源同个人私产的根本区别之所在：对于后者，即使国家进行立法，也不得任意剥夺或限制。

四　"风光案"与"乌木案"的法理分析
——以"公权说"为视角

"乌木案"调解未果，当事人诉诸法院，一审法院却以裁定形式驳回了有关确认乌木归属的诉讼请求，并得到上诉法院的支持。"乌木案"在程序上似乎已告终结，但其引发的法律争议却远未停止。在"物权说"逻辑的支配下，无论法院如何处理，似乎都难圆满：如判归国有，不仅面临理论与规范层面的艰难论证，更重要的是会对实践产生后续影响——当前私人收藏和市面流通的乌木绝大多数是未经国家授权许可而自行采挖的，是否都要被收缴充公？否则如此普遍而巨大的国有资产流失该由谁来承担责任？反之，如判归个人所有，在乌木明显属于国家所有的自然资源范畴的情况下，又将如何解释？然而，这些"疑难"都是在未清楚区分宪法公权与民法私权的"物权说"框架下进行思考的结果，从"公权说"的角度来看，该类案件并不复杂，所谓"疑难"也很容易解决。

（一）"风光案"相关法律问题解析

"风光案"的核心争议是地方人大是否有权就特定气候资源的开发利用进行立法限制。由于指向的是抽象的"类"意义上的资源而非具体资源物，故其在本质上是一个宪法所有权问题。同时，该案也涉及能否在气候资源上设立所有权、地方立法规定资源国有是否违宪以及资源国有与民众利用之间的关系等问题。对此，笔者观点如下。

第一，在气候资源上可以设立国家所有权。所谓气候资源，根据《条例》之规定，"是指能为人类活动所利用的风力风能、太阳能、降水和大气成分等构成气候环境的自然资源"。这样一种具有明显"不确定性"的事物，超出了以往人们对于物权客体的认识。有学者指出，气候资源不符合设置所有权所必须具备的稀缺性、特定化和低外部性特征，故"不能将设定所有权作为对气候资源进行制度设计的起点"。[①] 这种认识很有道理，但只是从物权层面、就民法所有权而言的。实际上，尽管气候资源具有相当的不确定性，但其本身作为一种物质性存在是客观的，人们对这种资源进行支配利用也是可能的，并且这种支配利用每天都在大量发生。在气候资源上设立国家所有权，将其纳入公共财产范畴，为国家确定利用规则、建立利用秩序提供合法性，至少在理论上是可能的。当然，这种所有权只能是宪法所有权，而不是民法所有权。

第二，《条例》规定气候资源归国家所有并不违宪。气候资源可以归国家所有并不意味着其必然归国家所有，更不意味着任何立法机关都可对"国家所有权"这一本质上属于宪法范畴的问题进行规定。在宪法及法律均没有明确规定气候资源是否国有的情况下，地方立法进行规定是否越

---

① 张璐：《气候资源国家所有之辩》，《法学》2012 年第 7 期。

权、违宪，这是"风光案"最具争议之处。① 对此，关键在于对《宪法》第9条的理解。② 该条是意味着只有明确列举的7种自然资源属于国有，还是意味着一切自然资源均属国有？笔者赞成后者。首先，从字面意义上看，该条使用了表示概括的"等"以及表示总括的"都"，"未穷尽列举"之意非常明显。其次，从规范结构上看，该条第1款后半句"由法律规定属于集体所有的森林和山岭、草原、荒地、滩涂除外"进一步反证除几种特例之外，其他一切自然资源均归国有。再次，从宪法其他条文上看，生产资料公有制是我国经济制度的基础，③ 而自然资源作为最重要、最基本、最普遍的生产资料形式，实行"国家所有，即全民所有"是再自然不过的事情。最后，从资源利用的发展上看，限制低效、无序的随意利用，由国家主导建立统一秩序，是世界各国尤其是发展中国家的普遍趋势，我国作为发展中的社会主义大国，更不应例外。

综合这几点来看，应当认为，《宪法》第9条是确立我国自然资源国家所有权的一般性条款，该条之规定意味着，除少数法定特例之外，一切自然资源都属于国有。而气候资源为自然资源之一种，又不在法定例外情形之列，故当然属于国家所有。这样看来，《条例》中的气候资源归国家所有的规定实际上只是在气候领域对宪法已有规定的进一步明确和重申，其本身并未创设新的内容，也就不存在违宪之可能。实际上，《物权法》、《野生动物保护法》、《海域使用管理法》等法律中都有对不在宪法明确列举范畴的自然资源国有的规定，④ 其作为对自然资源国家所有权在具体领域的明确和重申，都不存在违宪问题。

第三，《条例》对气候资源的开发施加限制是违宪的。气候资源属于国家所有毋庸置疑，但这并不意味着地方立法机关可以"代表国家"对其进行"自由支配"，任意施加限制。作为一种"全民所有"的财产，国有

---

① 主张违宪的代表性观点可见杨涛《"风能、太阳能属国家"于法无据》，《沈阳日报》2012年6月19日；张玉成《警惕气候资源立法中的行政权魅影》，《南方周末》2012年6月14日；马宇《气候资源国有的荒谬与危害》，《中国经营报》2012年7月2日。

② 《宪法》第9条第1款规定："矿藏、水流、森林、山岭、草原、荒地、滩涂等自然资源，都属于国家所有，即全民所有；由法律规定属于集体所有的森林和山岭、草原、荒地、滩涂除外。"

③ 《宪法》第6条第1款明确规定"中华人民共和国的社会主义经济制度的基础是生产资料的社会主义公有制"。

④ 参见《物权法》第49—52条、《海域使用管理法》第3条、《野生动物保护法》第3条。

资源只应受到以法律形式所体现出来的"全民意志"的"支配"，地方立法只能对宪法和法律进行细化和补充。虽然目前国家尚未有关于气候资源利用的专门立法，但并不能由此认为国家对气候资源的利用没有"意志"，而应认为国家因为尊重气候资源的公共物品属性而允许其向社会成员开放，或者说，国家在气候资源利用上的"意志"就是保障个体的自由利用。而《条例》的规定与之大相径庭，不但施加了诸如"从事气候资源探测活动，应当经省气象主管机构批准"、"气候资源探测设备未经法定机构检定、检定不合格、超过检定有效期的不得使用"、"气候资源探测资料未经复核不得使用"、"与气候条件密切相关的规划和建设项目应当进行气候可行性论证"等诸多限制，[①] 把国家允许自由利用的开放性资源变成了需要审批的特许资源；而且其第8条甚至剥夺了普通社会主体尤其是个人探测气候资源的"天赋权利"，[②] 构成严重违宪。

第四，气候资源国有并不意味着对私人利用进行限制和收费。对于气候资源国有，一种广泛存在的担心是国家对个人生活利用进行限制和收费。网友们诸如"晒太阳、喝西北风都要收费"之类的调侃，虽属戏言，但似乎不无道理——既然是国家的财产，只要国家愿意，为什么不能特许和收费？其实，这种担心仍是把自然资源国家所有权等同于民法所有权的"多虑"。自然资源国家所有权只是国家对资源利用的立法权与管理权，与资源的物权归属及利用方式没有必然联系。一种资源到底是特许给特定主体有偿使用还是向社会公众免费开放，取决于资源的特性与公益需要。而气候资源的公共物品属性及其与社会生活的密切关联决定了对其其既不应该也不可能进行专属利用或普遍收费，相反，保障每个公民对其进行正常的生活性利用是国家不可推卸的义务和责任。所以，尽管气候资源国家所有权的存在确实意味着国家可以对气候资源的利用进行干预，但这种干预并不是任意的、无度的——像民法所有权人对待自己的私产那样。相关立法只能是为了排除垄断，防止破坏性使用，保障该类资源利用的公平、高效。即使特殊情况下需要收费，也只能是对国家提供公共服务之成本的补足，而不

---

① 参见《黑龙江省气候资源探测和保护条例》第7条、第9条、第10条、第12条。

② 《黑龙江省气候资源探测和保护条例》第8条规定："申请气候资源探测应当具备以下条件：（一）具有独立法人资格；（二）具有符合国家气象主管机构规定的技术要求的探测设备；（三）具有符合省气象主管机构规定的探测规模相适应的专业技术人员。"

是个人使用"他人"财产的"对价"。

（二）"乌木案"相关法律问题解析

"乌木案"的法律争议性质与"风光案"不同。"乌木案"中各方争议的是已被发现的一块特定乌木的归属，其本质上是民法所有权之争，主要涉及国家未明确规定物权的资源物的归属问题。对此，笔者有以下几点意见。

第一，乌木属于国有资源。当前对乌木法律属性的认识，大致有这样几种观点：埋藏物、天然孳息或土地产出、植物资源、矿产资源等。当地政府持埋藏物说，认为乌木属于《民法通则》第 79 条规定的"所有人不明的埋藏物"，但该说违背基本法理。所谓埋藏物，并非一切"埋藏于地下之物"，而是指曾经"有主"但被埋藏而导致所有人不明之物，① 此与因自然原因"埋藏"地下千万年的乌木有根本不同。"天然孳息"或"土地产出"说也难以成立。乌木虽形成于土地，但这种千万年前发生的、通过地质作用形成的"产出"与通常意义上的孳息或产出具有本质差别，不应混同，否则，各种矿产资源也都是天然孳息或土地产出了。而乌木的发现者吴高亮主张乌木为"野生植物"，这种把早已死亡并经千万年碳化的"植物尸体"等同于植物的观点也明显站不住脚。从自然属性上讲，与乌木性质最为接近的是矿产资源。《矿产资源法实施细则》第 2 条第 1 款规定，"矿产资源是指由地质作用形成的，具有利用价值的，呈固态、液态、气态的自然资源"，乌木性质与之较为吻合。但法律意义上的矿产资源并不等于一切矿产性存在，而是限于《矿产资源法实施细则》所附《矿产资源分类细目》所列或国务院批准公布的特定矿种。乌木不仅不在法定矿产细目之列，甚至难以被归入任何一个大类，故其至少在被明确纳入细目或经国务院批准并公布之前，尚不属于法律意义上的矿产资源。但无论如何，综合乌木的"自然形成"、"有价值"、"原始状态"等特征来判断，把乌木视为一种自然资源当没有问题。而自然资源，根据前述分析，除法定属于集体所有者外，都属于国家所有，故乌木属于国有资源。

---

① 在"埋藏"是否必须"人为"方面，我国大陆学者与台湾地区学者认识不一。大陆学者如梁慧星、杨立新等认为"埋藏物、隐藏物的前提必须是人为埋藏、隐藏"，而我国台湾地区学者如史尚宽、王泽鉴等则认为"埋藏的原因，究出于人为或天然，亦所不问"。但无论如何，埋藏物在被埋藏之前为有主物当无疑问。

第二，地方政府无权收缴乌木。国家所有是对乌木之宪法属性的描述，是就"类"意义上的乌木资源而言的，具体乌木的物权归属只能根据相关物权规则进行判断，而不能从国家所有权中直接得出结论。事实上，乌木作为一种近年来价值才大幅攀升且分布零散的非战略性资源，并未进入国家立法的视野范围，国家未就乌木资源物的归属作出明确规定，更没有规定其专属于公共法人所有。当地政府将只能在宪法层面成立的国家所有权作为自己对特定乌木行使以直接支配为内容的民法所有权的依据，于理不通，于法无据。

第三，乌木应由发现者"先占"取得。如前所述，对于法律没有明确规定物权的自然资源，应推定为国家默许成员自由利用。对于动产资源而言，这种"自由利用权"体现为以先占方式取得资源物所有权。我国法律虽然没有明确规定先占制度，但无论理论上还是实践中，都从来没有否认先占的存在。在自然资源领域，法律没有特别规定的资源物由发现者先占取得，更是一个经久而广泛的社会实践，[1] 这一惯例对乌木也应同样适用。

第四，国家可依法确立乌木的物权归属及规则。乌木的物权状况并非一成不变的。作为一种国有资源，国家有权就乌木的物权归属及利用制定具体规则，施加干预。随着乌木经济价值的大幅攀升，以及滥采滥挖、无序开发所引起的社会问题的日趋严重，国家对乌木开发进行干预的必要性日益凸显。但是，干预只能以法律的形式进行，因为其涉及一类资源利用方式的根本性改变，只能由"全民意志"来决定。而即使立法，也不宜规定乌木专属于政府或国企等公共法人，因为其并非重要的战略性资源，缺乏由特定主体"专美"的必要。由于乌木不具有公共物品性质且与基本生存无关，也不属于必须向公众普遍开放的公用资源，故其最佳定位是经济资源。立法可考虑设立一般性许可，对其实行有偿使用，由符合条件的主体申请开采，并将收益的相当部分上缴国家，由全社会共享。

结　语

在"乌木案"、"风光案"及许多类似事件中，可以隐约感受到人们对

---

① 如捕鱼、打猎、采蘑菇、采草药、挖奇石等。

"国有"的恐惧。在很多时候,"国家所有"常常意味着"个人不可以有",甚至等同于"政府所有",这并不仅仅是个别人的错觉。出现这一现象的原因很多,但无论如何,作为当前自然资源权属制度体系之思想基础的"物权说"值得探讨。"物权说"最大的问题在于过于笼统,不能对不同主体的不同行为作出清楚区别和分别对待。可以说,正是其对宪法权利与民法权利、国家权力与物权、"全民国家"与国家机关、公共财产与普通财产的混同,为国家机关等公共法人以所有权代行者的名义扩张权力、以私权的名义逃避监督、以国家的名义贯彻自我意志、以私产的逻辑处理公共问题提供了合法性。虽然不少学者意识到抽象的国家所有权不足以建构起资源利用秩序而呼吁加强资源物权制度建设,也有不少人认识到自然资源的公共属性并主张加强对资源分配及利用的监管,但在公私不分的"物权说"框架下,在"国家机关代表国家行使所有权"而所有权是"所有人对物的自由处分之权"的暗示与鼓励下,恐难有太大作为。正本清源,恢复自然资源国家所有权的公权本色,在明确国家主导资源利用秩序的合法性与必要性的前提下,通过具体立法完善资源物权制度和资源监管制度,清楚区别并理顺"人民"与资源管理者之间的关系(宪法关系)、资源管理者与资源利用者之间的关系(行政管理关系)、资源利用者与资源利用者之间的关系(物权关系),使"公权的归公法,私权的归私法",才是解决资源权属问题的根本之道。在资源的公益性日益突出、资源形势日益紧张、资源利用秩序日益精密的 21 世纪,这尤为迫切。

自然资源国家所有权之国家所有制说[*]

徐祥民^{**}

摘　要：财产权的宪法史可分为人权财产权和国家财产制两个阶段。自然资源归国家所有是国家财产制的组成部分，是现代宪法创设的用以实现国家目的的手段，其基本特征是国家垄断，其基本工具价值是垄断。以权利观审视自然资源国家所有权，它具有主体的唯一性和权利的专有性、不可变更性和价值优先性等特点。宪法上的自然资源国家所有权的实质是国家权力，是管理权，而非自由财产权。

关键词：自然资源国家所有权　人权财产权　国家财产制国家垄断

国家所有权并不是一种新生事物。即使按照物权法所主张的严格的所有权概念，国家也在很早以前就已经成为有史可证的所有权主体。如果说赋税是国家存在的经济支柱，那么，国家自出现以来实际上一直拥有包括税收在内的财产。在存在所有权观念的时代，在法律接受了所有权观念的时代，法律不会只保护私人的所有权而置国家的所有权于不顾。^① 然而，在人类面临环境危机的时代，在中国《物权法》正式颁布前后，国家所有

　＊　本文原载于《法学研究》2013 年第 4 期。

＊＊　徐祥民，论文发表时为中国海洋大学教授，现为浙江工商大学教授。

　①　马俊驹先生曾对国家可以成为财产所有权的主体作出明确的论断。他指出，"国家的人格化使其能够成为独立的实体而拥有财产"，并认为"这是国家得以存在的物质基础"。参见马俊驹《国家所有权的基本理论和立法结构探讨》，《中国法学》2011 年第 4 期。

权，尤其是自然资源国家所有权，却对我们的理解力提出了挑战。[①] 本文系应"战"之举，希望与同仁们一起发现隐藏在所有权概念背后的自然资源国家所有权的"秘密"，发现所有权这个语词所表达的不同概念的不同含义，同时也希望进一步明确自然资源国家所有权在环境危机时代的特殊意义。

一　财产权的宪法史：人权财产权与国家财产制

尽管民法可以容纳国家财产所有权，但自然资源归国家所有作为一项明确的、具有广泛影响的制度，是由宪法创立的。因此，要厘清自然资源归国家所有或国家自然资源所有权的本质含义，应该向宪法要答案，从宪法创立自然资源国家所有制度的历史和关于财产所有权的宪法历史（以下简称财产权宪法史）中找答案。

财产权宪法史与民法财产权的历史大不相同。其更多的是关于财产所有权的政治解读，而不是民法释义。与民法中的财产所有权忽略主体的特殊性不同，宪法中的财产所有权往往都是与特定的主体联系在一起的。而且正是由于宪法特别注重财产所有权的主体，财产权宪法史才被清晰地分成了两个阶段。这两个阶段大致以 20 世纪初为分界线。这条分界线的标志性法律文件有两个，一个是 1918 年的《俄罗斯社会主义联邦苏维埃共和国宪法（根本法）》（以下简称苏俄宪法），另一个是德国的魏玛宪法。在这条分界线之前，宪法关心的是公民的财产所有权，甚至只是公民的财产所有权。在这个阶段，尤其是这个阶段的早期，公民的财产所有权被宣布为神圣不可侵犯的权利。[②] 而在这之后，宪法对财产所有权主体的关注转

---

① 比如，国家所有权的主体究竟是公法人，还是自然人、法人之外的其他民事主体，抑或"基于特别之规定"的"公权"主体（参见尹田《物权主体论纲》，《现代法学》2006 年第 2 期），就成为难以形成定论的议题。再如，有专家指出，物权法规定的土地所有权具有"非财产性"（参见李凤章《法律移植，移植什么？——以土地所有权的中国命运为中心》，《法律科学》2009 年第 6 期），而这与民法的固有属性是不一致的。又如，农村集体所有土地的所有权究竟是"共有权"（参见梁慧星《中国民法典草案建议稿附理由：物权编》，法律出版社，2004，第 99 页），还是其他类型的权利，也值得进一步讨论。这些问题是由物权法的制定直接引起的，但它们都肇因于包括自然资源国家所有在内的国家所有制。

② 颁布于 1789 年 8 月的法国《人和公民的权利宣言》第 17 条宣布："财产是神圣不可侵犯的权利，除非当合法认定的公共需要所显然必要时，且在公平而预先赔偿的条件下，任何人的财产不得受到剥夺。"

向国家或其他公共主体。虽然这种转向并不意味着对公民的财产所有权的否定，但在转向发生后，被奉为"神圣"的财产所有权的主体已经不再是公民，而是国家。①

公民的财产所有权，在今天看来，在一切法治国家都是权利名录中的一种普通权利。但是，所有权在最初取得宪法地位，并被宣布为神圣不可侵犯时，却包含着特殊的政治意义。依法国《人和公民的权利宣言》（以下简称《人权宣言》），财产所有权与不受非法"控告、逮捕或拘留"的权利（第 7 条）、"传达思想和意见"的自由（第 11 条）等一样，都属于"自然的、不可剥夺的和神圣的人权"。② 这种财产所有权与民法上"对物完全按照个人意思使用及处分的权利"③ 是不同的，它的准确称谓应当是人权财产权。把这些权利宣布为"自然的、不可剥夺的和神圣的"权利，是因为在这些人权初被写进《人权宣言》及类似的政治宣言、宪法的时候，它们还没有得到应有的尊重（实际上是没有得到政府应有的尊重），没有像当今的法治国家那样不容怀疑地得到法律和政府的维护。"不知人权、忽视人权或轻视人权是公众不幸和政府腐败的唯一原因"④ 的判断，说的既是历史，也是当时的现实。不幸和腐败不是可能出现的情况，而是一向如此。制定《人权宣言》的人们是因为认识到这种不幸和腐败的存在，不愿意让这种不幸和腐败继续下去，才从原因入手，"决定把自然的、不可剥夺的和神圣的人权阐明于庄严的宣言之中"。⑤ 罗伯斯比尔的判断反映了人权的这种政治意义。他说，"只要翻一下历史……就会看到，到处都是公职人员压迫公民，而政府则取消人民的主权"，"暴君们谈论叛乱，而人民则抱怨暴虐政治"。⑥ 人权受尊重意味着公职人员不压迫公民，政府不取消人民的主权，国君无须谈论叛乱，国家不存在暴虐政治，人民也无须再抱怨暴虐政治。

---

① 1936 年的《苏维埃社会主义共和国联盟宪法（根本法）》第 131 条宣布："侵犯社会主义公有制的人就是人民的公敌。"它赋予社会主义公有制的地位比将其宣布为"神圣"还要崇高。

② 《人和公民的权利宣言·序言》。

③ 《法国民法典》第 44 条。为厘清我们论证的线索，本文称这种所有权为自由财产权。

④ 《人和公民的权利宣言·序言》。

⑤ 《人和公民的权利宣言·序言》。

⑥ 〔法〕罗伯斯比尔：《革命法制与审判》，赵涵舆译，商务印书馆，1965，第 141 页。

毫无疑问，在《人权宣言》和法国最早的宪法（法国 1791 年宪法）的制定者看来，人权财产权和其他人权一样，是对抗政府的权利，是以政府为义务人的权利。在法国 1791 年宪法中，这项权利的地位与其他人权一样，其基本功能是给政府权力划界。说人权不可剥夺，就是"叫停"政府权力的运行。而"国民议会"要"坚定不移地废除损害自由和损害权利平等的那些制度"，[①] 所表达的还不只是在迫不得已时的"叫停"，而是主动"废除"，是消除"损害自由和损害权利平等"的根源。[②] 该宪法宣布的"保障财产的不可侵犯"，[③] 针对的不是由其他公民实施的侵犯财产罪，更不是由其他公民实施的侵犯财产权的民事侵权行为，而是政府或者国王实施的剥夺行为，是传统制度支持的暴虐。财产所有权被《人权宣言》宣布为神圣不可侵犯，也就是说在政府和公民的对抗关系中，公民的财产是神圣不可侵犯的，这是公民作为"人"的权利。

财产的国家所有权之进入宪法，主要不是对历史上早已存在的国家收入、支配、使用、处分财产的情况的宪法表达，而是 20 世纪初有关宪法创设新的财产制度的结果。[④] 苏俄宪法第 3 条宣布的"第三次全俄工兵农代表苏维埃代表大会"的"决议"包括"宣布全部土地为全民所有"（第 1 项）、"全国性的一切森林、蕴藏与水利，全部家畜与农具，实验农场与农业企业均宣布为国有财产"（第 2 项）、"批准将一切银行收归工农国家所有"（第 5 项）。这显然不是对一种已经存在的或可能自然发生的财产关系

---

① 参见法国 1791 年宪法之序言。

② 法国《人和公民权利宣言》和 1791 年宪法的基本追求就是给政府权力设定禁区，努力防范政府权力侵犯公民权利。比如，1791 年宪法第三篇"国家权力"第二章"王位、摄政和部长"第 3 条规定："在法国，没有比法律的权力更高的权力；国王只能根据法律来治理国家，并且只有根据法律才得要求服从。"这是要求国王遵守法律。而"提议并制订法律"是立法议会的宪法专授的权力（第三篇"国家权力"第三章"立法权的行使"第 1 条）。这一授权避免了国王盗用立法权制定侵犯"自然的、不可剥夺的和神圣的人权"的法律。此外，1791 年宪法还规定，立法议会是一个"国王不得解散"（第三篇"国家权力"第一章"国民立法议会"第 5 条）的机构。这一规定可以防止国王运用解散立法议会的权力强迫立法议会制定不利于公民享有"自然的、不可剥夺的和神圣的人权"的法律。

③ 法国 1791 年宪法第一篇"宪法所保障的基本条款"。

④ 李康宁先生等曾考查过"国家所有权立法史"，他们认为"根据所有权性质划分所有权类别"的"理论和立法始于前苏联"。参见李康宁、王秀英《国家所有权法理解析》，《宁夏社会科学》2005 年第 4 期。这个判断中的时间点与本文关于财产的国家所有权的历史开端的看法是一致的。

的认可，而是要努力创造一种新的财产制度。魏玛宪法虽没有像苏俄宪法那样宣布废除土地私有制，把一切全国性的森林、蕴藏与水利等宣布为国有财产，但也接受了土地、自然资源和生产资料等的公有制。其第 155 条规定："土地之宝藏及经济上可以利用之天然力，均在国家监督之下。私人特权，得以法律转移于国家。"其第 97 条规定："联邦得将供公用设备而可以航行之水道，收归国有，并收归联邦管理。"在魏玛宪法中，这样的规定不只是宣言，而是有着周密安排的制度设计。该宪法第 7 条把"公用征收法"（第 12 项）和"天然宝藏、经济企业之社会化，及公共经济货物之生产、供给、分配、定价"等（第 13 项）规定为联邦的立法权，为通过立法实现土地、自然资源和生产资料等的公有制先行打开了立法权通道。

苏俄宪法是以建设社会主义制度为目标的宪法，而魏玛宪法则是一部资本主义宪法，但它们却不约而同地规定了"公有"制度，或称"国有"制度。① 这两部宪法的这类规定显然不是要强调国家也是适格的自由财产权的主体，不是要重申国家可以拥有财产、成为财产所有人，而是另有深意。在现代宪法中，包括在魏玛宪法和苏俄宪法中，归国家所有或其他公共机构所有的财产大致可以分为两类。

一类是一般性的财产，其中最有代表性的是货币形式的财产。比如，魏玛宪法提到的租税、其他为充实国库而取得之收入、联邦可以自用的其他财产（第 8 条），苏俄宪法规定的可以被纳入全国预算或归地方苏维埃处理的税款收入（第 81 条）、用以支付"补助金"的财产（第 88 条）、那些有可能被"挪用于满足其他需要"的国库经费（第 85 条）等，我国《宪法》第 12 条规定的公共财产，那些可以用来发展教育事业（第 19 条）、自然科学和社会科学事业（第 20 条）、医疗卫生事业（第 21 条）、文学艺术事业、新闻广播电视事业、出版发行事业、图书馆博物馆文化馆和其他文化事业（第 22 条）的财产都是此类财产。我们可以把对这类财产的权利称为国家财产权。它的所有权主体是国家，是与以私人为所有权主体的私人财产权并列的自由财产权。

另一类是作为生产资料或人类生存条件的财产或对国计民生有重大影响的经济力量。上述苏俄宪法规定的土地、实验农场等是基本生产资料，

---

① 尽管这两部宪法之间存在本质上的不同，但服从本文的论证需要，我们暂时忽略这种不同。

森林、蕴藏与水利等是人类生存条件，银行则是对国计民生有重大影响的经济力量（尽管从名称上看只能说它掌握经济力量）。魏玛宪法规定的土地、自然资源和生产资料，土地之宝藏及经济上可以利用之天然力等，要么是生存条件，要么是生产资料或对国计民生有重大影响的经济力量。我国《宪法》第12条之前的有关条款所规定的属于国家所有或集体所有的那些财产也是这种类型的财产。南斯拉夫宪法第73条的"自然资源"，《罗马尼亚宪法》第135条的"任何性质的地下资源"、"可用于发电的河流"、"可用于公益事业的河流、沙滩、领海、经济区和大陆架的自然资源"，古巴宪法第15条的"不属于小农或由小农组成的合作社所有的土地、地下资源、矿山、主权范围内的海洋自然资源和生物资源、森林、水流"，德国基本法第15条的"土地、自然资源"，葡萄牙宪法第80条的"土地与自然资源"等也都属于此类。苏俄宪法、魏玛宪法等创设财产的国家所有权制度，不是为了明确国家对前一类财产也可以享有财产权，可以成为前一类财产的所有权主体，而是要建立一种所有制，即"作为生产资料或生存条件的'财产'，或对国计民生有重大影响的经济力量"的国家所有制。我们可以称之为国家财产制。财产权宪法史的第二阶段实际上是国家财产制的历史。

　　魏玛宪法中没有早期资本主义宪法中常见的财产权神圣不可侵犯之类的规定，财产所有权不仅失去了"神圣"的地位，而且受到明确的限制，被施加了义务。其第10条赋予联邦就土地所有权之限制以立法手续规定章则的权力。① 这一规定使财产所有权不再是自然的、不可剥夺的人权。此规定显然不是制宪者偶然出现的失误造成的。该宪法第153条规定可以依法限制所有权，同时规定，"公用征收，仅限于裨益公共福利及有法律根据时"。该条明确了所有权与公共福利之间的关系。魏玛宪法显然认为公共福利更重要，其第153条宣布："所有权为义务，其使用应同时为公共福利之役务。"在所有权与公共福利的关系背后是两类主体。一类是私人，也就是自由财产权中的私人财产权的主体，或者说是其"特权得以法律转

---

① 魏玛宪法第153条虽然承认所有权受宪法之保障，但该条规定的"保障"以"限制"为补充。其接下来的规定是"其内容及限制，以法律规定之"。这一规定看起来好像是要防止对所有权的不当限制，即以法律防止过多的限制，但实际上却是创设限制所有权的制度。它的真正意义在于，所有权可以限制，只是如何限制要由法律加以规定。

移于国家"的"私人"（第 155 条）。另一类是"公共"，也就是其"福利"需要照顾的那个社会，它指向多数人。防止土地"不当之使用"，为的是让"德国人均受保障"。"均受保障"的显然是多数人，指向非所有人，指向贫弱的人。那些"生齿繁多之家庭"，那些其能否拥有"健康之住宅"或"家产住宅"（第 155 条）都需要宪法加以考虑的人，显然是贫弱者。这些贫弱者的典型应当就是该宪法第 162 条"关于劳动条件"的规定所提及的"劳动阶级"，那些其"最低限度之社会权利"需要援用"国际法规"寻求保护的人们。如果说法国 1791 年宪法努力处理的是人权财产权与政府利益，包括政府以"暴虐"方式取得的利益之间的关系，更重视人权财产权，那么，魏玛宪法小心处理的则是私人财产权与公共福利之间的关系。魏玛宪法对国家财产制的扬和对私人财产权的抑实际上就是对公共福利的扬和对私人权利的抑，或者说是对"人类生存维持"的扬和对"各人之经济自由"（第 151 条）的抑。魏玛宪法希望通过这种扬与抑，实现公共福利和社会之进化。[①] 在这一宪法设计中，国家财产制的直接功用是对抗私人财产权。

苏俄宪法对国家财产制的这种功能表达得更清楚。社会上存在人对人的剥削，存在阶级划分的现象，"第三次全俄工兵农代表苏维埃代表大会"以消灭人对人的剥削和社会阶级划分现象为基本任务，所以才宣布全部土地为全民财产。它要处理的社会基本矛盾是剥削阶级和被剥削阶级之间的矛盾。列宁把它概括为"一小撮资本家、土地占有者、厂主、矿山主等等对千百万贫苦人民的奴役"。[②] 由于这一基本矛盾产生的基础是剥削阶级对生产资料的占有，所以解决这一基本矛盾的最有效的方法是结束这种占有，"废除资产阶级的所有制"。[③] 把原来掌握在少数资本家和其他所有者手里的生产资料转归国家或公共机构所有，一方面可以实现对资产阶级所有制的废除，铲除"使人们有可能支配别人的劳动"[④] 的基础；另一方面可以充分提高"社会化生产"的效率。《共产党宣言》宣布的路线正是这样："夺取

---

① 参见魏玛宪法之序言。

② 列宁：《我们的纲领》，《列宁选集》第 1 卷，人民出版社，1972，第 202 页。

③ 马克思、恩格斯：《共产党宣言》，《马克思恩格斯选集》第 1 卷，人民出版社，1972，第 265 页。

④ 马克思、恩格斯：《共产党宣言》，《马克思恩格斯选集》第 1 卷，人民出版社，1972，第 266 页。

资产阶级的全部资本，把一切生产工具集中在国家即组织成为统治阶级的无产阶级手里，并且尽可能快地增加生产力的总量。"①

如果说《人权宣言》所坚决倡导、由法国革命家第一次写进宪法的人权财产权是"人"享有的对抗政府的权利，② 那么，苏俄宪法第一篇"被剥削劳动人民权利宣言"所支持的、最先在苏俄宪法和魏玛宪法中上升为宪法制度的国家财产制则是帮助劳动者、被剥削阶级对抗剥削阶级和剥削制度的经济力量。

二 自然资源国家所有的基本特征：国家垄断

自然资源国家所有权从属于财产权宪法史中的国家财产制。要真正认识自然资源归国家所有这一制度，必须先把它放回国家财产制的整体中。

如前所述，自然资源属于国家所有不是对自然存在的现象的描述或肯定，而是一种建设目标。在苏俄宪法中，对"自然资源属于国家所有"的"宣布"是一道命令，内容包括废除资产阶级的所有制、消灭人对人的剥削赖以实现的物质基础。总之，"自然资源属于国家所有"是需要用"剥夺"这种暴力手段来实现的目标。古巴宪法所说的"国有化和没收的帝国主义分子、庄园主和资产阶级的财产"归国家所有（第 15 条），显然不是自然存在的现象，而是经长期的"反对帝国主义统治、腐败政治"，"反对失业和资本家、地主强加的剥削"等的"顽强战斗"③ 而取得的成果。

相关宪法虽然规定自然资源属于国家所有，但实现自然资源属于国家所有并不是这些宪法的目的。魏玛宪法第 151 条规定："经济生活之组织，应与公平之原则及人类生存维持之目的相适应。"这一规定表达了该宪法所设计的各种经济制度的最终目的。不管是禁止重利（第 152 条），防止土地的不当使用，废止家族内之土地财产（第 155 条），还是给所有权

---

① 马克思、恩格斯：《共产党宣言》，《马克思恩格斯选集》第 1 卷，人民出版社，1972，第 272 页。

② 按照马克思和恩格斯的理解，其实质是废除封建的所有制，代之以资产阶级的所有制。马克思、恩格斯：《共产党宣言》，《马克思恩格斯选集》第 1 卷，人民出版社，1972，第 265 页。

③ 《古巴共和国宪法》之序言。

"摊派"义务，许可实施公用征收（第153条），允许"将私人经济企业之适合于社会化者"收归公有（第156条）等，都是为了实现公平之原则和人类生存维持，为了德国社会之进化（该宪法序言）。葡萄牙宪法规定的"国家的主要任务"第1项"促进社会经济福利的提高，改善人民生活质量，特别是占人口多数的下层阶级的生活质量"（第81条）也是国家的目的，而废除大庄园（第97条），确保土地、自然资源的合理使用与管理，保护土地、自然资源的再生力（第96条）等都是手段。朝鲜宪法第19条规定："国家的一切自然资源、重要工厂和企业、港湾、银行、交通运输及邮电机关只许国家所有。"这些是需要花费力气才能争取到和维护的目标，但与该宪法第6条规定的内容相比，这种目标只能是实现更远大理想的手段。其第6条规定的内容是"永远消灭""阶级对立和人对人的一切剥削和压迫"。①

自然资源属于国家所有既不是自然存在的现象，也不是宪法给国家设定的目的，而是用以实现国家目的的手段，它的价值主要是工具性。

葡萄牙宪法在规定如何防止私人行为损害社会经济福利时，使用了"经济权力"这一概念，规定国家应当努力"消除滥用经济权力的现象和一切损害公共利益的做法"。这种经济权力就是影响他人、影响公共利益或社会经济福利的经济力量。该宪法要求"消除并防止"的"私人垄断"（第81条第5项）就是这样的经济权力。在新中国建立的过程中，共和国的缔造者们对这种经济权力有十分深刻的认识。《中国人民政治协商会议共同纲领》认为，应当"由国家统一经营"的"有关国家经济命脉和足以操纵国计民生的事业"（第28条）就是这种经济权力。新中国1954年《宪法》宣布禁止"利用私有财产破坏公共利益"（第14条）的行为。该条所禁止的"利用私有财产"行为就属于经济权力行为。有关国家的宪法宣布自然资源属于国家所有，宣布将有关国家经济命脉和足以操纵国计民生的事业由国家统一经营，实质上就是夺取经济权力，对自然资源和其他对国民经济有重大影响的生产资料、生产条件等实行国家垄断。朝鲜宪法

---

① 朝鲜宪法原文说的是"已经"消灭了剥削。从进程上来看，朝鲜可能已经废除了剥削制度，但是否已经消灭了剥削和产生剥削的根源，则不好断然作出判断。因此，本文还是把消灭剥削看作任务。本文所引朝鲜宪法出自姜士林等主编《世界宪法全书》，青岛出版社，1997。

第 19 条 "只许国家所有" 的规定，非常贴切地表达了垄断的含义。葡萄牙宪法将 "私人垄断" 作为防范对象，也在一定程度上说明了实行国家垄断的必要性。此外，该宪法第 83 条规定的 "1974 年 4 月 25 日后实现的一切国有化成果，均不可逆转地属于工人阶级所有"，则是对已经实现的国家垄断的认可。《瑞士联邦宪法》对交通运输水力资源也主张实行国家垄断。该宪法第 24 条规定："对国家交通运输事业所必需的水力资源，联邦有征用的权利。"

其实，对基本生产资料实行国家垄断不只是马克思主义关于无产阶级革命道路的一般结论，它已经为苏联、中国等社会主义国家所践行。马克思主义学说的基本判断之一是："资产阶级生存和统治的根本条件，是财富在私人手里的积累，是资本的形成和增殖"[1]，而共产党人的全部任务就是 "消灭私有制"。[2] 这是因为，"无产者只有消灭自己的现存占有方式，从而消灭全部现存的占有方式，才能取得社会生产力"。[3] 马克思、恩格斯所说的 "消灭私有制"，不是消灭一切私人占有财产的制度和情况，而是 "剥夺"、"利用" 对财产的 "占有去奴役他人劳动的权力"。[4] 而要避免利用对财产的占有去奴役他人劳动的情况，只有一个办法，那就是排除私人对生产资料的占有，由国家对生产资料和各种生产条件实行垄断。列宁在坚持马克思主义关于社会主义革命不可避免的基本结论的基础上，承认 "国家垄断资本主义是社会主义的最完备的物质准备"，甚至认为 "社会主义无非是变得有利于全体人民的国家资本主义垄断" 而已。[5] 按照这种认识所建立的国家一定是对基本生产资料实行国家垄断的国家。苏俄宪法追求的劳动者平等使用土地的目标，只有在国家垄断一切土地的情况下才能实现。该宪法提出的 "不劳动者不得食" 的口号（第 18 条），只有在生产

---

[1]　马克思、恩格斯：《共产党宣言》，《马克思恩格斯选集》第 1 卷，人民出版社，1972，第 263 页。

[2]　马克思、恩格斯说可以用 "消灭私有制" 来概括共产党人的全部理论。马克思、恩格斯：《共产党宣言》，《马克思恩格斯选集》第 1 卷，人民出版社，1972，第 265 页。

[3]　马克思、恩格斯：《共产党宣言》，《马克思恩格斯选集》第 1 卷，人民出版社，1972，第 262 页。

[4]　马克思、恩格斯：《共产党宣言》，《马克思恩格斯选集》第 1 卷，人民出版社，1972，第 267 页。

[5]　列宁：《大难临头，出路何在？》，《列宁选集》第 3 卷，人民出版社，1972，第 163 页、第 164 页。

资料、劳动条件被国家垄断的前提下才有可能落到实处。所有的社会主义国家都宣布要消灭"人剥削人"的现象。只有当用于剥削人的生产资料和生产条件被国家垄断，从而私人失去用于剥削人的生产资料和生产条件时，剥削才能真正被消灭。新中国成立之初，尽管经济上困难重重，但宁愿采取"逐步赎买"这种需要付出经济代价的方式，也要对"资产阶级私有的生产资料"实行国有化，① 就是要实现国家对生产资料的垄断。事实上，经过对农业、手工业和资本主义工商业的社会主义改造等，新中国逐步实现了对自然资源和基本生产资料的国家垄断。

自然资源属于国家所有就是实行国家对生产资料和人类生存条件的国家垄断。这不只是对经济制度的安排，不只是根据经济活动的规律所作出的选择，而是一个完整的社会制度建设方案的组成部分。国家对生产资料和人类生存条件的垄断与支持这种垄断的政权等是紧密联系、相互支持的。苏俄宪法中实际上同时确立了至少三种垄断。第一种垄断是对生产资料和人类生存条件的垄断，可以简称为经济垄断。"第三次全俄工兵农代表苏维埃代表大会"的"决议"第 1 项"全部土地为全民所有"，是对土地的垄断。第 2 项"全国性的一切森林、蕴藏与水利"等归国有，是国家对人类其他生存条件的垄断。此外，其第 2 项、第 3 项、第 5 项决议还宣布了国家对其他基本生产资料的垄断。第 2 项决议的内容包括将实验农场与农业企业宣布为国有财产。第 3 项决议的内容是批准"苏维埃关于工人监督和关于国民经济最高委员会"的法令，其中包括"使工厂、矿山、铁路和其他生产和运输手段完全转归工农苏维埃共和国所有"的法令。第 5 项是批准将一切银行收归工农国家所有。这几项决议的实施实现了对基本生产资料，尤其是控制国民经济命脉的生产资料的国家垄断。

第二种垄断是对政权的垄断，即无产阶级对政权的垄断。苏俄宪法第 7 条规定："第三次全俄工兵农代表苏维埃代表大会认为现在当无产阶级与其剥削者进行决定性斗争的关头，在任何一个政权机关中都决不能有剥削者插足的余地。政权应当完全独属于劳动群众及其全权代表机关——工兵农代表苏维埃。"

① 刘少奇：《在中国共产党第八次全国代表大会上的政治报告》，《刘少奇选集》下卷，人民出版社，1985，第 217 页。

第三种垄断是对武装的垄断，也是一种阶级垄断。苏俄宪法第 3 条宣布的"第三次全俄工兵农代表苏维埃代表大会"的第 7 项"决议"规定："为了保证劳动群众掌握全部政权和消除恢复剥削者政权的任何可能起见，特令实行武装劳动者，建立社会主义工农红军并完全解除有产阶级的武装。"

经济垄断、政权垄断和武装垄断同时被写入宪法，说明存在支持垄断的一般理论，而经济垄断不是受制宪过程中某种偶然因素影响的结果。此外，后两种垄断是实现经济垄断的强有力保障。这说明，出现在财产权宪法史上的国家财产制是一个完整体系中的经济制度。

三　以权利为尺度对自然资源国家垄断的评价

国家财产制本质上是一种国家垄断，因此，我们可以称自然资源归国家所有为自然资源国家垄断。不过，这种垄断特性似乎并非仅体现在国家财产制上，人权财产权也具有明显的垄断性。

资产阶级启蒙思想家在阐发人权的"性质或本质"时，[①] 赋予人权神圣性。无数的人权斗士、人权理论家在阐发人权理论、争取人权、保卫人权的过程中，对"神圣性"进行了充分的肯定和高度的赞扬。但人们没有太关注这"神圣"的人权的另一个特点，即独占性，或者说是垄断性，即自然人对人权的垄断。被奉为人权的公民所有权，亦即我们所称的人权财产权实际上是一种垄断的力量。法国 1791 年宪法把"财产"宣布为"神圣不可侵犯的权利"。这一宣告为"人"的财产树立了一道强有力的保护盾牌，一道防止政府侵犯的盾牌。这道盾牌意味着"人"的财产不会被政府拿走，"人"可以"神圣"地保有财产或垄断地占有财产。这部宪法规定的公民财产可能向政府流动的仅有的渠道有二条：第一，"为了武装力量的维护和行政管理的支出"，公民需要缴纳"公共赋税"；[②] 第二，"当

---

① 程燎原先生等认为，"'天赋人权'是一个不甚恰当的用语。实际上，当近代启蒙思想家说'人的权利是天赋'的时候，他们不是在追溯权利的来源，而是在探寻权利的性质或本质。"程燎原、王人博：《权利及其救济》，山东人民出版社，1993，第 2 页。的确，启蒙思想家的判断不是以历史事实为根据的，他们其实是先确信人权应当是不可剥夺的，然后再想方设法自圆其说。

② 《人和公民的权利宣言》第 13 条。

合法认定的公共需要所显然必需时，且在公平而预先赔偿的条件下"，可以将公民财产用于"公共需要"。① 按照资产阶级理论家的阐述，公民享有人权不过是把本应如此、从来如此、永远都应该如此的道理又重述了一遍。所谓"一切是与非都是永恒的"，② 正说明了人权理论下的人权其实是自然人享有的一种比垄断还要牢固的专属权利。

在启蒙思想家赋予人权以"神圣性"时，他们对"人"使用了"任何人"、"人人"等多数概念，或"人们"这样的复数概念，把"人"放在"个人"与"别人"的关系中。③ 这给人以这样的印象，即人权是关于多个人之间关系的概念。同时，他们的人权论又是与平等论一起被论证的，这就构造了理解人权的一个带有明显比较性的话语场景——平等或不平等都一定不是对单一主体的特性的品评。在平等的话语里一定包含两个或两个以上的主体，这个话语场景给人权涂抹了多个主体间关系的色彩。然而，人权其实只是关于自然人与政治统治者之间关系的概念，而非关于自然人之间关系的概念。

在洛克的著作中，自然状态是一种近乎完美的状态。"那是一种完备无缺的自由状态，他们在自然法的范围内，按照他们认为合适的办法，决定他们的行动和处理他们的财产和人身，而毋需得到任何人的许可或听命于任何人的意志。"④ 为什么说这是一种完美的状态，就是因为它是无政治压迫的状态。洛克由以得出"完美无缺"结论的，正是无须得到"许可"和无须"听命于人"的状态。洛克描述了一个非"奴役"的当然也是美好的"人的自然自由"状态。这种自由"对于一个人的自我保卫是如此必要和有密切联系，以致他不能丧失它，除非连他的自卫手段和生命都一起丧失"。这种自由的显著特点是"不受绝对的、任意的权力约束"。与这种自由相对的不是别的什么，而是政治强权，包括"绝对的、任意的权力"，可以剥夺自由人的生命的权力。

法国《人权宣言》的起草者埃马努埃尔·约瑟夫·西耶斯反对特权的

---

① 《人和公民的权利宣言》第 17 条。
② 〔美〕乔治·霍兰·萨拜因：《政治学说史》下册，盛葵阳、崔妙因译，商务印书馆，1986，第 590 页。
③ 〔英〕洛克：《政府论》下册，叶启芳、瞿菊农译，商务印书馆，1964，第 5 页。
④ 〔英〕洛克：《政府论》下册，叶启芳、瞿菊农译，商务印书馆，1964，第 5 页。

论述，也揭示了与特权相对立的人权其实不是反映可以被称为"大家"或"公民们"的人们相互之间关系的概念，而是关于"大家"或"公民们"与特权者之间关系的概念。他说："任何人也不应对法律未予禁止的事情拥有独一无二的特权；否则就是夺走公民们的一部分自由……凡法律未予禁止的都在公民自由的范围之内，都是属于大家的。让某一个人对属于大家的东西拥有独一无二的特权，这等于为了某一个人而损害大家。"① 非常清楚，这里仅有的关系是"某个人"与"大家"的关系。人权说到底是向"一个人"或"政府"、"立法者"要自由或权利。② 尽管"大家"或"公民们"、"我们"概念中的个体之间肯定存在这样那样的关系，但人权观念并不反映那些关系。卢梭所依据的"孩子们生来就是人"这种"自由"，③ 他假设的"最初的约定"，④ 他描述的"社会契约"⑤ 等，所反对的是"破坏""公约"的人，⑥ 讨论的是"破坏""公约"的人与"普天之下"的人的关系，是"一个主人和一群奴隶"之间的关系。⑦ 卢森堡宪法第 17 条宣布："禁止没收财产。"挪威宪法第 104 条宣布："禁止没收土地和货物。"在这些宪法中，财产权要对抗的不是别的什么侵扰，而是只有政府才有可能实施的征收行为。

人权不是关于自然人相互之间关系的概念，人权是一种垄断的力量，这一点在卢梭的著作中得到充分的展现。虽然卢梭从来没有忽略人权主体是"大家"或"我们"，而不是一个独一无二的个体，但在他的论证逻辑终点，人权变成了"共和国"、"大我"、"主权者"这种不可以是复数的主体。他说，如果我们撇开社会公约中一切非本质的东西，我们就会发现社会公约可以被简化为如下的词句："我们每个人都以其自身及其全部的力量共同置于公意的最高指导之下，并且我们在共同体中接纳每一个成员作为全体之不可分割的一部分"，"只是一瞬间，这个结合行为就产生了一个道德的与集体的共同体，以代替每个订约者的个人……共同体就以这同

① 〔法〕西耶斯：《论特权，第三等级是什么？》，冯棠译，商务印书馆，1990，第 2 页。
② 〔法〕西耶斯：《论特权，第三等级是什么？》，冯棠译，商务印书馆，1990，第 2 页。
③ 〔法〕卢梭：《社会契约论》，何兆武译，商务印书馆，1980，第 15 页。
④ 〔法〕卢梭：《社会契约论》，何兆武译，商务印书馆，1980，第 21 页。
⑤ 〔法〕卢梭：《社会契约论》，何兆武译，商务印书馆，1980，第 23 页。
⑥ 〔法〕卢梭：《社会契约论》，何兆武译，商务印书馆，1980，第 23 页。
⑦ 〔法〕卢梭：《社会契约论》，何兆武译，商务印书馆，1980，第 21 页。

一个行为获得了它的统一性、它的公共的大我、它的生命和它的意志。这一由全体个人的结合所形成的公共人格，以前称为城邦，现在则称为共和国或政治体"。① 人权虽然是达成国家契约的依据，但其最终的政治表现形式是作为个人的集合的"全体个人的结合"，是"公共人格"，是"城邦"、"共和国"等国家形态，总之是权力，是国家力量。这种人权的基本功能是锻造"公意"，构建"共同体"。在卢梭的著作中，人权只是政治国家得以建立的依据，除此之外便什么都不是。

财产权宪法史上的两种类型的财产权，即人权财产权和国家财产制，② 都具有垄断的特点。这个结论已经足以让我们怀疑它们究竟是不是权利，因为我们所熟知的自由财产权显然不具有垄断性。以自由财产权为评断尺度，自然资源国家垄断具有如下几个特点。

1. 主体的唯一性和权利的专有性

我们习见的自由财产权是多种主体可享有的权利，它的主体可以是自然人、社团、家庭、机关等。自然资源国家垄断不是这样的所有权。它的主体是唯一的，这个主体是国家。③ 前述朝鲜宪法中的"只许国家所有"，充分反映了自然资源国家垄断主体的唯一性。我国《宪法》将矿藏、水流、森林、山岭、草原等宣布为国家所有（第9条），把城市土地宣布为国家所有（第10条），自然资源的权利主体也是唯一的。

自然资源国家垄断制度对义务主体的意义不在于剥夺义务主体对某项财产的权利，而是剥夺其成为自然资源所有人的权利。我们常把权利解释为一种"资格"，④ 其实在权力垄断的政治中，权利或权力的"资格"意

① 〔法〕卢梭：《社会契约论》，何兆武译，商务印书馆，1980，第25页。

② 现代各国宪法中的"所有权"共有四类，即人权财产权、私人财产权、国有财产权和国家财产制。其中私人财产权和国有财产权都是自由财产权，是民法中的财产权，而人权财产权和国家财产制是关于公民与国家之间关系的权利或制度。按照本文的理解，财产权宪法史主要是人权财产权和国家财产制的历史。

③ 我国宪法以及其他社会主义国家宪法所规定的集体所有制被列为公有程度低于全民所有制的一种公有制形式，在有的宪法（如古巴宪法）中也被称为"小农组成的合作社"。这种集体所有制，或集体对土地等生产资料、森林、湖泊等的所有，在对抗私人的权利上与国家所有是相同的。为节省篇幅，本文不涉及集体所有权及与之有关的其他问题。

④ 英国学者米尔恩先生认为"权利是对利益所享有的资格"。"一项权利只能使享有者有资格享有一种假定利益，即对某种可以合理预测对他有好处的事物所享有的利益。"参见〔英〕A. J. M. 米尔恩《人的权利与人的多样性——人权哲学》，夏勇、张志铭译，中国大百科全书出版社，1995，第123页。

义更突出。具有垄断特征的人权财产权的特殊性就在于其资格仅为"人"所具备。具有垄断特性的财产所有权，从义务主体所承担的义务角度来看，其基本内涵是义务主体不得享有该权利。在人权财产权面前，国家不得成为权利主体，不得剥夺、享有公民财产；在国家财产制面前，作为义务主体的"私人"不得分享国家的垄断地位。

2. 不可变更性

所谓不可变更性有两层含义：一是权利主体与义务主体之间的地位不可互换；二是权利客体不可脱离权利主体。

自由财产权由于主体众多，自然存在于众多的关系中，比如，在某公民与某企业、某企业与某机关、某机关与某社团等的关系中，在甲公民与乙公民、丙公民、成千上万的其他公民之间的关系中，在甲企业与乙企业、丙企业、成千上万的其他企业之间的关系中。而自然资源国家垄断仅存在于国家和私人这一种关系中。当宪法确立了河流、海洋等属于国家财产制之后，这种制度所在的唯一的社会关系是国家和私人的关系。不仅这种关系是唯一的，其权利主体和义务主体都是无可取代的，而且这一关系的权利主体和义务主体的地位不可互换，国家永远是垄断者，私人永远都是垄断制度要防范的对象。①

自由财产权意味着财产的所有权人可以随时发生变化，而自然资源国家垄断不允许自然资源脱离国家的掌控而成为私人所有的对象。苏俄宪法将"全国性的一切森林、蕴藏与水利"宣布为"国有财产"。这是一个庄严的宣告，是以政权、武装的阶级垄断为保障的宣告。宪法宣布的这种归属关系是不可以变更的。垄断的特性决定了垄断对象只能附属于垄断主体，不可脱离垄断主体。

在魏玛宪法中，自然资源国家垄断表现为一个逐渐形成的过程，即通过逐步的"征收"（第153条）、"转移"（第155条）等，把原本未处于垄断状态的自然资源变成垄断资源。这个过程可能是长期的和艰苦的，但经过征收、转移过程形成的国家垄断同样也具有权利主体和义务主体的地位不可互换、垄断财产不可脱离垄断主体的特点。征收、转移的过程会充满讨价还

---

① 人权财产权也是这样，它仅存在于"人"和政府这一关系中。人权财产权的唯一义务主体是国家。也就是说，不管是人权财产权还是国家财产制，权利都是公民或国家专有的，义务也都是国家或私人特别负有，权利主体和义务主体二者是稳定的对偶。

价，因为征收一般要以补偿为代价，但在"公共福利"、"法律根据"不改变的情况下，这个过程是不可逆转的。该宪法"私人特权得以法律转移于国家"（第 155 条）的规定交给法律的"转移"任务是单向的，即只可以从私人转移于国家，而不是既可以从私人转移于国家又可以从国家转移于私人。葡萄牙宪法第 83 条"不可逆转地属于工人阶级所有"的规定更是以明确的文字表达了垄断的不可逆转和垄断制度中权利义务关系的不可变更。

3. 价值优先性

国家财产制的使命是实现公共福利、人类生存、国计民生、消灭剥削、社会之进化。国家之所以建立国家财产制，是因为自由财产权制度，主要是其中的私人财产权制度，不利于实现公共福利、人类生存等，私人财产权制度造成了对公共福利的忽略、对人类生存的危害，造成了剥削的出现。当苏俄宪法、魏玛宪法等把实现公共福利、消灭剥削当成国家目的时，它们就将价值优先性赋予了公共福利，即承认在公共福利和私人利益之间，前者优于后者。这与法国宪法等将价值优先性赋予"人"的利益，承认"人"的利益优于国家的利益一样。自然资源国家垄断制度是实现公共福利的工具，也是实现和维护公共福利优先性的手段。当有关国家的宪法宣布实行自然资源国家所有制度时，就赋予了公共福利价值优先性。

古巴宪法在宣布土地、地下资源、矿山、海洋自然资源和生物资源、森林、水流都属于国家所有时，设定了例外情形，即允许"属于小农或小农组成的合作社所有的土地、地下资源、矿山"（第 15 条）等的存在。不过，设定这个例外是以承认国家对自然资源的垄断地位为条件的。该宪法第 14 条规定："在古巴共和国，建立在对生产资料实行社会主义全民所有制和消灭了人剥削人现象基础上的社会主义经济制度占统治地位。"这就宣布了自然资源国家垄断的统治地位。此外，该宪法"在任何情况下，国家有权以合理价格优先征购"小农的土地（第 20 条）之类的规定，也为国家垄断制度的"统治地位"提供了保障。

自然资源国家垄断的上述特征充分说明，所谓自然资源归国家所有，或自然资源国家所有权，并不是民法上的财产所有权和本文所说的自由财产权。自由财产权或一般意义上的财产所有权的重要价值之一是自由。法国民法典对所有权的定义——"对物完全按照个人意思使用及处分"揭示了所有权的自由特征。英国学者米尔恩先生认为，"所谓享有一项权利就是享有一项选择"。① 所谓选择就是"自由"选择：可以选择为，也可以选择不为；可以选择这样为，也可以选择那样为。而自然资源国家所有权制度或自然资源国家垄断制度并未赋予法律关系主体这样的自由。权利主体的唯一性和权利的专属性反对国家放弃垄断权，也反对其他主体对自然资源享有所有权。民法上的财产所有权的显著特征之一是所有权关系可以通过市场等媒介得到改变，比如：通过买卖使财产所有权脱离原权利主体即卖方，而成为买方的权利；买方以支付对价的方式取得交易财产的所有权，卖方取得作为出卖财产之对价的金钱，成为这笔金钱的所有者，丧失对原财产的所有权。② 这种改变为自然资源国家垄断制度所不许。自然资源国家垄断制度阻止这种改变的发生。由自由财产权构成的社会关系，或在自由财产权基础上形成的社会关系的明显特点，是权利义务主体双方或多方的地位平等、参与社会关系的主体享有权利或承担义务的机会平等。可以这样说，没有平等的基础便没有自由财产制度。③ 自然资源国家垄断制度所享有的是"统治地位"，而非平等地位。它既不承认私人主体与国家之间地位的平等，也不承认私人主体与国家之间享有权利、承担义务的机会的平等。④

权利是同类主体均可享有的利益，是为保有众多主体的利益而为的法律构建。国家对自然资源的"所有"并不是这样的法律构造。它其实并不是权利，而是权力，是垄断权或专权。从服务于国家财产制的创设目的的角度来看，这种权力是管理权，即通过管理实现公共福利的权力。⑤

---

① 〔英〕A. J. M. 米尔恩：《人的权利与人的多样性——人权哲学》，夏勇、张志铭译，中国大百科全书出版社，1995，第 114 页。

② 赵万一先生曾正确指出"商品交换关系"中的"交换必须具有双向的可选择性"这一特点。他说的"双向"包括双方在交易中的位置可以互换。参见赵万一《论国家所有权在物权法中的特殊地位》，《河南省政法管理干部学院学报》2007 年第 1 期。

③ 谭启平先生等认为，"主体之地位平等是整个民法最根本的特征"，"每个当事人在民事活动中都具有各自独立的人格，在法律上不存在大小之分"，"不存在等级和特权"。参见谭启平、朱涛《论物权主体》，《甘肃政法学院学报》2008 年第 5 期。

④ 国有财产权与私人财产权都承认权利义务主体双方或多方地位平等，承认参与社会关系的主体享有权利或承担义务的机会平等，这既说明了国有财产权和私人财产权属于同类，都是自由财产权，也反映了国家财产制与国有财产权之间的区别。我国《宪法》第 12 条笼统地宣布"公共财产神圣不可侵犯"，其实是不符合自由财产权制度下财产权平等保护的一般原理的。

⑤ 管理并不是目的本身，实行对自然资源的国家垄断并不是宪法设置国家财产制的最后目的。在回答了自然资源归国家所有的实质是国家垄断，自然资源国家所有权并不是自由财产权之后，需要进一步思考的是如何发挥国家垄断这个手段的作用，更好地实现宪法创制国家财产制的目的，其中包括如何实现宪法制度与民法、行政法、环境法等的衔接。

自然资源国家所有权三层结构说[*]

王　涌^{**}

摘　要：宪法上规定的自然资源国家所有权不是专属于公法的所有权概念。它包含三层结构。第一层结构是私法权能。在这一层面上，它与物权法上的所有权无异。第二层结构是公法权能。其主要包括国家对于自然资源的立法权、管理权和收益分配权。第三层结构是宪法义务。国家应当为全体人民的利益行使其私法权能和公法权能。公共信托理论是描述国家作为自然资源所有人的宪法义务的法律理论，应当将其引入中国，或者对中国《宪法》第 9 条作公共信托理论式的解释，确立国家与人民在自然资源国家所有权结构中的地位。在中国的现实中，自然资源国家所有权最为薄弱的层面是国家负有的宪法义务。"自然资源人民基金"的模式和尝试对中国有借鉴意义。宪法规定的自然资源所有权具有"不完全规范"的特质，将其直接转化为物权法上的物权存在困难。在目前宪法控制制度尚不健全的情况下，民法解释学可以发挥控制自然资源国家所有权肆意扩张和扭曲的准宪法功能。

关键词：自然资源国家所有权　宪法　私法　公共信托

＊　本文原载于《法学研究》2013 年第 4 期。

＊＊　王涌，中国政法大学民商经济法学院教授。

一　引言：自然资源国家所有权在宪法中的出现

自然资源国家所有权存在于许多国家的法律制度中，并非中国独有。但在多数国家，它被规定在民法典而非宪法之中，法国、比利时、瑞士、泰国、意大利、西班牙、荷兰等都是如此。

20 世纪后，许多国家开始将自然资源国家所有权写入宪法。[①] 第一类是从殖民统治中独立的新兴国家，如巴布亚新几内亚、印度尼西亚、尼日利亚、委内瑞拉，其宪法强调自然资源国家所有，是为了宣示摆脱原先的殖民统治，从跨国公司手中夺回自然资源所有权。第二类是走出内战的国家，如苏丹、伊拉克、阿拉伯联合酋长国等，其和平协议或宪法的起草着重于平息自然资源分配引起的内部冲突。[②]

越来越多的国家在宪法中规定自然资源国家所有权的原因在于：首先，由于科学技术和经济结构的发展以及市场一体化，自然资源的地位日益重要，对自然资源的集中化管制十分必要，[③] 自然资源所有权已经成为宪法性协议中的基本问题；其次，宪法的制定和修改须符合特别程序，将自然资源国家所有权写入宪法，可以防止其被随意变更。

自然资源国家所有权具有国际法上的意义，国际法从主权的角度触及这一问题。1962 年联合国大会第 17 届会议第 1803 号决议宣称：人民和国家都有权行使对于自然资源的主权。之后，海牙国际法庭在刚果民主共和国诉乌干达一案中确认"人民对于自然资源的主权"为国际习惯法。国际

---

① Nicholas Haysom，SeanKane，*Negotiating Natural Resources for Peace：Ownership，Control and Wealth-Sharing*，Centre for Humanitarian Dialogue（HDCenter），Geneva，Switzerland，2009，p. 7.

② 此外，联邦制国家加拿大也将自然资源州所有权写入宪法，它存在中央政府和州政府在自然资源所有权上的分权问题。但同为联邦制国家的美国，其宪法中则未规定自然资源国家所有权。对于地下自然资源，多数国家承认归国家所有，但美国例外。早期普通法中有一古老的法谚：Cujus est solum，ejus est usque adcoelum（从地表到地心，均属于地表所有权人）。参见 William Blackstone，*Commentaries on Laws of England*，book 2，Chicago：Callaghan and Company，1884，p. 18. 虽然之后普通法关于自然资源所有权问题有新的发展，但在美国，自然资源私有原则没有发生本质变化。

③ Jason Scott Johnston，The Tragedy of Centralization：The Political Economics of American Natural Resource Federalism，74 *U. Colo. L. Rev.* 487（2003）.

法不仅承认国家对于自然资源的主权，还承认人民对于自然资源的主权，国际法上的"自然资源的人民所有权"概念，是更为先进和深刻的理解和发展。[①]

中国将自然资源国家所有权写入宪法，主要是因为社会主义传统。《宪法》第 9 条第 1 款规定："矿藏、水流、森林、山岭、草原、荒地、滩涂等自然资源，都属于国家所有，即全民所有；由法律规定属于集体所有的森林和山岭、草原、荒地、滩涂除外。"第 2 款规定："国家保障自然资源的合理利用，保护珍贵的动物和植物。禁止任何组织或者个人用任何手段侵占或者破坏自然资源。"中国宪法规定的自然资源国家所有权的含义是什么，它是否具有私法上的效力，它与物权法上的所有权概念是什么关系，它应如何适用，已不纯粹是一个学理问题。"四川彭州乌木之争"案和黑龙江"气候资源国家所有权"立法事件说明，这些问题具有重要的现实意义。本文拟从宪法与民法的关系出发，对自然资源国家所有权概念作剖析，并对上述问题阐明一些分析思路和初步的结论。

二　自然资源国家所有权的私法效力

（一）形式宪法可以规定实质的私法关系

当宪法规定了自然资源国家所有权，它在私法关系上可否适用，是一个新的问题。其实，以往我们也面临类似的问题，如一国宪法中规定的公民的基本权利，可否在私法审判中直接适用？对于这个老问题，答案是否定的。根据西方国家宪法与私法关系的学说，特别是德国的学说，一般认为，宪法规定的基本权利的功能在于限制国家权力、抵御国家侵犯，而非规范私人之关系，因此不能在私法关系中直接适用，只能通过民法基本原则的解释途径，实现基本权利在私法关系中的间接适用。

上述问题背后的法理十分简单，就是法律关系的结构理论。宪法上的基本权利是公民对抗国家的权利，自然不能以其对抗私人。依此推理，作为

---

① Emeka Duruigbo, Permanent Sovereignty and Peoples' Ownership of Natural Resources in International Law, 38 *Geo. Wash. Int'l L. Rev.* 33, 33 (2006).

公法规范，宪法中规定的自然资源国家所有权似乎不具有私法上的效力。

需要指出的是，中国宪法并没有承继西方国家的宪法传统，它具有独特性，所以类似问题在中国宪法语境中又增加了一丝复杂性，需要厘清。

在讨论宪法与私法关系时，首先必须强调的是，宪法与宪法关系是两个不同的概念。宪法一般是指被冠以"宪法"名称的法律文件，即形式宪法。而这样的被冠以"宪法"名称的法律文件的内容往往是不"纯"的。它主要规定公法关系，即国家机关与国家机关以及国家与公民之间的关系。但是，有时它也"越俎代庖"地直接规定一些私法关系。这种做法大约是从1919年德国的魏玛宪法开始的。

魏玛宪法第118条规定："所有德意志人民在普通法律限制之范围内，均有以语言、文字、刊物、图画或其他方法自由表达其意见之权利；任何工作条件及任用条件，均不能妨害此项权利，任何人皆不得阻碍此项权利之行使。"第159条规定："任何人及任何职业以维持且促进劳动条件及经济条件为目的之结社自由，应保障之。限制或妨碍此项自由之约定及措施，均属违法。"这两项规定禁止私人之间的契约，对于公民的言论自由与结社自由进行限制，无疑是一种私法关系。

关于宪法特别是形式宪法到底应规定什么，奥地利学者凯尔森的观点十分开放。他说："如果存在一个宪法性法律的特殊形式，那么，不管什么内容都可能在这一形式下出现。事实上，由于某种理由而被认为特别重要的主题，就往往由宪法代替普通法律加以调整。美国宪法现在已被废除的第18条修正案，即禁酒令修正案，就是一个例子。"① 凯尔森的观点是有道理的。再如宪法中规定公司法条款的例子。19世纪中期，美国各州就在宪法中直接规定公司法的问题，如禁止公司从事目的条款外的活动，赋予公司与自然人同样的诉权，规定公司董事选举的累积投票制。②

在我国宪法中，这种现象更为普遍，因为我国宪法并未采用西方宪法的传统创制。我国宪法与其他部门法的不同，在于"它调整国家生活中的

---

① 〔奥〕凯尔森：《法与国家的一般理论》，沈宗灵译，中国大百科全书出版社，1996，第143页。凯尔森的观点比较极端。他认为宪法与普通法律的区别在于宪法性法律的创造（制定、修改、废除）要比普通法律更为困难。

② Harry G. Henn, John R. Alexander, *Laws of Corporations and Other Business Enterprises*, West-Publishing Co., 1983, p. 42.

基本问题，而其他法只分别调整国家生活中某一方面的问题"。① 实质性的私法关系并未被排除在中国宪法的调整范围之外，只要其重要，它就可能入宪。实际上，中国宪法中的诸多条款也直接规定了公民与公民之间的关系。② 也就是说，中国宪法不仅调整国家与公民之间的关系，也调整公民与公民之间的关系。它所规定的公民的基本权利并不仅仅用于对抗国家的侵害，同时也用于对抗私人的侵害，是公权和私权的结合体。所以，中国宪法是私法的渊源。其实，这也是中国民法学者的普遍观点。例如，佟柔先生主编的《民法原理》在列举中国民法的渊源时就将宪法列为第一渊源。③在中国的民事审判中，直接援引宪法条款并无不当，相关案例并不鲜见。

在形式宪法中规定实质性的私法关系，是一种独特的现象。与此相对应，还存在另一种独特的现象，即在民法中规定实质性的宪法关系。例如《法国民法典》第545条规定了国家征收的问题，意大利民法典和中国物权法也规定了征收的问题。这其实是宪法关系，却被规定于民法中。

由此可见，自然资源国家所有权无论是作为私权被规定于宪法中，还是作为公权被规定于民法中，都是正常的现象。需要进一步研究的是，中国宪法规定的自然资源所有权是否具有私权性质？

（二）宪法（公法）所有权与私法所有权区分之偏误

许多学者试图否认宪法规定的自然资源国家所有权在私法上的效力。他们依赖的逻辑主要有两方面。一方面是宪法的公法本质。对此，笔者在上文已经充分批判了。另一方面，他们主张在公法层面和私法层面上，所有权概念的含义是不同的，提出了公法所有权与私法所有权的划分，或宪法所有权与私法所有权的划分。这一新颖的划分在中国的学术话语中已经流行，④ 但需要反思与推敲。

---

① 《张友渔文选》下卷，法律出版社，1997，第351页以下。
② 《宪法》第36条和第40条明确强调个人不得侵犯公民的宗教信仰权与通信自由和通信秘密权，可见这两种基本权利同样对抗个人，具有私权的性质，此即宪法直接规范私法关系。
③ 参见佟柔主编《民法原理》，法律出版社，1986，第22页。但是，《民法原理》之后也有一些民法教科书，如梁慧星的《民法总论》（法律出版社，1995，第19页）等则没有将宪法列为我国民法的渊源。
④ 参见邱秋《完善我国的自然资源国家所有权制度》，载王树义等《环境法前沿问题研究》，科学出版社，2012，第93页。更多的学者使用"公法上的所有权"和"私法上的所有权"的表述。

我们先从一个小问题开始探讨，例如，隐私权是否存在私法上的隐私权和公法上的隐私权之区分？答案是肯定的。因为二者明显不同，私法上的隐私权仅对抗私人，公法上的隐私权则对抗国家。

再如，私人所有权也存在私法效力和公法效力两个层面，前者对抗私人，后者对抗国家。私人财产所有权如为私人所侵害，则适用民法上的物上请求权和侵权法规则予以保护，但如为国家所侵害，如违法征收和征用，则寻求宪法或行政法救济渠道。例如德国基本法第14条所规定的所有权，就是基本法所保障的私人所有权。① 由于上述差异的存在，法学家提炼的"宪法性财产（constitutional property）"的概念已被广泛认可。② 特别是在美国，由于公民在宪法上的基本权利和公民在私法上的财产权都使用同一个名词"property"，所以，对这两种财产权进行区分就更为重要。

中国宪法学者也意识到这一问题，开始区分宪法上的财产权和私法上的财产权。"宪法上的财产权乃属于一种基本权利，与宪法上的其他权利一样，均是公民针对国家而享有的一种权利，即公民所享有的、为国家权力所不能不当侵害的一种权利，直接地反映了公民与国家权力之间在宪法秩序中的关系；而民法上的财产权则主要属于公民对抗公民或私人对抗私人的一种权利，由此形成了作为平等主体的私人之间的财产关系。由此可知，宪法上的财产权与民法上的财产权的区别，既不在于财产权的客体，也不在于财产权的主体，而在于反映在同一客体上的不同主体之间的关系。"③

应该说，这一论断是正确的。但是，这一论断衍生出来的诸多观点和学说却出现了偏误。不同学科包括民法、环境法、宪法，都有学者参与了所谓"宪法所有权"的论证。典型观点是："所有权应当分为宪法层面和私法层面两种类型，宪法上的所有权是所有权人和国家直接发生的公法法

---

① 由于德国宪法将财产视为人格自由和人格发展的基础，而不仅仅是商品（这也是康德、黑格尔哲学传统中的重要理念），所以，所有权在德国基本法第14条中得到的宪法保护较美国宪法更为充分。参见 Gregory S. Alexander, Property as a Fundamental Constitutional Right? The German Example, 88 *Cornell L. Rev.* 733 （2002 – 2003）。

② Gregory S. Alexander, *Global Debate on the Constitutional Property*, *the Lesson from American Taking Jurisprudence*, Chicago：The University of Chicago Press, 2006.

③ 林来梵：《针对国家享有的财产权——从比较法角度的一个考察》，《法商研究》2003 年第1 期。

律关系，它所注重的是获取所有权并得到保护的资格；民法上的所有权是所有权人和其他私法主体之间发生的民事法律关系，它所注重的是权利所指向的具体个体。"① 如此划分，显然宪法规定的所有权不能在私法上直接适用。

其实，一言蔽之，所谓"宪法所有权"的真实含义，就是私法上的私人财产权受到了宪法保护而已，并未产生一个独立的所有权。如果它只是对抗国家，在权利形式上是一种对人权，不是对世权，如何可以被称为"所有权"，又如何被称为"宪法所有权"？所谓"宪法所有权和私法所有权"的划分，是基于私人所有权在宪法和私法上的不同效力的划分。

所以，偏误产生的整个过程就像一个寓言：私人所有权是一个孩子，受其生父——私法的保护，后来，认了一个教父——宪法，亦受其保护。在这个故事中增加了什么？其实，只是增加了一个教父。旁观者却说增加了一个孩子，现在是两个孩子了。一个是宪法的儿子——宪法所有权，一个是私法的儿子——私法所有权。但是，偏误并未就此终结。有学者以宪法所有权和私法所有权的区分为据，开始否定宪法上规定的自然资源国家所有权在私法上的效力。

应当承认，由于公法的渗透，所有权的面貌呈现复杂性。意大利学者奥利维耶罗·迪利贝托认为："全面理解当代所有权的制度体系的困难来自多个方面，困难之一是20世纪之后才出现的，即如何正确看待民法典中的所有权和各国陆续通过的宪法所规定的所有权二者之间的关系。这就启发我们不能再一味地追求统一的所有权概念，而应建立一个多元化的所有权体系。"② 但是，所有权如何多元化？笔者认为，虽然公法的影响很大，但是所有权依然具有形式上的统一性，所谓所有权之公法和私法的绝对二元化并不成立。

---

① 徐涤宇：《所有权的类型及其立法结构：物权法草案所有权立法之批评》，《中外法学》2006年第1期。但所谓资格说脱离宪法文本。如果宪法明确规定国家或公民对特定客体享有所有权，就不能说这只是获取所有权的资格，其所获取的就是所有权本身。如果不顾宪法文本的文义，以所谓的宪法理论坚持资格说，无异于削足适履。

② 〔意〕奥利维耶罗·迪利贝托：《论所有权的范围及其限制——从罗马法到近代民法典的历史流变与简评》，翟远见译，载〔意〕S. 斯奇巴尼、朱勇主编《罗马法、中国法与民法法典化（文选)》，中国政法大学出版社，2011。

（三）所有权概念的形式统一性

分析法学家认为，无论是公法还是私法，无论是大陆法系还是英美法系，在概念的核心意义上，都存在统一的所有权结构，而对这些共同因素的分析是分析法学的一项重要工作。目前，关于所有权概念的分析理论有三种，一是法律关系结构理论，二是权能理论，三是功能理论。

美国法学家霍菲尔德发现了法律关系的元形式以及最基本的法律概念。在他的眼中，所有权是对抗世界上所有的人的要求权、权力、自由权、豁免（claim、power、privilege、immunity）的集合，是一组对世性的权利束，每种权利都有相关联的义务主体。他分解了所有权，并静态地、细致地展现了所有权的法律关系结构。[①]

所谓权能理论，是从权利的内容寻找所有权的本质。权能理论的传统版源自罗马法的所有权权能理论，而现代版则源于英国牛津大学奥诺里（Honoré）教授的所有权标准要素分析方法。奥诺里教授采用维特根斯坦式的阐释方式，提炼所有权的标准要素（standard incidents），[②] 列出了所有权的十一项标准权能：占有权、使用权、管理权、收益权、处分权等。如果一种财产权包含这些标准要素，那么，它就是一种丰满的所有权（a liberal ownership）。

所谓功能理论，则是从所有权概念在法律推理中承担的功能出发，寻找所有权概念的本质。在可查的关于所有权概念分析的法学文献中，最具创见的当数英国法官麦克白（Markby）的《法律的要素》一书。[③] 在这部书中，麦克白创建了所有权的剩余权理论。他认为，不应当定义所有权概念，而应当定义所有者。他认为，所有者只是某物的最终的剩余权人（the ultimate residuary）。不管从某物上分离出多少权利，也不管剩余的权利是多么少、多么无意义，这些剩余权的拥有者就是所有者，而所有者的权利

---

① Wesley Newcomb Hohfeld, *Some Fundamental Legal Conceptions as Applied in Judicial Reasoning*, edited by Walter Wheeler Cook with a new foreword by Arthur L. Corbin, Yale University Press, 2000.

② A. M. Honoré, 'Ownership', *in Making Laws Bind*, Oxford：Clarendon Press, 1987, pp. 165 – 179.

③ 参见 William Markby, *Elements of Law-Considered with Reference to Principles of General Jurisprudence*, Oxford：The Clarendon Press, 1871, pp. 159 – 164。

就是所有权。所以，所有权指向的是一种权利推理规则。①

　　上述理论适用于对一切所有权类型的分析。对于自然资源国家所有权，我们可以从价值层面评价它的合理性，但是，不能以此认为宪法上规定的国家所有权就完全不同于民法上的所有权。其实，在国家与私人的关系上，自然资源国家所有权在宪法上呈现的法律关系结构与在民法上呈现的法律关系结构是一致的。

　　首先，不能否认，国家是可以享有所有权的。正如凯尔森所说："在所有现代法律秩序中，国家和任何其他法人一样，可以具有对物（in rem）权和对人（in personam）权，具有私法所规定的任何权利和义务。"② 国家既是一个政治概念，也是一个法主体概念。虽然国家作为一个抽象的实体不应有自身独立的特殊利益，但是，无论在公法上还是私法上，国家都是一个法人。③ 其次，无论在宪法上还是在私法上，与国家所有权相关联的义务主体都是相同的。凯尔森说："在一个国内法律秩序内，必须被认为是国家的人格者只有一个。因此，如果法律关系中一个主体是国家；另一主体就不会是国家；另一主体一定是'私人'。"④ 宪法规定的自然资源国家所有权，规定国家作为所有者与其他任何私人之间的关系。而民法上的所有权，也规定所有者与其他任何私人之间的关系，二者结构完全相同。

　　另外，从霍菲尔德的权利形式来看，宪法规定的自然资源国家所有权包含的权利形式与民法上的所有权是一样的，即作为自然资源所有者，国家有权利要求（claim）他人不侵占自然资源，国家有权力（power）处分自然资源，国家有自由（privilege）使用自然资源，他人处分自然资源的行为对于国家无效（immunity）。从国家所有权权能的角度看，国家对于自然资源应当享有占有、使用、收益、处分之权能，符合奥诺里的权能说。国家可以将权能分离出去，甚至出让于私人，剩余权归国家，因而也符合剩余权说。

---

① 参见王涌《所有权概念分析》，《中外法学》2000 年第 5 期。
② 〔奥〕凯尔森：《法与国家的一般理论》，沈宗灵译，中国大百科全书出版社，1996，第 227 页。
③ 参见〔德〕齐佩利乌斯《德国国家学》，赵宏译，法律出版社，2011，第 13 节"国家作为法人"。当然，在中国法律中，国家作为一个抽象实体，是不是法人成为一个问题。但是，法律规定对国有财产由国务院代表国家行使所有权，国家作为法律主体享有所有权不成问题。
④ 〔奥〕凯尔森：《法与国家的一般理论》，沈宗灵译，中国大百科全书出版社，1996，第 226 页。

　　有学者认为，国家是公法人，也是私法人。在宪法上规定的国家所有权中，国家是公法人，而在民法上规定的国家所有权中，国家是私法人，所以，二者仍然不同。更为关键的是，公法人和私法人主体性质的不同会导致权能内容的不同，从而构成不同的所有权，即公法所有权和私法所有权。这是二元论者的一个有力主张。①

　　但是，依上文所述，在宪法中规定私法关系是一个普遍的现象。当宪法规定自然资源国家所有权时，我们依据什么确定其中的国家只是公法人？再者，当宪法明确使用所有权概念时，由于所有权本身是源于民法的概念，②且实证法中没有关于公法所有权的定义，我们又依据什么确定此所有权不包含私法上的所有权的内容？其实，所有权概念的使用必然使国家所有权涵盖私法所有权，否则，如果该所有权仅具有公法上的权能，如立法权、管理权等，那么还需要使用所有权的概念来描述这些公法权能的集合吗？此所有权还是一般意义上的所有权吗？它就不可能符合上述关于所有权本质结构的三种理论，也超越了解释学的一般规则与底线。

　　综上所述，一个基本的结论是，宪法上的自然资源国家所有权的规定本身即包含私法上所有权的内容，它可以直接在私法关系中适用，直接产生私法效力。

（四）公产模式无法取代国家所有权

　　有学者认为，对于宪法上规定的自然资源国家所有权的认识，除私法上的所有权外，还可以有另一种解释，那就是公共财产说。③这就产生了一个新问题，公共财产是一种新型的所有权或财产权吗？

　　公共财产的理论来自德国公法学家奥托·迈耶（Otto Mayer）的公物说。

---

① 有学者认为："在物权法上，国家作为公权（国家所有权）的主体而存在。"参见尹田《民法调整对象的理论检讨与立法表述》，载易继明主编《私法》第 8 辑第 2 卷，华中科技大学出版社，2010，第 30 页。

② 国际法上国家的领土和领海的概念也是模仿私法上"所有权"概念的形式建构起来的。参见 Ian Browblie, *Principles of Public International Law*, 4ᵗʰ ed., Clarendon Press, 1990, p. 128。

③ 参见肖泽晟《社会公共财产与国家私产的分野——对我国"自然资源国有"的一种解释》，《浙江学刊》2007 年第 6 期。

他试图以法国法上的"公物"概念发展他的理论，但并不成功。目前，德国公法依然坚持使用私法上的私人所有权的逻辑结构，^①再辅以公法上的"专用"（dedication）而形成所谓公法上的所有权的模式，^②因为为公共利益服务的国有财产的概念与结构更为成功。当然，在某些特定的领域，公共所有权的概念被德国立法接受。例如1988年巴登—符腾堡州水法典第4条（关于水床的立法），1964年汉堡州的堤坝规制法第2条第1款、第3款。^③

此外，公共财产近似于英国财产法上"完全开放的公共财产"（open access communal property）的概念：每一个成员都有权利占有、使用资源，而不被排除在外。另一个近似概念是"限制开放的公共财产"（limited access communal property）。英国法学家认为，公共财产（communal property）与国有财产（state property）的区别在于：某种财产，如果只有通过改变立法的方式才能排除人们使用，就是公共财产，例如高速公路；如果国家不需要改变立法即可限制或排除人们使用，其就是国家财产，例如国家图书馆的图书。^④

从英国法学家对公共财产和国家财产的分析看，所谓公共财产，不过是国家开放或让渡国有财产所有权中的占有权和使用权，而保留对财产的剩余权的一种结构，它依然是所有权。虽然对于自然资源，国家确实需要通过立法来排除和限制他人使用，如海域使用权等，但这还不足以否定国家在公共财产上存在所有权，还不足以证明所谓公共财产是一种超越所有权的新型财产权结构。公共财产与国家国库所有权的差别仅在于前者的公法规制更严格和负担更重而已，但未彻底改变国家保有最终支配权和剩余

---

① Hanno Kube, Private Property in Natural Resources and the Public Weal in German Law-latent Similarities to the Public Trust Doctrine? 37 *Natural Resources Journal* 857 （1997）. 德国早期用 Regalien（国王特权）规范自然资源的财产权。虽然罗马法在德国兴起，出现了绝对所有权的理念，但是在自然资源问题上，德国仍然保留了原来日耳曼法中的基本概念 Regalien。1794年普鲁士基本法典规定：道路、航道、海滩、港口是国家的公共财产。但在19世纪末，对自然资源也适用了私人所有权。之后，对自然资源私人所有权的限制很快建立起来。在宪法层面，主要反映在1919年魏玛宪法第153条，强调个人所有权的社会义务，后来被写入德国基本法第14条第2款，作为财产法的宪法原则。

② Michael Stolleis, *Public Law in Germany*: *1800 – 1914*, Berghahn Books, 2001, p. 399.

③ 德国联邦宪法法院确认了这种在特定情形下的财产权的形式。见判例 BVerfGE24, 367（382）。

④ Alison Clarke and Paul Kohler, *Property Law*: *Commentary and Materials*, Cambridge University Press, 2005, pp. 36 – 38.

权的所有人的形式地位。这一点也可以从牛津大学著名财产法学者哈里斯教授的理论中得到印证。他在《财产与正义》一书中，专设一章分析"非私有财产"（non-private property）的类型，并将所谓公共财产分为两类。一类是阳光、空气等资源，由于每个人都有绝对的自由（privilege）去使用它们（普芬道夫以"original common property"一词描述之），它们不构成法律上的财产，更谈不上所有权问题。另一类是公园、高速公路、机场等，它们也向公众开放使用，但其上存在所有权。由于使用目的受到限制，它们之上存在的是一种准所有权（quasi-owner-ship），但形式上还是所有权。可见，构成"法律上的财产"的公共物，由国家管理，最终还是以国家所有权的形式建构的。①

三　自然资源国家所有权中的公法权能与宪法义务

（一）宪法上规定的自然资源国家所有权内容的丰富性：公法权能与宪法义务

笔者否认宪法所有权和私法所有权的划分，或者公法所有权和私法所有权的划分，但并不否认在自然资源国家所有权中同时包含私法权能和公法权能。

宪法上规定的自然资源国家所有权包含民法上所有权的内涵，但却是一个比民法上所有权范围更大的概念。它所包含的权能比民法上所有权的权能更为丰富，它所包含的义务也比民法上所有权的义务更为重要。主要表现在两个方面。

第一，除民法上所有权的普通权能，如占有、使用、收益和处分外，国家所有权还包括国家在立法、行政、司法方面的权能，即有权对自然资源进行立法、行政管制、利益分配等。② 这些权能本质上是国家所有权中

---

① 参见 J. W. Harris, *Property and Justice*, Oxford：Clarendon Press, 1996, pp. 100 – 118。

② 《物权法》第 45 条规定，国有财产由国务院代表国家行使所有权。如果《宪法》第 9 条在规定自然资源国家所有权后，继续规定自然资源国家所有权由国务院代表国家行使，就可能会将自然资源国家所有权主要限制在私法权能上，因为公法权能中的立法权、司法权因代表机关的性质而被限制了。可见，《物权法》规定"国有财产由国务院代表国家行使所有权"，还是强调国家所有权的私权性质。这一点也值得思考。

的公法权能，是自然资源国家所有权的第二层结构。

公法权能本质上是权力关系，与以对等性为特征的私法权能性质不同。[1] 权能实现对于客体的要求也不相同。私法权能如占有、使用、收益和处分，要求客体具有确定性，而公法权能的实现对客体的确定性要求较低，通常只需要客体具有观念上的确定性即可。公法权能与私法权能的不同在于，它通常不是对物的直接支配，而是与物有关的权力行使，特别是立法权的行使和抽象行政行为的实施，而具体行政行为的实施通常又是直接针对人而非物。这是私法权能和公法权能在形式上比较显著的差异，值得深入研究。

第二，除民法加于所有权的一般负担和义务外，宪法上的国家所有权还承担宪法规定的或包含的国家作为自然资源所有人应当承担的宪法义务。确立自然资源国家所有权的各国宪法对于自然资源国家所有权的表述不尽相同。大多数国家的宪法规定的权利主体是人民，而不是国家，并且没有直接使用"所有权"概念，而是使用"属于"、"控制"等词。

印度尼西亚宪法第33.2条规定：土地、水和自然资源应当在国家的权力控制之下，应当为人民的最大福利而使用。

巴布亚新几内亚宪法第2.2条规定：巴布亚新几内亚的主权及于其领地，以及领地中的自然资源。

尼日利亚宪法第44条规定：地中、地上或地下的，以及水中、水上或水下的和专属经济区所有矿藏、石油和天然气的全部财产和控制权属于联邦政府。

伊拉克宪法第111条规定：石油和天然气系伊拉克全民所有。

俄罗斯宪法第9.1条规定：土地和其他自然资源应当用于生活于各自领域的人民的生活和活动，并为联邦所保护。土地和其他自然资源上可以是私人所有权、国家所有权、城市所有权以及其他类型的所有权。

苏丹综合的和平协商与财富共享协议第2.1条规定：关于土地和地下的自然资源的所有权，对于协议各方不存歧视，但本协议不规定自然资源的所有权问题。

阿拉伯联合酋长国宪法第23条规定：各酋长部落内的自然资源应被视

---

[1] 〔韩〕金东熙：《行政法》第1册，赵峰译，中国人民大学出版社，2008，第82页。

为公共财产。

委内瑞拉宪法第 12 条规定：存在于国家领土和领海之下的以及专属经济区和大陆架的矿藏属于共和国，是公共物品，因此不可转让和不可侵犯。

秘鲁宪法第 66 条规定：自然资源，无论可再生的和不可再生的，都是国家的财产（patrimony）。[①] 秘鲁宪法没有使用所有权（ownership）的概念，而使用 "patrimony" 一词，引发学者们的长期争论。[②] 秘鲁宪法法院对《宪法》第 66 条自然资源国家所有权的解释是："自然资源属于秘鲁的各代人民，自然资源开采的收益应当属于全体国民。"[③]

在各国宪法的表述中，出现最多的词语就是 "人民" 和 "公共"，这表明国家作为自然资源所有权人，不具有自身的利益，而是为全体人民的利益（甚至包括后代的利益）行使自然资源所有权。这是国家在自然资源所有权上的宪法义务，构成了自然资源国家所有权的第三层结构，也是国家所有权最为核心和重要的内容，说明所谓国家所有权，本质上是信托结构中的受托人所有权。

中国《宪法》第 9 条也为自然资源所有权人——国家设置了诸多的义务，重要的表述有四点：全民所有；国家保障自然资源的合理使用；保护珍贵的动物和植物；禁止任何组织和个人侵占自然资源。这就是中国《宪法》规定的作为自然资源所有权人的国家的宪法义务。

（二）自然资源国家所有权的正当性与公共信托理论

在历史上，自然资源国家所有权有诸多正当性基础，例如君主制度、国家主权理论以及防止破坏性开采之目的等。目前，国家所有权的正当性主要在于：国家是为全体公民的利益而管理自然资源，也即上文提到的国家作为自然资源所有权人的宪法义务。该义务在各国宪法中都有不同形式的规定，其中美国的公共信托理论影响最大。

美国的公共信托理论是一种用于描述作为自然资源所有人的国家的宪

---

① Patrick Wieland, Going beyond Panaceas: Escaping Mining Conflicts in Resource-rich Countries through Middle-ground Policies, 20 *N. Y. U. Envt'l L. J.* 199 (2013).

② José Antonio Honda, *Energy Law in Peru*, Alphen aan den Rijn: Kluwer Law International, p. 110.

③ Patrick Wieland, Going beyond Panaceas: Escaping Mining Conflicts in Resource-rich Countries through Middle-ground Policies, 20 *N. Y. U. Envt'l L. J.* 199 (2013).

法义务最为形象、最为恰当的法律理论和修辞。① 公共信托理论可追溯到罗马法。② 该理论认为，一些特定自然资源天生就是公共的，不可让渡。由于它们对于公共福祉的重要性，不可能授予私人其所有权。政府作为自然资源的所有人，是作为受托人，为全体公众管理、保护自然资源。这一理论由美国最高法院在 1892 年 *Illinois Central Railroad Company v. Illinois* 一案③（此案是关于芝加哥城东密歇根湖的河床的所有权问题）中确立。之后，萨克斯教授将之用于捍卫环境保护。④ 萨克斯教授认为上述案例是美国公共信托理论的"北斗星"，主张将公共信托理论扩展至更为广阔的领域。德国学者认为，美国的公共信托理论与德国宪法关于公共利益的理论具有潜在的相似性。⑤ 公共信托理论已经被印度等国的最高法院接受，将其融入本国的宪法理论并用于裁决涉及自然资源的案件。

印度最高法院在 *M. C. Mehta v. Kamak Nath* 一案⑥中接受了美国公共信托理论，之后又将公共信托理论用于一系列案件裁决中。2009 年法官在裁决 *Fomento Resorts & Hotels & Anr. v. Minguel Martins & Ors.* 一案⑦时，还直接引用萨克斯教授的论文发表了法律意见。2012 年 2 月，印度最高法院裁决撤销了 2008 年 A. Raja 担任通信与信息技术部联合部长时颁发的 122 个电信牌照，指出电信牌照的颁发未采用公开拍卖的方式。大法官 G. S. Singvi 和 A. K. Ganguly 认为，采用"先来先得"的方式将这些牌照发给 9 个主要的公司是专断的和违宪的。⑧ 法院适用公共信托理论和印度宪法第 14 条，认为在自然资源的分配中应当避免随意的方式，公开、公平、公正的拍卖是分配和出让自然资源最好的方式。2012 年 4 月，印度最高法院接到总统的问询函：该裁决是否意味着所有的自然资源都必须采用拍卖

---

① Joseph D. Kearney and Thomas W. MerrillSource, The Origins of the A merican Public Trust Doctrine: What Really Happened in Illinois Central, 71 *U. Chic. L. Rev.* 799 – 931 (2004).

② 〔古罗马〕查士丁尼：《国法大全》第 2 册，第 1 节第 1 点。

③ 146U. S. 387 (1892).

④ Joseph L. Sax, The Public Trust Doctrine in Natural Resources Law: Efective Judicial Intervention, 68 *Mich. L. Rev.* 471 (1970).

⑤ Hanno Kube, Private Property in Natural Resources and the Public Weal in German Law-latent Similarities to the Public Trust Doctrine? 37 *Natural Resources Journal* 857 (1997).

⑥ (1997) 1 SCC 388.

⑦ (2009) 3 SCC 571.

⑧ 参见 *Centre for Public Interest Litigation and Others v. Union of India*, (2012) 3 SCC 117.

的形式？法院的回答是，虽然拍卖不是政府在出让自然资源时必须遵守的一项宪法要求，但是如果该出让的目的是收益最大化，不采取竞价性的出让方式就是随意的、违宪的。①

国际人权法也用信托的理论解释国家与人民的关系。② 国际法承认人民对于自然资源享有主权，而非仅仅是国家享有主权。人民是委托人，政府是受托人。人民将自然资源委托给政府管理，政府与公民之间构成信托法上的信义关系。

将人民建构成国际法上的主体是十分激进的。虽然在理论上并未找到合适的方法定义人民，③ 但是政治家和学者按美国阿拉斯加永久基金的模式为伊拉克、尼日利亚等资源丰富但人民困苦的国家设计了一系列基金，以体现人民对于自然资源的所有权。

伊拉克人民基金的模式是：将出售伊拉克自然资源获得的资金存于一项专门基金下，该基金让全体伊拉克人民平等受益。该基金只投资世界证券市场的指数证券，接受联合国的监督。投资指数证券可以减少投资决策的成本。伊拉克人民基金份额可交易，且基金可在世界证券交易所挂牌。伊拉克公民可回赎份额，取回属于自己的金额。④ 尼日利亚人民基金是在阿拉斯加永久基金基础上的完善版，以出售资源的资金建立尼日利亚人民基金，为尼日利亚人提供资本，促进创业。此外，还有挪威的特别石油基金。

在我国，国家所有权的本质也是全民所有，上述信托理论值得我国借鉴。我国在自然资源管理和分配中存在很多问题，主要集中于国企对自然资源的垄断，利润上缴比例小，收益不透明，全民从国企对自然资源的垄断中获益甚少。这是国家在行使自然资源所有权过程中没有尽到宪法义务的表现。所以，国家作为自然资源所有权人，可以学习"人民基金"的做法，将国家在自然资源上的收益注入社保基金，让人民普遍受益。要尽快制定有关国有企业支付国有资源使用租金和利润分红的法律法规，逐步把

---

① *Apex Court View on Presidential Reference Today*, in The Indian Express, Sep. 27, 2012.

② Emeka Duruigbo, Permanent Sovereignty and Peoples' Ownership of Natural Resources in International Law, 38 *Geo. Wash. Int'l L. Rev.* 33, 33 (2006).

③ Richard N. Kiwanuka, The Meaning of "People" in the African Charter on Human and Peoples' Rights, 82 *A m. J. Int'l L.* 80, 95 (1988).

④ Saddam Oil Contracts and What Can Be Done, 2 *DePaul Bus. & Com. L. J.* 559, 584 – 586 (2004).

国企的资源使用租金①和利润分红纳入全口径财政预算收入体系，纳入预算法的范畴，明确收租分红比例，为公共服务提供财力保障。②

四 自然资源国家所有权的民法解释及其功能

鉴于自然资源国家所有权在中国的现实问题，又由于宪法对于国家权力的行使缺乏有效的约束，民法对自然资源国家所有权的解释可在一定程度上遏制国家所有权的扩张。但需要强调的是，民法解释学的这一功能并不表明民法具有抵御国家对市民社会的入侵的功能，因为民法的功能不在于在市民社会与政治国家之间划出自由与权力的界限。民法典只建构市民社会内部的结构和秩序，并不能决定市民社会中个人的自由域度。政治国家与市民社会之间界限的划分是宪法的功能。如果说市民社会是一片草坪，那么，草坪四周的栅栏是由宪法树立的，它保障政治国家权力之下的市民社会的空间。

目前，中国自然资源国家所有权的问题是国家权力的扩张，甚至出现与民争利的现象。而由于中国目前的法律制度缺乏违宪审查等公法制度，国家的宪法义务无法被置于公共信托理论下进行审查。所以，在普通民事案件如乌木案中，法官应当采取限缩的方法来解释自然资源这一概念。

一个宪法意义上的完全规范，在民法意义上可能是一个不完全规范，因为两种规范对于客体的确定性程度要求不同。国家所有权规范所调整人的行为由以下三个要素构成：属事要素、属人要素、属物要素。自然资源国家所有权可能欠缺属物要素，③ 因为自然资源是个抽象概念，不具有确定性，需要解释。《物权法》第49条规定："法律规定属于国家所有的野

---

① 参见张曙光《试析国有企业改革中的资源要素租金问题——兼论重建"全民所有制"》，《南方经济》2010年第1期。

② 参见迟福林主编《改革红利——十八大后转型与改革的五大趋势》，中国经济出版社，2013，第71页。

③ 本文关于自然资源国家所有权是一种不完全规范的分析，参考凯尔森关于"国际法规范是不完全的规范"的分析。他举例说："国际法有一个由来已久的规则：战争不应未经宣告以前开始，这一规范说明必须提出宣告，但没有说明由谁宣告，即谁作为国家代表宣战。多数国家宪法授权国家元首，而美国宪法则授权国会宣战，宪法就这样决定了属人要素，完成了前述的国际法规范。国际法'只使国家承担义务'的特征，仅（转下页注）

生动植物资源，属于国家所有。"如果宪法规定的自然资源国家所有权中的自然资源明确涵盖野生动植物，《物权法》就不需要再作此规定了。这说明，立法者也不认为宪法规定的自然资源国家所有权是一种完全规范。

补充不完全规范，可以通过立法对自然资源进行界定，也可以通过民法解释。进行民法解释时，应当进行价值判断，使解释的结果趋向良性。例如，对于本质上是公共物的光、太阳能、空气等，不应将其纳入所有权规范。如《法国民法典》第714条规定，"不属于任何人的物件，其使用权属于大众"。黑龙江省的气候资源国家所有权的立法显然不合理地扩大了对自然资源的解释，将风、光等公共品也纳入了所有权的范畴。① 目前，在各国实践中，对于争议多的客体，如光谱、频道、基因信息等，是不是自然资源，有的在我国物权法中已经有答案，有的尚没有答案，需审慎判断。

在解释自然资源国家所有权的范围时，还要尊重历史上已经形成的民众所享有的习惯法权利。自然资源国家所有权应当充分尊重习惯法权利，其重要性可以两则案例予以说明。

一则是巴布亚新几内亚20世纪80年代的宪法规定了国家对自然资源的所有权，但与母系氏族习惯法上的土地权利发生强烈冲突，从而引发了14年的内战，造成了15000多人死亡。② 事后悔之，当初不如将所有权问题悬置起来，由习惯法解决。之后的巴布亚新几内亚宪法只字不提自然资源所有权问题，其第2.2条仅含蓄地规定："国家主权涵盖疆域、自然资源。"

另一则是澳大利亚的 *Mabo v. Queensland* 一案，③ 高等法院基于土著人在传统习惯下对土地的占有以及与土地的密切关系，承认土著人在国王的

（接上页注③）仅在于：它的规范一般只决定属事要素，而将属人要素留交国内法决定。"〔奥〕凯尔森：《法与国家的一般理论》，沈宗灵译，中国大百科全书出版社，1996，第357页。其实，宪法关于国家所有权的规定也具有相似的特征，我国《宪法》第9条本身欠缺属事因素，留给物权法予以规定。

① 参见李艳芳、穆治霖《关于设立气候资源国家所有权的探讨》，《政治与法律》2013年第1期。

② Nicholas Haysom，SeanKane，*Negotiating Natural Resources for Peace*：*Ownership*，*Control and Wealth-sharing*，Centre for Humanitarian Dialogue（HDCenter），Geneva，Switzerland，2009，p. 7.

③ （1992）175 CLR 1（Aus. HC）.

土地所有权上享有土著人权利（native title），这是典型的财产法上的习惯法权利。该判例确立的原则在 1993 年被写入澳大利亚《土著人权利法案》（*Native Title Act*）。①

在私法层面上解释自然资源国家所有权还可以采用其他原则，如宪法上公民的基本权利解释原则，以此限制自然资源国家所有权。例如，将海洋作为国家所有权的客体，就忽视甚至剥夺了 1200 多万渔民应当享有的赖以生存的捕捞与养殖的权利，是对国家所有权的一种错误解释。

如果自然资源国家所有权的规定影响了公民的生存权和习惯法上的权利，宪法上自然资源国家所有权的规定就可能构成征收。欧美法学关于征收的研究有一个概念——管制性征收（regulatory taking），② 即法律规制可能构成征收，国家所有权的规定则更可能构成对在先权利的征收。这一问题值得深入研究。

结　语

本文坚持两个基本原则，即宪法规定的自然资源国家所有权在私法上的效力和所有权概念的形式统一性，以期对自然资源国家所有权问题的学术探讨不因价值取向而扭曲，不否定基本的规范事实和法律逻辑。但在这一前提下，本文强调自然资源国家所有权的特殊性。在关于自然资源的立法中使用所有权概念，需要考虑以下复杂的因素。

第一，所有权概念源于罗马法，是对物的占有、使用、收益、处分的绝对权利，具有排他性与对世性。现代社会中，财产权制度安排日益复杂，传统民法上的绝对所有权理念并非处处适用，或者说，一种资源的财产权结构并不必然表现为所有权结构。例外有二。其一，在民法上，并非所有的物的背后都有一项法律上的所有权，因为所有权的客体一般是有体物，且须是可特定化和可支配的有体物。而所谓气候资源，是风力风能、太阳能、降水和大气成分等构成气候环境的自然资源，漫布于自然之中，

---

① David J. Bederman, *Custom as a Source of Law*, Cambridge University Press, 2010, p. 69.

② Robert S. Mangiaratti, Regulatory Taking Claims in Massachusetts Following the Lingle and Gove Decisions, 90 *Massachusetts Law R eview* 54（2006）.

飘忽于天地之间，将其笼统地视为国家所有权的客体，殊难成立。其二，对于公众可以绝对自由地使用、占有的物，其是天然的"公共财产"，[①] 但不构成法律上的"财产"，可以其他法律形式进行规范。

第二，作为一种立法策略，回避某些资源的所有权问题，也是明智之举。如 2005 年苏丹结束内战后签署的和平协议（*Sudan's Comprehensive Peace Agreement*）中，回避了自然资源的所有权问题，就是一例。当然，中国国情与苏丹和巴布亚新几内亚不同，但在气候资源上设定国家所有权，不仅存在许多概念与逻辑上的荒诞，也释放一种消极的信号。投资开发可再生资源的民众头上高悬着一柄"国家所有权"之剑，其热情将被浇灭。

第三，在自然资源的立法中，最重要的任务是解决自然资源的管理、规划、分配、管制、收益等问题。2009 年瑞士"人文主义者对话中心"基金会（The Centre for Humanitarian Dialogue）发布的报告《为了和平的自然资源谈判：所有权、控制和财富共享》强调："所有权虽是整个自然资源法律制度中的重要因素，但并不当然能解决自然资源的管理、规划、管制、收益等实质问题。"

在中国的自然资源立法中，最为重要的是保障自然资源公平分配的民主程序，而非空洞的所有权问题。

---

① Carol Rose, The Comedy of the Commons: Custom, Commerce, and Inherently Public Property, 53 *U. Chic. L. Rev.* 771（1986）.

中国宪法上国家所有的规范含义 *

程雪阳 **

摘　要：中国现行宪法中的"国家所有"一词，不仅是经济学上的一种所有制，还是法学上的一种所有权。在法律地位、权能构造和权利外观上，国家所有权在宪法上和民法上并不存在差异。但在功能上，基于《宪法》第 9 条关于"国家所有，即全民所有"的规定，国家所有权确实有特殊性，它不能为国家或政府的"私利"存在，而必须"为公民自由和自主发展提供物质和组织保障"。《宪法》第 9 条第 1 款和第 10 条第 1 款、第 2 款，赋予国家获得特定自然资源所有权的资格。具体的自然资源是否属于国家所有，依赖于法律对宪法上述条款的具体化和立法形成，在法律没有完成这项工作之前，特定自然资源属于没有进入物权法/财产法秩序的社会共有物，不属于国家所有的财产。对于这种共有物，国家可以基于主权以及由主权衍生的行政管理权来设定开发和使用规则，但不能作为所有权人获得相关财产性收益。

关键词：自然资源　国家所有　所有权理论　宪法解释

一　引言

如何建立合理的国有自然资源权利体系和收益分配机制，目前仍是一

---

* 本文原载于《法学研究》2015 年第 4 期。

** 程雪阳，苏州大学王健法学院教授。

个饱受争议的问题。可以预见，随着民法典编纂工作的启动和推进，这个问题的争论会更加激烈。要解决这个问题，显然需要经济学、财政学、法学、社会学等众多学科一起加以讨论，但从法学（特别是宪法学）研究的角度来看，这些问题的解决依赖于一套完整的关于"国家所有"的宪法教义学知识体系，这套知识体系必须回答或回应如下理论和实践难题。

《宪法》第10条第1款"城市的土地属于国家所有"中的"国家所有"，是一种私法意义上的财产所有权，还是只是主权以及由主权衍生的行政管理权？学界对于这个问题有着不同的看法，而这些不同看法会产生不同的法律后果。采用前一种解释方案，国家是可以通过出租等方式有偿出让相关土地权利，进而获得相应收益的。国土资源部的《国土资源公报》和财政部的《财政收支情况》显示，2010—2014年全国土地出让合同总价款分别为3.34万亿元、2.71万亿元、3.15万亿元、2.69万亿元、4.20万亿元，同期全国的税收收入分别为7.32万亿元、8.97万亿元、10.06万亿元、11.04万亿元、11.92万亿元，[①] 国有土地有偿出让收入相当于国家税收收入的46%、30%、31%、24%、35%。而采用后一种解释方案，国家就只能对城市的土地进行征税或行政收费，而不能作为土地所有权人获得相关土地收益。如此一来，目前的国有土地有偿出让行为，就不仅是一个经济问题，还将成为具有违宪嫌疑的重大宪法问题。

《宪法》第9条第1款"矿藏、水流、森林、山岭、草原、荒地、滩涂等自然资源，都属于国家所有"中的"国家所有"存在同样的问题。如果这里的"国家所有"是私法意义上的财产所有权，那么除法律规定属于集体所有的矿藏、水流、森林、山岭、草原、荒地和滩涂外，其他矿藏、水流、森林等自然资源是否概无例外地属于国家所有呢？如黄河、长江、雅鲁藏布江等水流，大兴安岭地区的森林，西藏、青海等尚未开垦的荒地，等等。如果答案是肯定的，那么对于黄河改道、森林大火以及草原、山岭中的野生动植物给周边居民带来的财产损害，国家作为所有权人是否要给予民事赔偿？[②]

---

① 2010—2014年《国土资源公报》可以登录国土资源部网站获取；2010—2014年的全国年度收支情况报告可以登录财政部网站获取。

② 比如，2006年被河涌洪水淹亡的山东德州5岁男孩宁向瑞的家属就曾向广州市海珠区人民法院提起诉讼，状告广州市海珠区河涌管理所，要求该管理所与上海市基础工程公司一道赔偿40余万元；2013年夏天，24岁的安徽小伙张建在河边洗头溺亡后，其家属也向合肥市庐阳区法院提起诉讼，要求合肥市滁河干渠管理分局赔偿53万余元。（转下页注）

有些自然资源虽然自古以来就存在于我国境内，但因为深埋地下不曾被人类发现（如乌木），或者因为科技水平有限暂时不能被大规模开发利用（如天然气、页岩气）。当这些资源被人类发现或者科技进步而可以被人类大规模开发利用后，国家可否依据《宪法》第9条第1款的规定，径直将这些自然资源宣布为国家所有？很多地方人大或政府认为答案是肯定的，如宣布出土乌木为国家所有，[①] 或认为"能为人类活动所利用的风力风能、太阳能、降水和大气成分等构成气候环境的自然资源"为国家所有。[②] 然而，上述做法引发了激烈的争论。如有观点认为，乌木、狗头金、太阳能、风能属于无主物，可以归拾得人所有或由公民自由开发利用；另有观点认为，上述争议对象应被归为我国《宪法》所规定的"矿产资源"，属于国家所有；还有观点认为，关键看争议对象是否有经济、考古或其他重要价值，有则属于国家财产，没有则可以将其归还给发现者或利用者。[③]

土地、矿藏、水流、森林、山岭、草原、荒地、滩涂等自然资源国家所有权的权利体系是怎样的？由谁代表，又由谁来行使？全国人大及其常委会在自然资源国家所有权的权利体系中具有什么样的身份，地方政府又具有什么样的身份，国务院是不是自然资源国家所有权唯一适格的行使者？这些问题的答案并不明晰。虽然目前的实践是由国土资源、林业、草原和水利等行政管理部门具体行使自然资源国家所有权，但这种做法并没有明确的法律依据，因为《土地管理法》、《草原法》、《水法》并没有明

（接上页注②）相关报道见王洪伟、张爱荣《男孩被河道洪水淹死家属索赔》，《广州日报》2006年6月1日，第A3版；李进《河边洗头24岁小伙再没回来》，《安徽商报》2013年12月23日，第11版。

① 据《中国国土资源报》的不完全统计，自2012年2月到2013年5月，乌木出土导致权属争议事件在四川发生了8件，在安徽发生了1件。其中最著名的是四川省彭州市通济镇麻柳村村民吴高亮在家门口承包地的河道边发现价值数百万的乌木，随后就被镇政府收走。另外，2014年，也有重庆潼南8位村民卖乌木所得的19.6万元被判充公事件发生。各地政府收走乌木的理由都是"乌木属于国家所有"。相关报道见李响《乌木之争何时休？》，《中国国土资源报》2013年5月25日，第3版；刘建国《乌木之争背后的情法冲突》，《中国青年报》2014年10月31日，第2版。

② 《黑龙江省气候资源探测和保护条例》（黑龙江省第十一届人大常委会第三十三次会议于2012年6月14日通过）第2条、第7条。

③ 相关观点争论参见何兵《"狗头金"之争，精美的石头不是矿》，《法律与生活》2015年第5期；支振锋《狗头金无主物，法律应尊重先占者》，《民主与法制时报》2015年2月12日，第3版；李忠夏《"国家所有"的宪法规范分析——以"国有财产"和"自然资源国家所有"的类型分析为例》，《交大法学》2015年第2期。

确赋予这些机构这项权利。《森林法》第3条第2款虽然规定"国务院可以授权国务院林业主管部门，对国务院确定的国家所有的重点林区的森林、林木和林地登记造册，发放证书，并通知有关地方人民政府"，但这也不是授权林业主管部门行使国家所有权，而是授予其行政登记权。正因如此，十八届三中全会才提出"健全自然资源资产产权制度"。然而，如何落实这个改革目标，依然需要深入研究。

依照笔者浅见，要解决上述难题，首先需要对我国《宪法》第9条第1款和第10条第1款、第2款的规范性质和规范含义进行研究，还要对"国家所有"的含义加以分析。笔者已在之前的文章中初步完成了前一任务，[①] 本文主要解决后一问题。为此，本文将首先梳理和分析当下学术界关于"国家所有"的研究，然后提出笔者关于中国宪法上"国家所有"这一术语规范含义的解释方案，并以此为基础讨论国家所有权的具体权利行使规则。

在谈到对国家所有权的研究方法时，有学者认为，"恐怕先得确定大家是采取立法论还是运用解释论，是哲学思考还是法律的解释与适用。如果是立法论或者哲学思考，则论者可以自由驰骋，甚至开宗立派；如果采取解释论，就必须受现行法的拘束，'自由裁量'的余地极为有限"。[②] 笔者赞同这种分类方法，并遵循解释论的研究路径来处理"国家所有"这个问题。

二 现有的解释方案及其问题

针对宪法上的"国家所有权"，国内学术界目前主要有以下五种解释方案。

第一种解释方案可以称为"物权说"。这种解释方案认为，虽然国家既是政治权力的代表者（主权代表者），又是财产所有权人，但国家主权与国家所有权是两种性质的事物。因此，要将国家的立法、行政活动与国家行使财产权的行为严格区分开来。国家所有权虽然特殊，但要将其限定在民法

---

① 参见程雪阳《论"城市的土地属于国家所有"的宪法解释》，《法制与社会发展》2014年第1期。

② 崔建远：《自然资源国家所有权的定位及完善》，《法学研究》2013年第4期。

关于所有权内容的一般规定之内，不能由行政机关随意创设和扩大。①

物权说的本质是将国家"拟人化"，即将国家看作一个拥有独立意志、独立财产并可独立承担民事责任的法人，然后将其拥有的所有权解释为一种物权。借此，国家所有权获得了与个人所有权、集体所有权在权能、效力上完全相同的法律地位。这种借鉴自德国潘德克顿法学派的主张，② 在理论上符合法律解释学关于"不同规范中的同一术语应当具有相同含义"的要求，让貌似怪异的国家所有权回归到现有的民法理论和民法权利体系之中；在实践上适应了中国1990年以后的经济体制改革要求，对国企改革（国家所有权与企业财产权、企业经营自主权的分离）以及专门性国有资产管理机构的设立产生了重要影响。

物权说也存在一些缺点。一方面，其没有很好地揭示国家所有权作为一种民法所有权的特殊性，比如所有权通常是为所有权人私利服务的，那么国家所有权是为国家以及代表国家的政府私利服务的吗？③ 另一方面，其没有对这种解释方案所产生的问题给予系统回应。以自然资源国家所有权为例，"空气在循环，水在流动，森林在生长和死亡，野生动物在迁徙，它们如何'特定'为所有权的客体？"④ 居民从黄河里取水饮用是否构成对"水流"国家所有权的侵犯，雅鲁藏布江流到印度是不是国有资产的流失？答案并不清楚。

第二种解释方案可以称为"公权力说"。这种解释方案通常认为，国家所有权不是一种纯民法意义上的所有权，其性质更接近于行政权力、公共权力或者国家权力。主要理由是，"国家所有"及其等同物"全民所有"

---

① 参见王利明《国家所有权的法律特征研究》，《法律科学》1990年第6期。
② 正是在潘德克顿法学派的努力下，特别是在萨维尼和阿尔布雷希特等人的引导下，19世纪民法中发展出来的"法人"思想才被运用到国家身上。在萨维尼看来，国家作为拟制的人，即"法人"是可以存在的，但是萨维尼认为"国家作为法人"只与私法有关系，而且只与私法中的财产有关系。然而，以阿尔布雷希特、格贝尔、拉班德为代表的德国国家法学者认为，国家作为"法人"在公法上也同样适用。不过，并不是所有人都同意将国家作拟人化处理。当时著名民法学家基尔克，就以其社团国家思想为基础，提出国家应该是"现实的人格联合体"而非"拟制的人"。著名的行政法学家奥拓·迈耶也讥讽说，"德国教授们没有得到半点津贴补助就授予国家法人的称号"。参见〔德〕米歇尔·施托莱斯《德国公法史"国家法学说和行政法"（1800—1914）》，雷勇译，法律出版社，2007，第104页以下、第493页以下、第560页。
③ 有学者借此批评这种方案，认为其是"国家所有权与个人所有权无实质差别的同一论"。参见王军《国企改革与国家所有权神话》，《中外法学》2005年第3期。
④ 吕忠梅：《物权立法的"绿色"理性选择》，《法学》2004年第12期。

无法依据民法关于所有权的定义来实施。比如，全体人民只是名义上的所有者，不是也不可能成为任何意义上的行为主体，而且其还不能另行选择代理人，其利益的享有也不能通过任何民事方式实现。①

公权力说之前并非居于主流地位，但近几年获得了越来越多的支持。通过对"天价乌木案"以及"黑龙江省宣布将风能、太阳能等气候资源属于国家所有"等事件的分析和反思，有论者称，"物权说"不仅无法解决国家所有权的"'全民国家'的抽象性"、"自然资源的不确定性"、"自然资源国家所有权内容的公权性"等七个与传统所有权相违背的问题，还将国家所有权认定为一项基本权利，会出现国家所有权是"国家防御国家之权"的悖论。因此，宪法上的自然资源国家所有权不是民法上的"物权"，而是一种宪法上的公权，是宪法对"全民"之于一国主权范围内的"自然资源整体"按照"全民意志"（体现为国家立法）进行"干预"之权的确认，其实质是国家积极干预资源利用的立法权及管理权。②

公权力说的优点在于，它指出了国家所有权与一般民法所有权的不同之处，提醒人们在"国家所有权"这个问题上，不能完全照搬民法的一般理论来进行理解，但缺点也极为明显。

首先，它夸大了国家所有权的特殊性。公权力说的支持者们提出，不应当将"国家所有权"规定到物权法中。现在规定进去了，那也只能从"中国物权法的任务从来没有被认为是仅仅保护私人所有权及其他物权"的角度来理解，只不过说明民法中更多地注入了公法的因素，并不能表明此种所有权即当然具有私权的性质。③

其次，它会给宪法解释的一致性带来挑战。如果将宪法上的"国家所有权"看作一项公权力，那如何解释《宪法》第9条第1款后半句"由法律规定属于集体所有的森林和山岭、草原、荒地、滩涂除外"的规定，以及第10条第2款"农村和城市郊区的土地，除由法律规定属于国家所有的以外，属于集体所有；宅基地和自留地、自留山，也属于集体所有"的规定？如果把上述"集体所有"也理解为公权力或者公法上的管理义务，显

---

① 陈旭琴：《论国家所有权的法律性质》，《浙江大学学报》（人文社会科学版）2001年第2期。
② 参见巩固《自然资源国家所有权公权说》，《法学研究》2013年第4期。
③ 参见尹田《物权主体论纲》，《现代法学》2006年第2期。

然是不合适的；但如果不这样做，就会出现同一条款中的同一术语（即"所有"）规范内涵完全不同的后果。在同一个法秩序和法学知识体系之内，这种情形显然应当尽量避免。

最后，将国家所有权理解为一种公权力，会让人们混淆国家行政管理权与国家所有权之间的区别。"国家对全民所有自然资源资产行使所有权并进行管理和国家对国土范围内自然资源行使监管权是不同的，前者是所有权人意义上的权利，后者是管理者意义上的权力。这就需要完善自然资源监管体制，统一行使所有国土空间用途管制职责，使国有自然资源资产所有权人和国家自然资源管理者相互独立、相互配合、相互监督。"① 为此，十八届三中全会专门提出，自然资源产权制度和监管体制的改革要遵循两大原则，其一要遵循"自然资源产权所有者与自然资源监管者分离"的原则，进一步推进政企分开改革；其二要按照"一件事由一个部门管理"的原则，设立统一行使自然资源监管权的机构。②

第三种解释方案可以称为"所有制说"。这种解释方案认为，"国家所有"规定在宪法第一章"总纲"部分，因此其是一项经济制度而不是一项权利。比如有学者提出，"中国宪法中包含的大量社会经济条款，与资本主义国家宪法在魏玛宪法以后为克服社会矛盾而发展出来的社会经济条款，以及所谓的宪法上的第二代权利，在性质上是完全不同的。中国宪法第9条的目的是宣示和确认自然资源领域的社会主义公有制原则。这一原则主要是一个政治性的价值判断，并不具有严格的规范性意义"。③ 还有学者认为，自苏俄宪法和魏玛宪法以来，社会主义宪法与资本主义宪法不约而同地规定了"公有"制度，或称"国有"制度。这类规定显然不是要强调国家可以拥有财产或者成为财产所有人，而是要为"作为生产资料或生存条件的'财产'，或对国计民生有重大影响的经济力量"建立一种国家所有制，我们可以称之为"国家财产制"。④ 沿着这一路径，有学者进一步

---

① 习近平：《关于〈中共中央关于全面深化改革若干重大问题的决定〉的说明》，中国人大网，http://www.npc.gov.cn/zgrdw/npc/xinzhuanti/xxgcsbjszqhjs/2013－11/27/content_1814722.htm，最后访问日期：2015年7月3日。
② 《中共中央关于全面深化改革若干重大问题的决定》，国务院新闻办公室网站，http://www.scio.gov.cn/zxbd/nd/2013/Document/1374228/1374228.htm，最后访问日期：2015年7月3日。
③ 薛军：《自然资源国家所有权的中国语境与制度传统》，《法学研究》2013年第4期。
④ 参见徐祥民《自然资源国家所有权之国家所有制说》，《法学研究》2013年第4期。

提出，"宪法第 10 条第 1 款和第 2 款规定的土地属于国家或集体所有，与民法意义上的所有权不同，前者包含了生产资料所有制的内涵。在所有制层面上，国家所有与集体所有不是平等的法律关系，而是整体与部分的政治关系。国家与集体作为两个政治主体本身就是不平等的。通过土地征收将集体所有的土地变为国家所有的土地，本质上体现的是公有制两种形式间的关系，其合理性源自社会主义公有制为主体的宪法规定"。[①]

所有制说让人们看到了国家所有的高度复杂性，但由此得出结论，《宪法》第 9 条和第 10 条规定的国家所有"仅仅是一个政治判断，不具有规范性意义"，不应该被接受。因为这两个条款是在宪法正文而非序言中的，应当是有规范效力的法律规范，而不是对某种事实的陈述。另外，基于"国家所有"和"集体所有"是一项经济制度，就认为其不可能同时是一项权利，这一观点不宜得到支持。宪法上的任何权利都可以同时是一项制度，二者不是非此即彼的关系。

第四种解释方案可以称为"制度性保障 + 立法形成说"。它虽然认为我国现行宪法上所规定的"国家所有"是一项制度，但并不认为这项制度必然是生产资料所有制，而认为其有待于立法进一步形成。这种方案代表了近年来法学界对国家所有权问题研究的一个新路向。在之前的研究中，学者们虽然对于国家所有权的含义和法律定位有所争议，但都确信自己关于国家所有权的研究和分析是适用于所有法律领域的，无论是宪法、民法还是行政法、环境法，都不例外。但这种解释方案转换了视角，认为"国家所有权"虽然是一个法律术语，但其在宪法和民法上的含义却并不完全等同。前者类似于德国法上的"制度性保障"，后者才是作为物权而存在的民法所有权。如果要把这种"制度性保障"加以落实，那就必须制定法律来对宪法规定进行具体化。不过，对于"如何具体化宪法上的国家所有"这个问题，持有这种解释方案的学者存在不同的看法。

张翔认为，宪法第 9 条可以视为基本权利条款，但这并不意味着国家所有权在法律层面应当具有与普通私人财产权同样的内涵，也不意味着必须对国家对自然资源的所有与私人所有权作同样的法规范建构。其认为在国家所有权的具体内容确定方面，立法者有着极大的形成自由，因为财产

---

①　桂华、贺雪峰：《宅基地管理与物权法的适用限度》，《法学研究》2014 年第 4 期。

权有一个不同于其他基本权利的特点，即有待于立法形成。① 林来梵支持张翔有关宪法上的国家所有权有待立法形成的论断，但认为应当将宪法第9—13条所规定的国家所有权理解为"一种制度性保障下的所有权"。② 在关于水资源国家所有权的研究中，彭诚信和单平基认同宪法上国家所有权的功能主要在于"为全民所有提供法权性规定和制度性保障"，但反对将宪法上的国家所有权界定为"基本权利"或者普通物权。在他们看来，宪法上（水资源）的国家所有权是主权意义上的，意在通过宪法规范保护全民所有之水资源，并不涉及水资源的具体支配利用。不过，一旦宪法上的国家所有权转化为民法上的国家所有权，其就具有了民法上的物权属性。③

这种解释方案的优点很明显，揭示了国家所有权在宪法与民法不同层面上的复杂关系，丰富和深化了我们对于国家所有权在不同位阶和法律规范领域多样性的认识。但问题在于，当有关论者用"制度性保障"来界定中国宪法上的"国家所有"并要求对其进行"立法形成"时，他们又回到了"物权说/公权说"的争论中。也就是说，仅仅强调宪法上的国家所有权是需要立法形成的"制度性保障"，对于解决理论和现实争议来说远远不够，还必须回答如何恰当地对这种制度性保障和立法形成进行具体化等诸多问题。

第五种解释方案可以称为"名义所有权说"。这种解释方案主要是针对《宪法》第10条第1款"城市的土地属于国家所有"提出的。持有这种解释方案的学者认为，《宪法》第10条规定的"国家所有"应当被理解为"只能是一种名义所有权，而不可能是包含使用权和管理权的实质所有权"，任何单位或个人对私有土地的使用权并没有被无偿剥夺。如何理解这种"私有土地的使用权"？张千帆强调，"在实际效果上，这种使用权和所有权几乎没有差异，并应该作为宪法上的财产权受到政府的尊重与保护"。④

这种解释方案有利于保护在"八二宪法"颁布之前依然拥有私有土地

① 参见张翔《国家所有权的具体内容有待立法形成》，《法学研究》2013年第4期。
② 参见林来梵《宪法规定的所有权需要制度性保障》，《法学研究》2013年第4期。
③ 彭诚信和单平基的这种观点与他们对宪法的理解有关。他们认为，宪法规范只能间接影响私法或公法规范的制定及解释，私人之间的法律关系不能直接由宪法规范调整，内化于宪法规范之中的法律价值需要付诸具体部门法践行。参见彭诚信、单平基《水资源国家所有权理论之证成》，《清华法学》2010年第6期。
④ 张千帆：《城市土地"国家所有"的困惑与消解》，《中国法学》2012年第3期。

的公民的权利，认为这部分公民除了被剥夺"名义上的土地所有权"外，并没有丧失任何其他土地权利（特别是私有土地的使用权）。但存在缺陷。其一，"名义土地所有权"在英国法上较为清晰且已被民众接受，但在我国法秩序内则是一个模糊的、难以界定和安放的概念。与德国、法国相同，"所有权"这一术语在中国法学理论和法律秩序中，是跟绝对的占有和支配联系在一起的，所以物权法上才有"一物一权"、"一物不能有二主"等原则。而在英国，尽管领土范围内的土地名义上都属于国王所有，但经过漫长的历史演变之后，特别是随着封建制度的瓦解，国王的土地所有权逐渐被虚化，而各种各样的土地保有权和地产权通过信托等制度不断实体化，导致"基于物的所有权而派生出来的使用权和收益权是由诸多人共同分享的，将所有权归于任何人都是不合适的"的结果。① 其二，如果国家对于城市土地仅仅拥有"名义上的所有权"，那么国家对于新增国有土地（比如通过征收集体土地而形成的国有土地）享有的是"名义上的所有权"还是"实质上的所有权"？另外，如果《宪法》第 10 条第 1 款规定的"国家所有权"是一种"名义上的所有权"，那么《宪法》第 9 条第 1款规定的"自然资源国家所有"是"名义上的所有权"还是"实质上的所有权"？若是前者，这些自然资源的实质所有权以及其他权利（比如使用权和收益权）的归属又如何确定？答案并不清楚。

三 本文的解释方案

综上可以看出，上述解释方案尽管各有优势，但对于合理解释我国宪法上"国家所有"的规范含义来说，都存在这样或那样的问题，因此需要找到一种更加完善的解释方案。这种解释方案不仅要解决我国《宪法》第 10 条第 1 款规定的土地国家所有问题，还要解决第 9 条第 1 款规定的自然资源国家所有问题；不仅要关注宪法上相关条款的规范性质，而且必须厘清"国家所有"这一术语本身的含义；不仅要处理宪法上的"国家所有"，而且必须交代宪法与民法以及其他部门法在"国家所有"问题上的功能异同。最终，这种解释方案需要在"国家所有"问题上形成以宪法为统领

---

① F. H. Lawson & Bernard Rudden, *The Law of Property*, Oxford University Press, 1998, p. 116.

的、统一和谐的知识体系和规则体系，而不能是仅仅针对宪法某个条款的破碎的、割裂的分析结论。

为了实现上述目标，本文尝试提出如下解释方案。（1）《宪法》第9条第1款和第10条第1款、第2款所规定的"国家所有"，不仅是一项经济制度，还是一项民法意义上的所有权，即国家所有权。这种所有权与个人所有权、集体所有权等其他所有权在权利属性和权能构造上是一致的，在法律地位上是平等的，并没有突破大陆法系数百年来形成的关于所有权的理论，也不存在宪法上的国家所有权与民法上的国家所有权在法律地位、权利外观和权能构造上的差异。（2）基于《宪法》第9条第1款"国家所有，即全民所有"的规定，国家所有权必须服从于"服务全民，为全民所共享"这一"制度性保障"的要求。这意味着我国法秩序中的国家所有权在功能上确实具有很强的特殊性和异质性，即，作为制度性保障的"全民所有"要求国家所有权为"公民自由和自主发展提供物质和组织保障"；同时，国家所有权只是一项宪法权利，而不是宪法上的基本权利。（3）要实现宪法赋予国家所有权的特殊功能，仅仅依靠宪法是不够的，还需要通过具体的法律（比如《物权法》、《自然资源法》、《土地管理法》、《国有资产法》等）对国家所有权的种类、范围、行使方式、用途与收益进行立法形成，从而建立完整的关于国家所有权的法秩序。不过，在对宪法上国家所有权进行具体化和立法形成时，立法者要保持审慎的态度，不能违背基本的自然规律、基本的立法原则以及建立国家所有权的基本目的。（4）《宪法》第9条第1款和第10条第1款、第2款的规范性质是授权性规范，其授权国家可以通过立法将特定自然资源设定为国家所有。如果没有具体的法律将宪法上的自然资源国家所有权予以具体化，则该项自然资源属于没有进入物权法/财产法秩序（因而也就没有形成所有权）的社会共有物。对于这种共有物，国家可以基于主权以及由主权衍生的行政管理权来设定保护、开发和利用规则，但不能作为所有权人获得相关财产性收益。具体论证，分述如下。

（一）"国家所有"是一种所有权

"国家所有"在我国宪法中确实是被规定在"总纲"部分，而不是"公民的基本权利和义务"中的。但即便依照这种文本结构来进行理解和解释，也不能得出"《宪法》第9条和第10条规定的国家所有仅仅是一项经济制度"的结论。

首先，马克思列宁主义也认为国家所有是一种所有权，而不仅仅是一种经济上的所有制。从马克思和列宁关于国家所有的论述中，我们可以了解到，虽然他们曾对所有权理论和所有权制度进行猛烈抨击，但他们抨击的对象仅仅是"私人所有权"，而非"所有权"理论和制度本身。他们并不像法国思想家蒲鲁东那样，不但否认"国家作为法人"的可能性和必要性，而且要取消大陆法系数百年发展出来的"所有权"理论和制度。① 在马克思和列宁看来，消灭私人所有权是必要的，但这一任务完成之后不是要取消所有权制度，不是要进入无政府状态，而是要建立国家土地所有权，建立国家对土地所有权的垄断，从而避免（他们所认定的）剥削的产生。在1872年的《论土地的国有化》一文中，马克思就清晰地表达了这种观点："社会的经济发展，人口的增长和集中等因素，将迫使资本主义农场主在农业中采用集体的、有组织的劳动，并利用机器和其他类似的工具，而这种情况将导致土地国有化越来越成为一种'社会必然趋势'……社会运动将会导致土地不得不属于国家所有。"② 列宁在研究了马克思的地租理论之后，提出"土地国有化就是全部土地收归国家所有。所谓归国家所有，就是说国家政权机关有获得地租的权利"。③

其次，在"国家所有"这个问题上，苏联宪法既没有在理论框架上突破大陆法系关于所有权的理论，也没有误解"国家对领土的主权管辖权"与"国家对土地的财产所有权"之间的关系。依照1936年苏联宪法（即"斯大林宪法"）第6条的规定，"土地及其蕴藏、河流、森林、工厂、矿井、矿山、铁路运输、水上和空中运输、银行、邮电、国家所建立的大型农业企业（国营农场、机器拖拉机站等等），城市和工业区的公用工业和主要住房，都是国家财产，即全民财产"。该条虽然是在第一章"社会结构"而不是第十章"公民的基本权利与义务"之中，但苏联法学教科书在解释这一条款时，却认为国家所有权虽是以"确定国家经济组织权能的方

① 参见〔法〕蒲鲁东《什么是所有权：或对权利和政治的原理的研究》，孙署冰译，商务印书馆，1997，第38页、第272页、第292页、第296页，以及第四章。
② Karl Marx, The Nationalisation of the Land, *The International Herald* 11, June 15, 1872.
③ 列宁：《社会民主党在1905—1907年俄国第一次革命中的土地纲领》，《列宁全集》第16卷（1907年6月—1908年3月），人民出版社，1988，第302页。

法来揭露的"，但其目标却是"实现所有人的全部权能"，即"占有、使用和处分财产的权能"。①

当然，这并不是说苏联的国家所有权与私人所有权是完全一样的。其确有特别之处：（1）国家经济组织对所有权的"处分"仅仅包括"（甲）对一切国有土地经济用途之决定权；（乙）对一切国有土地之使用权形式、使用条件与使用程序之决定权；（丙）对某一地段之具体使用权作规定、改变或停止之权；（丁）对一切国有土地使用之管制权"，绝不包括对土地所有权进行移转的权利。② （2）国家所有权具有特殊的法律地位，具体表现为：国有财产不适用苏联民法典所规定的善意取得制度；国家财产的返还不适用法律所规定的诉讼时效制度；如果国家机关与其他组织或公民之间发生财产争议，在财产归属尚未得到证实之前，推定争议财产归国家所有。如果其他组织或公民无法就争议财产所有权进行举证，该争议财产也归国家所有。③ （3）"国家的社会主义所有权的内容是通过确定国家机关权能——无论是组织上的权能或直接实现经济活动及其他活动的权能——的方法而被揭示出来的。一切国家机关，自上级国家机关起，直至按照计划与其他社会主义组织及公民根据民事法律行为而实现产品的下级业务环节为止，都分担着处分国家财产的责任。"④

由此观之，认为"承认马克思列宁主义的影响"就意味着国家所有权脱离了所有权的本原，或者认为我国宪法关于土地等自然资源的规定仅仅是一项经济制度而与所有权无关，都是站不住脚的。不过，我们要把宪法中的马克思列宁主义理论本身与马克思列宁主义的具体实现形式区分开来。马克思和列宁是在民法/财产法意义上来界定和使用"国家所有"这个术语的，苏联宪法虽然坚持了这一点，却用计划经济式的公权手段来落实马克思和列宁的主张，建立了"政企不分"的自然资源产权和管理体制。然而，历史和实践早已证明，应该抛弃这种"借公权之手行私权之

---

① 〔苏〕C. H. 布拉都西主编《苏维埃民法》上册，中国人民大学民法教研室译，中国人民大学出版社，1955，第213页。

② 〔苏〕卡山节夫等：《苏联土地法教程》，杜晦蒙译，大东书局，1950，第108页。

③ 参见〔苏〕C. H. 布拉都西主编《苏维埃民法》上册，中国人民大学民法教研室译，中国人民大学出版社，1955，第211页以下。

④ 参见〔苏〕C. H. 布拉都西主编《苏维埃民法》上册，中国人民大学民法教研室译，中国人民大学出版社，1955，第213页以下。

实"的国家所有权运行模式，在社会主义市场经济的基础上，按照"公权力和财产权相分离"的原则，对现行的"国家所有权"制度进行改造，从而建立自然资源"行政管理权"与"财产权"相分离的制度。①

最后，通过查阅"五四宪法"以来的制宪资料和修宪资料，可以发现，我国宪法之所以要规定矿藏、水流、森林、土地等自然资源国家所有权问题，不仅是为了确立作为国家经济基础的国家所有制问题，也是为了确定领土范围内重要财产产权归属的基本框架。② 我国宪法在使用"所有制"和"所有权"这两个术语时，其实指向的是同一事物，只不过"所有制"主要是从经济基础角度来讲的，"所有权"则是从法律权利义务划分的角度来进行规定的。

很多学者之所以反对将"国家所有权"界定为民法上的所有权，理由之一是"国家所有，即全民所有"中的"全民"是不确定的，其无法成为民法上所有权的主体。确实，从法学的角度来看，"国家所有"与"全民所有"之间确实存在紧张关系。如果以"全民所有"来解释和代替"国家所有"，自然会出现"抽象的全民"不具备民法的主体资格、无法从事民事法律行为的结果；如果以"国家所有"来解释"全民所有"，即将"国家"拟制为一个法律上独立的"人"，由国家代表全民享有所有权，"国家所有，即全民所有"的规定虽然具有了法律上的可操作性，却可能产生国家背离人民利益和意志的风险。因为国家和人民并不天然等同，即便是确立了人民主权的国家，如果机制不合理，也可能被少数集团或者个人掌控，进而人民主权变成满足少数人私欲的工具。

从我国宪法的性质以及宪法总纲的规定来看，"国家所有，即全民所有"这一规定的规范性质和规范含义应当包括以下几点。（1）作为主权者的人民希望将某些特殊的财产及其收益用于全民福利，而不能被少数人占有。为了实现这个政治愿景和政治要求，宪法将"全民所有"列为一项不能任由立法者修改的"制度性保障"。（2）由于全民无法直接行使相关所有权，所以授权国家以及代表国家的建制化组织机构来具体行使相关所有

①　参见程雪阳《国家所有权概念史的考察与反思》，《交大法学》2015 年第 2 期。
②　参见程雪阳《国家所有权概念史的考察与反思》，《交大法学》2015 年第 2 期。关于土地国家所有入宪过程的梳理，参见程雪阳《城市土地国有规定的由来》，《炎黄春秋》2013 年第 6 期。

权。也就是说，国家是受全民之托来管理属于全民的财产及其收益的，而全民之所以委托国家管理这些财产，是希望后者按照"全民所有"这一政治要求为"公民的自由和自主发展提供物质保障"。(3) 人民（通过人民代表大会）因此有权要求国家向其报告国有财产的使用、收益和其他经营情况。为此宪法要求国家必须设立相应的机构或者进行相应的机构改革，从而在组织保障上落实"国家所有，即全民所有"这一目标。

王克稳提出，要用"公共信托理论"来解释全民所有与国家所有的关系，这是极有见地的意见。[1] 事实上，美国阿拉斯加州的永久基金（The Alaska Permanent Fund）、尼日利亚信托基金（Nigeria Trust Fund）和挪威的石油基金（the Norwegian Oil Fund）就是这样做的。1959 年美国阿拉斯加州宪法规定，阿拉斯加的自然资源属于阿拉斯加居民。1969 年阿拉斯加州以拍卖的形式将普拉德霍湾的石油钻井权拍卖，获得 9 亿美元的收入。1976 年阿拉斯加州的居民投票批准设立阿拉斯加永久信托基金，并规定未来每年阿拉斯加州自然资源所有收入的 25% 必须被纳入该基金，每个阿拉斯加居民都有权获得分红，没有多数民众的同意，这项基金不能用于投资或者消费。为此，阿拉斯加专门设立了一个州政府所有的公司来管理该永久基金。2007 年，这项基金的总资产为 400 亿美元。[2] 尼日利亚信托基金是该国联邦政府于 1976 年建立的，由银行管理的特别基金，主要用于为贫困地区的贫困人民提供财政支持，促进就业和创业。挪威则于 1996 年设立了专门的石油基金。截至 2014 年，该项基金的总值已经达到 8500 亿美元，挪威人平均拥有 16.5 万美元。[3] 挪威政府要求在石油中所获得的所有收益都要被纳入该公司的账户，但与阿拉斯加永久信托基金不同，该石油基金每年不向公民派送红利，而是将其存储起来。近年来，议会同意政府每年可将该项基金的 4% 用于一般性开支，如改善基础设施、改善教育和研究等能够惠及所有挪威公民的公益项目。另外，因为近年来的人口老龄化问题，挪威决定将公民养老作为该项基金的主要用途，政府为此还将该项基

---

[1]　参见王克稳《论自然资源国家所有权的法律创设》，《苏州大学学报》（法学版）2014 年第 3 期。

[2]　相关资源源自阿拉斯加永久基金公司网站，http://www.apfc.org/home/Content/aboutAPFC/aboutAPFC.cfm，最后访问日期：2015 年 7 月 3 日。

[3]　参见 Operational Resources and Policies Department（ORPC），*Nigeria Trust Fund*, *Operational Guidelines*, November 2008, p. 1.

金的名称改为养老基金，目的是确保挪威所有的公民在退休之后都可以从该项基金中获得一份保障。①

王克稳借由"公共信托理论"进一步提出，我国《宪法》第9条建立了国家所有权和全民所有权"双重所有"模式，其本质是国家作为全民资源的受托人享有以禁止和许可、行政处罚和刑罚等公法手段为特征的资源管理权。② 对此，笔者认为不妥。其一，如前所述，我国法秩序有"一物一权"的原则和传统，并在此原则和传统基础上建立了一个庞大的知识体系。如果现有的基础概念和原则能解决我们所面临的问题，那就不应当另行创新，所以不存在"双重所有"模式，"国家所有"是法律上的所有权，"全民所有"则是一项制度性保障。其二，公共信托理论处理的是财产信托问题，社会契约理论处理的才是主权/行政管理委托问题，二者不能混同。因此，若用公共信托理论来解释自然资源全民所有权或国家所有权的话，则全体人民信托给国家的是对资产的"经营管理权"而非"行政管理权"。

（二）国家所有权的功能特殊性

通常认为，宪法上的财产权属于"防御权"的范畴，其首要功能在于对"国家权力肆意侵犯的防御"。如果把《宪法》第9条和第10条规定的"国家所有"解释为"国家所有权"，是物权法/财产法上的所有权，会不会突破人们对于"财产权属于防御权"的定位？对于这种质疑，应当从以下三个方面加以认识。

首先，自18世纪以来，财产权之所以能够成为基本人权或者基本权利，确实是因为其会对公民成为"独立的、有尊严的人"产生重大影响，或者说对于"私人自由和自主发展"有构成性的影响。正因如此，法国1789年《人权宣言》第2条就将财产与自由、安全及反抗压迫视为"人的自然的和不可动摇的权利"。然而，希望通过财产权（包括对财产之使用、处置和继承的保障）、契约自由以及对婚姻和家庭的制度性保障来维系私

---

① World Oil Gas News Trends, http://wognews.net/news/2014/4/norway-oil-fund，最后访问日期：2015年7月3日。

② 参见王克稳《论自然资源国家所有权的法律创设》，《苏州大学学报》（法学版）2014年第3期。在谈到"自然资源国家所有权实质上是国家对自然资源的管理权"时，王克稳认为，应当建立自然资源的经营性管理体制（主要是微观上的出让许可、登记等）和综合性管理体制（宏观综合性的调查、统计和自然开发规划等）相分离的国家所有权公权管理体制。

人自主，进而在私法上将建制化的经济社会同作为共同福利之领域的国家相分离，并放任市场机制在其中发挥作用，这在现代社会已经很难实现了。这不是因为私人自主这个观念发生了什么变化，而是"每个人之私人自主被认为应该平等地实现于其中的那个被感受到的社会环境"变了。具体表现是，"市场机制并不是像自由主义的法律模式所设想的那样运作，经济社会也并不像自由主义法律模式所设想的那样是一个摆脱了权力的领域"，大型社会组织（比如跨国公司、大型社团协会和各种行业组织）所拥有的经济权力和社会权力，对私人自主和个人决策（比如就业、生活、保险等）造成了巨大的压力。①

"已经变化了的社会情境下，平等主观自由的普遍权利不再可能仅仅通过法律主体的消极地位就可以得到保证。"② 这时，如果依然坚持对财产权采取传统的"自由权"理解模式，并非不正确，而是不充分。因为这种理解所实现的仅仅是国家"不予干预"，而非国家要积极履行义务来帮助公民实现这些权利。当然，这并不是说法律所保障的财产权对于财产匮乏的公民没有意义，而是强调有德性的国家，除了关注法律上的形式平等外，还必须关注"法律所保障的财产权对于财产匮乏的公民实现私人自主如何成为可能"的问题。

通常来说，作为主权者的国家可通过两种方式来保障公民（特别是财

---

① 〔德〕尤尔根·哈贝马斯：《在事实与规范之间：关于法律和民主法治国的商谈理论》，童世骏译，生活·读书·新知三联书店，2011，第 493 页以下。

② 〔德〕尤尔根·哈贝马斯：《在事实与规范之间：关于法律和民主法治国的商谈理论》，童世骏译，生活·读书·新知三联书店，2011，第 499 页。很多德国法学家持有跟哈贝马斯相同或相似的看法。如曾经担任过德国宪法法院法官的格林（Dieter Grimm）在讨论现代宪法的前景时就曾指出，在现代社会，市民社会模式（即在私人自主的主导下，借助于财产、契约和遗嘱自由三大支柱而形成的自由经济模式）依然极为重要，但其需要具备一些前提条件。它至少要求，在平等的法律自由之外，必须拥有与之相适应的大体实现的社会力量均势，只有这样，个人自治主导的社会关系才会通向社会正义。而要实现这个目标，一方面要保护自由免受社会的威胁，另一方面还要为自由提供物质基础，使它在现实中的确有用。这个时候，就需要引入国家的干预和保障。黑塞也认为，基本权利作为一种主观权利，不仅为消极防御国家权力的侵害提供可能的保障，还具有积极性内容。具体体现在：宪法通过对基本权利的保护"来保障公民的自由能够被更新现时化"，而只有在这些自由的现时化之中，如个人的自由发展，言论自由与信息自由、自由结社以及其他内容，宪法所建构出的共同体自由秩序才能变成活生生的现实。参见〔德〕迪特儿·格林《现代宪法的诞生、运作和前景》，刘刚译，法律出版社，2010，第 101 页以下；〔德〕康拉德·黑塞《联邦德国宪法纲要》，李辉译，商务印书馆，2007，第 234 页。

产匮乏的公民）的私人自主。其一是通过税收和转移支付来调节不同群体之间的财产，进而保障低收入者和弱势群体获得有尊严的生活；其二是通过控制产权，即建立国家对特殊财产的财产权，在获得这些财产及其收益之后，按照人民的意志去健全和完善教育、医疗、卫生等社会保障体系，从而使得那些缺乏足够财产的公民也可以获得拥有"私人自主"的能力和机会。① 比如国家可以建立专门基金来管理国有的土地、矿产和森林等自然资源的收益，然后将相关收益用于改善各种教育事业和基础设施，为公民获得知识和就业提供机会和平台，这样就可以大大增强公民获得财产和财富的能力，从而帮助公民实现或者强化"私人自主"。

其次，有人可能会说，国家所有权过于特殊，根本不构成物权法上的"所有权"或者宪法上的"财产权"。然而，"一项用语之日常的，甚至是专门性的语法都可能是相当开放的，因为它并不禁止该用语扩张到只具有部分在正常的事例中才会一起出现的事例，比如，国际法和某些形式的原始法律也被称为是法"。② 国家所有权虽然很特殊，但这种特殊性仅仅体现在其功能、用途、行使方式和收益分配机制与其他的所有权存在差异上，如这种所有权的功能不是保障作为法人的国家的"私利"，而在于为全体国民的"私人自主和自由"提供制度、物质和组织保障，但这并不表明"国家所有权"已超出了人们数百年形成的关于"所有权"的认识，否则，如何界定国家在出租国有土地使用权或出售其他国有资产（比如石油、煤炭、天然气等）并获得相关收益时的身份？

最后，依据我国现行宪法的规定以及传统的宪法学理论，基本权利的主体只能是公民、法人或其他私主体，其主要功能在于防范国家公权力的侵犯。如果国家所有权是一种物权法/财产法意义上的所有权，那么宪法上的国家所有权是不是一项基本权利？这是一个非常棘手的问题，可以从以下两个方面加以讨论。

其一，国家所有权虽然是宪法所保护的所有权，但并不构成宪法上的

---

① 当然，要实现国家所有权的这种特殊功能，首先要健全民主代议程序，制定合理的国有财产使用和利用规则；其次，要确保国有财产及其收益用于全民福利，帮助公民实现"私人自由和自主"；最后，虽然产权控制和税收调节都是可选项，但在具体的领域采用哪种方式，需要以比例原则为基础进行科学论证和民主讨论，不能任由行政部门自由裁量。

② 〔英〕哈特：《法律的概念》，许家馨、李冠宜译，法律出版社，2011，第15页。

基本权利。依照我国宪法学的主流理论，宪法权利和基本权利属于可以同义转换的两个术语，"一般而言，基本权利就等同于那些写在宪法上的权利，为此有人也称为'宪法权利'，甚至'宪法所保障的权利'"。① 这样的论证值得商榷，因为其抹去了宪法权利与基本权利之间的差异。人们通常认为，基本权利的功能在于防御国家公权力的侵犯，如果不加区分地承认宪法上的所有权利都是基本权利，那很有可能会出现诸如"国家防御国家"之类的问题。宪法权利与基本权利的关系应当包括以下内容。（1）规定于我国宪法第二章中的基本权利，毫无疑问属于我国宪法秩序所确认或承认的基本权利。（2）没有规定于宪法第二章中的权利，有可能（但不必然）是公民的基本权利。张翔曾从德国法上引入了"列于基本权利章内的基本权利"和"视同基本权利的权利"的分类，认为借此可以填补和完善基本权利体系。② 笔者亦认为，确实存在一些基本权利因为宪法自身的文本逻辑结构等因素而被规定在基本权利章节之外，还有一些没有被明确列入宪法的"未列举基本权利"。（3）但是，如果主张某种没有被列入基本权利章节中的宪法权利可以成为基本权利，则需要进行相关论证，而不能径直宣称"只要规定于宪法上的权利，自然而然就取得了基本权利的称号和地位"，而哪些权利属于"未列举基本权利"就更需要论证了。（4）论证义务的核心应该围绕该项宪法权利对"公民有尊严地生活以及自由和自主发展是否存在直接的、重大的、不可取代的影响"这一标准展开。之所以采用这种标准，是因为"基本权利对公民来说，具有不可取代性，它是保持人的尊严与基本价值的前提"③。

---

① 林来梵：《宪法学讲义》，法律出版社，2011，第196页。

② 参见张翔《基本权利的体系思维》，《清华法学》2012年第4期。

③ 韩大元：《中国宪法学上的基本权利体系》，《江汉大学学报》（社会科学版）2008年第1期。韩大元认为，中国宪法文本中的基本权利限于第二章的规定，但2004年修宪后，如要扩大基本权利保护范围，可以依照人权条款提炼现有条款中隐含的新的权利类型。当出现宪法和法律上没有规定的新的权利要求时，可依照人权条款作出必要的判断。不过他并没有对具体的判断标准发表意见，而认为不管什么标准都要守住"人的尊严和基本价值具有不可取代性"这个底线。夏正林认为，"基本权利"范式无法回答如下问题：一项权利是因为"最重要"还是"被宪法确认"而被称为"最基本的权利"。他提出应当用"宪法权利"这个价值无涉的概念取代"基本权利"这个不确定法律概念，凡是涉及公民与国家关系的权利，无论是否被规定在宪法文本中，都是宪法权利。参见夏正林《从基本权利到宪法权利》，《法学研究》2007年第6期。

如果上述标准可以成立，那么我国《宪法》第 13 条规定的公民财产权、第 125 条规定的辩护权以及第 134 条规定的"用本民族语言文字进行诉讼"的权利就属于"视同基本权利的权利"，因为这些权利对"公民有尊严地生活以及自由和自主发展"有着直接的、重大的、不可取代的影响。而《宪法》第 9—10 条规定的国家所有权以及第 12 条规定的公共财产权则不属于"视同基本权利的权利"，这不是因为它们不重要或者不神圣，而是因为其对"公民有尊严地生活以及自由和自主发展"只具有间接影响和辅助作用，在一定条件下还可以被替代。对于这种财产权，法律在具体化的时候也必须尊重其基本的权利属性，但可以设定特殊的、义务性的或强制性的权利行使规则。

其二，如果国家所有权不是基本权利，那么代表国家行使所有权的主体能否享有基本权利？关于这个问题的争论同样十分激烈。李忠夏批评说，代表国家行使国有资产所有权的机构的权利如果受到侵犯，应当通过政府内部协调机制来处理而不应当进行司法审查，即便进行司法审查，也应当适用"权限争议"程序而不是"基本权利"保护程序来解决相关纠纷。[①] 对于这种批评意见，要对代表国家行使所有权的机构进行具体分析，不能一概而论。

（1）如果代表国家行使国有资产所有权的机构不是一个独立的法人，或者虽然是一个独立的法人，但从设立到日常的运营管理（如生产资料、劳动力、投资过程以及产品价格的确定），再到成立破产都完全被掌握在公权力手中，相关纠纷确实应当通过政府内部协调机制而非基本权利保护机制来处理。在这种情况下，代表国家行使国有资产所有权的机构与政府管理部门并无本质的区别，只是职能和名称不同而已，其不享有基本权利。举例来说，国资委无论如何都不能享有基本权利，铁路总公司如果没有按照"政企分开"的原则完成改造，也不应当享有基本权利。

（2）如果代表国家行使国有资产所有权的机构已经按照"政企分开"的原则，被改造成一个脱离行政管理体系且完全按照现代企业制度运行的独立法人，那么当国家不是以股东而是以主权者/行政管理者的身份侵犯

---

① 李忠夏：《宪法上的"国家所有权"：一场美丽的误会》，载《国家所有权的性质与行使机制学术研讨会论文集》（苏州大学王健法学院印刷，2015 年 4 月），第 69 页。

该机构的财产权时，就应当依照"财产权是否受到侵犯"程序而不是"权限争议"程序来处理纠纷，因为此类案件的本质不是两个公权力机关之间的权限纷争，而是公权与私权之间的纠纷。如果这类纠纷能通过行政诉讼解决，则无须上升到宪法层面。如果行政诉讼解决不了（如具体决定是依照法律或行政法规作出的），那么应当允许代表国家行使国有资产所有权的机构以诉诸基本权利的方式来保护自己的合法权益。需要看到，虽然宪法上的基本权利主要体现为公民和其他私主体对国家的防御权，但其并不完全排除承担公共义务或公共责任的公法人成为基本权利的主体。比如，在德国，公立广播电视台和高校就可以援引基本法第5条第1项、第3项所规定的基本权利来防御公权力的侵犯。[①]

（3）当然，赋予代表国家行使国有财产所有权的机构基本权利，也会带来很多难以处理的问题（如该机构可以借由基本权利来对抗国家的合理要求），所以，对于是否承认混合所有制企业之类的机构具有基本权利的问题，在德国争议也很大，并没有明确的结论。对此，有德国公法学者提出，公法人是否享有基本权利，必须要从这个机构或者法人"所执行的任务以及其相对于国家的法律独立性"，相关纠纷"是否以及在多大范围内存在典型意义上的基本权利妨害状态"，以及这个机构的活动方式等多个角度来加以考察。[②] 笔者同意这种意见。另外，即便承认代表国家行使所有权的机构享有基本权利，也应该对这种基本权利的行使设定严格的实体和程序要件（特别是不能违反设立该机构的目的），不宜允许这些机构轻易地动用这种"武器"。再以铁路总公司为例，国家设立该公司的目的是发展铁路交通，所以当国家要求该公司到条件极为恶劣（因此可能没有太多利润）的地区修建铁路设施时，无论其具体形态如何（国有独资企业或者混合所有制企业），其都不能以作为基本权利的财产权受损为由予以拒绝或者提起违宪审查。

（三）国家所有权规范与国家所有权术语的区别

还有论者认为，即便是承认存在"国家所有权"，也并不意味着其在

---

① 〔德〕康拉德·黑塞：《联邦德国宪法纲要》，李辉译，商务印书馆，2007，第233页。

② 〔德〕汉斯·J. 沃尔夫等：《行政法》第3卷，高家伟译，商务印书馆，2007，第430页以下。

民法和宪法上具有相同的含义。比如，赵世义在 1999 年曾撰文提出，宪法上的财产权只是个人取得民事财产权的不可转让、不可剥夺的资格，是民事财产权利交易的前提，并非财产权本身。① 进入 21 世纪以后，这种观点被徐涤宇发展为"宪法上的所有权注重的是取得所有权的资格，是一种获得财产利益的可能性，它不明确地指向具体的客体，一个人并不因暂时没有财产而失去宪法上取得、占有和使用财产的资格"。② 税兵也认为，宪法所有权是国家享有的积极权利，而非针对国家公权力的防御权，这种积极权利的本质是一种资格，而非权利本身。在其看来，宪法所规定的国家所有权是国家作为资源管理者和资源所有者取得民法所有权的资格。③

　　这种观点混淆了国家所有权术语与国家所有权规范。前者指的是《宪法》第 9 条第 1 款和第 10 条第 1 款、第 2 款所确认的"国家所有"这一术语的内涵和外延，后者则强调的是第 9 条第 1 款和第 10 条第 1 款、第 2 款的规范性质和含义。笔者认为，第 9 条第 1 款和第 10 条第 1 款、第 2 款都是授权性规范或者授权性规范的组成部分，它们都赋予了国家获得民法所有权的资格。立法者可以通过将第 9 条第 1 款和第 10 条第 1 款、第 2 款具体化，来将"国家获得所有权的资格或可能性"变为真正的所有权，但其具体化或立法形成的对象是第 9 条第 1 款和第 10 条第 1 款、第 2 款规范本身，而不是规范中的"国家所有"这一术语。土地、矿藏等自然资源国家所有权本身的外观和权能是不能形成的，当制宪者和修宪者将这种所有权以民法所有权的方式规定到宪法中以后，这种所有权的权利外观和权能构造就已经被确定了下来。质言之，宪法所确认和规定的土地、矿藏等自然资源的国家所有权，属于民法上的所有权，不能仅仅因为国家所有权是由宪法所确认的，就将其理解成"宪法上的公权"或者"公法上的管理义务"，并借此认为存在公法上所有权和私法上所有权两个不同的术语。当然，这并不是说否定国家所有权的特殊性。《宪法》第 9 条第 1 款和第 10 条第 1 款、第 2 款所确认的国家所有权，虽然是一种私法上的所有权，但其功能极为特别，即要"为公民实现自由和自主提供保障"，而不是满足

---

① 参见赵世义《论财产权的宪法保障与制约》，《法学评论》1999 年第 3 期。

② 徐涤宇：《所有权的类型及其立法结构：〈物权法草案〉所有权立法之批评》，《中外法学》2006 年第 1 期。

③ 参见税兵《自然资源国家所有权双阶构造说》，《法学研究》2013 年第 4 期。

作为所有权人的国家的"私利"。

在宪法上对国家所有权进行规范，首先，是为了在根本法中确定这个社会基本的财产法框架，进而为具体法律的制定提供一个坚实的规范基础；其次，是为了确保代表国家行使所有权的主体在受到公权力侵犯时，可以拥有相应的请求权基础；最后，其同时还宣示了国家所有权与一般的所有权的功能的特殊之处，即这项所有权负有特殊义务，如只能为公共利益而行使，必须将收益用于增进与全民福祉有关的事业，等等。而之所以要在具体的法律上对其进行规范，是因为宪法赋予国家所有权的特殊义务和特殊功能是原则性的、概括的，需要通过民法以及其他相关法来加以落实。比如，通过民法对国家所有权加以规范，可以确保国家（以及代表国家的机构）与其他权利人一起平等地参与民事活动；通过国有资产管理法对国家所有权加以规范，可以确保国有财产的保有、使用和经营管理制度规范化、科学化；通过制定预算法，则可以确保国有财产及其收益公开透明地被纳入国家财政预算，并确保相关收益专项拨付给有助于"促进公民自由和自主实现"的公益项目。

由此观之，虽然"所有权"这个术语和概念发端于民法，但当其与"国家"联系在一起，并作为一种新的所有权类型被规定于宪法之后，这个术语的功能和对于社会的意义却发生了极大的改变。如果固守传统民法对于所有权功能和社会意义的界定，国家所有权确如有些学者所说的那样，是一个"怪胎"或者是对所有权理论的"异化"。但如果对现代宪法与民法的关系有更进一步的认识，接受民法以及其他部门法有将宪法进行具体化的义务的观点，那就应该看到，并非所有的所有权类型都被民法和民法理论所接受，如知识产权、企业所有权、股权就因为不是"单个的物"，至今仍没有被德国民法接受，我国的物权法也不承认股权、居民对银行中的储蓄财产的权利等财产权是所有权。但是，不被民法和民法理论所接受的所有权并不必然要被排斥在"所有权家族"之外。比如，依照德国联邦宪法法院的意见，德国基本法所保障的所有权，原则上包括法律制度以此种方式赋予权利人的所有具有财产价值之权利。另外，宪法上所有权的客体不仅仅是有形物，无形财产权、在不可把握之客体上所成立的版权、集合物、财团以及企业的财产权，也都受德国基本法第14条之保护。用德国联邦宪法法院的话来说，"民法法律制度，并不包含对所有权内容及其限制的终局性规定。在规定什么为所有权时，民法与公法彼此间起同等作用"。①

我国宪法所规定和保护的国家财产、集体财产和公民合法的私有财产的所有权，显然指的是"一切可以给权利人带来财产价值之权利"，不仅包括第 9 条和第 10 条规定的土地、矿藏等自然资源所有权，还应当包括知识产权、股权、居民对银行中的储蓄财产的权利、网络虚拟财产（微博、邮箱、QQ）权等。也就是说，我国宪法所保护的财产所有权种类要远远多于民法所确认和规范的所有权种类，但相关财产所有者对这些财产所拥有的显然也是所有权，而不是其他什么权利。不过，仅就立法形成而言，如果能用民法所有权理论来具体化宪法财产权，那就不应当脱离民法秩序，再建立其他的所有权理论框架和法律制度。毕竟，法学理论和法律秩序的建立应当尽量遵循"与历史和传统相一致"的原则。我国《宪法》第 9 条和第 10 条规定的国家所有权并没有突破人们数百年来关于民法所有权的界定，因此无须脱离民法理论来另辟新径。

正是在这个意义上，笔者虽然同意"宪法在'国家所有'问题上赋予了立法者'形成自由'"的论断，但宪法赋予立法者的"形成自由"是有边界的，不是"空白授权"，不能任由立法者进行"具体化"，不能像苏联那样不但赋予国家所有权超出民法一般规则的特殊法律地位，而且任由国家凭借主权扩大国家所有权的权能。换句话说，虽然不同的法律会强调国家所有权的不同面向（如民法上的国家所有权与预算法上的国家所有权就可以各有侧重），但其不能违背国家所有权作为一项"财产所有权"的基本要求（如赋予国家所有权比其他所有权更优越的法律地位，或允许国家所有权在市场交易过程中不遵守民事交易的基本规则），也不能忽视国家所有权的特殊功能（如允许管理国有财产的机构或者人员将国有财产作私人用途）。事实上，这些对"立法形成自由"的限制正是"制度性保障"理论所追求的核心目标。②

---

① 转引自〔德〕J. F. 鲍尔、R. 施蒂尔纳《德国物权法》上册，张双根译，法律出版社，2004，第 518 页以下。关于德国基本法中财产权与民法中财产权的异同，参见〔德〕康拉德·黑塞《联邦德国宪法纲要》，李辉译，商务印书馆，2007，第 346 页以下。

② 在谈到所有权的"制度性保障"时，德国联邦宪法法院特别强调，"普通立法者在定义'所有权'，构造所有权内容时，不得给私有权内容塞进一些不符合私有权名称的东西，以致私有权名不副实。否则，普通立法者之活动即为违宪。故而，所有（转下页注）

有学者希望引入德国法的"公物"概念来解释和完善我国的自然资源国家所有权制度。① 但即使在德国法上，公物（或公产）也并没有突破民法关于所有权外观、权能和法律地位的规定，其同样"适用民法典中有关所有权的规定。在可能的范围内，行政财产、设施财产和一般使用的财产也是私法财产权的客体"。"公物"的特殊之处只在于，其在作为私法财产权客体的同时也处在公法支配权之下，而且在公物的功能和目的范围内，公物的私法属性要服从于公法属性。因此，德国学界将"公物"称为"修正的私有财产权"，② 而非公法管理权或者公权力。

一些学者之所以希望将"国家所有权"解释为公法上的管理权，反对将国家所有解释为民法意义上的"国家所有权"，除了理论上的担忧外，主要是因为他们对行使国家所有权的主体没有将相关收益用于全民福利的做法不满，或者担心国家与民争利。应当说，这些问题确实大量存在。③但解决这些问题的合理方案，应当是按照"让市场在资源配置中起决定性作用"的要求，打破行政部门和国有企业对于土地、矿产等自然资源经营

（接上页注②）权制度保障所保障者，乃所有权在宪法上的最低存续状态，私法立法秩序对此最低存续状态，不得进行侵蚀。普通立法者不得将不存在的权利创设为'所有权'；亦不得对已存在的所有权，在内容上施加致使权利人不可能按照其意愿使用所有权客体的限制。比如，规定住宅所有权人永远不得为自己之目的使用其住宅，而只能保留使用出租人的地位，即为违宪"。参见〔德〕J. F. 鲍尔、R. 施蒂尔纳《德国物权法》上册，张双根译，法律出版社，2004，第520页以下。

① 参见周刚志《公物概念及其在我国的适用——兼析〈物权法草案（征求意见稿）〉相关条款》，《现代法学》2006年第4期；侯宇、周婧《公物的判断标准——兼论公物的范围》，《理论月刊》2010年第3期。

② 参见〔德〕汉斯·J. 沃尔夫等《行政法》第2卷，高家伟译，商务印书馆，2002，第474页以下。

③ 国家审计署办公厅公布的2010年的审计公告就显示，在被审计的40个市地州56个县区市中，"有11个市改变土地出让收入用途56.91亿元。其中：有6个市支出39.36亿元，用于高校新校区、会展中心、剧院、软件园等公共工程建设；有4个市支出9.68亿元，用于增加政府投资企业注册资本；有6个市支出3.26亿元，用于补贴公交公司购车、还贷、设立农业科研发展专项资金等；有7个市支出2.1亿元，用于弥补国土、城建等部门工作经费不足；有4个市违规支出2.38亿元，用于建设、购置办公楼、商务楼、职工住宅等"（见国家审计署办公厅《40个市地州56个县区市土地专项资金征收使用管理及土地征收出让情况审计调查结果》，2010年4月20日）。2014年的审计报告则显示，各级政府的土地出让收入"通过收入空转等方式虚增1467.78亿元；支出中违规用于弥补行政经费、对外出借、修建楼堂馆所等7807.46亿元……此外，一些地方土地出让收支核算不够规范，有8358.75亿元滞留在财政专户或直接坐支"（见国家审计署《2014年度中央预算执行和财政收支审计工作报告》，2015年6月28日，第十二届全国人民代表大会常务委员会第十五次会议）。

管理权的垄断，通过完善机制，确保国家所有权行使主体遵守平等、自由的市场交易规则，并确保相关国有资产收益用于公共物品的提供和公共服务的支出，而不是否定国家所有权是一种财产所有权。

四 通过立法形成具体化国家所有权

确定国家所有权的性质、含义和功能是极为重要的，但对于国家所有权的立法形成或者说国家所有权制度的体系化来说，这仅仅是"万里长征的第一步"。我们还必须对国家所有权的范围、行使机制、收益等问题进行系统研究。否则，国家所有权不仅应有的功能得不到有效发挥，还可能会成为侵害公民权利、扰乱市场秩序的源头。

（一）国家所有权的种类和范围有待立法形成

虽然宪法所规定的"国家所有权"是一项民法意义上的所有权，但是特定的土地、矿藏、水流、森林、山岭、草原、荒地、滩涂或其他自然资源是否属于国家所有这一问题，依然需要借助法律对宪法的具体化来解决。将《宪法》第9条第1款和第10条第1款、第2款界定为"财产权授予规范"的意义正在于此，用更简洁的话来说，这两个条款为具体的法律提供了"形成式授权"。①

---

① 巩固提出，《宪法》第9条第1款"……等自然资源，都属于国家所有，即全民所有"的规范性质，"不是赋予国家以私权主体资格的基本权利条款，而是授予国家以公权力的权力条款"。其具体含义是"除列举的少数可归集体所有者之外，一切自然资源都属于国家所有。也就是说，国土范围内的各类资源，不论何种形态、何种位置、数量多少、可否控制以及是否已被控制、可否及应否特定化，都在国家所有范畴之内"（见巩固《自然资源国家所有权公权说再论》，《法学研究》2015年第2期）。这种解释值得商榷。《宪法》第9条第1款和第10条第1款、第2款都是"财产权授予规范"，第9条第2款关于"国家保障自然资源的合理利用，保护珍贵的动物和植物。禁止任何组织或者个人用任何手段侵占或者破坏自然资源"的规定，第10条第3款关于"国家为了公共利益的需要，可以依照法律规定对土地实行征收或者征用并给予补偿"的规定，以及第10条第5款关于"一切使用土地的组织和个人必须合理地利用土地"的规定才是"公权力授予规范"，即赋予了国家对自然资源进行行政管理和征收的权力。王旭所讲的《宪法》第9条第1款是"间接规制"，第2款是"直接规制"，也是这个意思（参见王旭《论自然资源国家所有权的宪法规制功能》，《中国法学》2013年第6期）。事实上，目前围绕"国家所有"所产生的争论，在很大程度上正是人们对《宪法》第9条第1款和第10条第1款的规范性质和规范含义存在不同的理解造成的。

　　具体来说，法律在此方面的立法形成主要包括三个方面：（1）哪些城市土地、矿藏、水流、森林、山岭、草原、荒地、滩涂可以属于国家所有；（2）除了土地、矿藏、水流、森林、山岭、草原、荒地、滩涂外，还有哪些自然资源可以属于国家所有；（3）具体的土地、矿藏等自然资源属于国家所有以后，权利如何行使、收益如何分配。上述问题确定下来之后，必须将具体的国有自然资源纳入不动产统一登记制度，对其进行登记，并加以公示。否则，即便立法者完成了法律具体化的工作，具体的自然资源也不能自然而然地成为国家所有的财产。在这个意义上，应当对《物权法》第9条第2款"依法属于国家所有的自然资源，所有权可以不登记"的规定进行修改。德国法把这一立法形成过程称为"命名"（即确定哪些财产是公产，公产的公用目的是什么，公产的使用范围有多大等），真是再恰当不过了。①

　　在对宪法上的国家所有权进行具体化时，立法者除了要遵循"国家所有，即全民所有"这一制度性保障外，还应持审慎的态度，并遵守基本的立法原则，不能随意对国家所有权的范围和种类进行立法形成。比如，首先，立法者要尊重自然规律，不能轻易地将风能、光能具体化为国家所有，因为通常情况下这种自然资源并不能被人类稳定地控制。其次，如果一项自然资源用之不尽（如空气）或者应当被禁止开发和利用（如长江源头的湿地），那就没有必要再针对其建立产权制度，只有在一项资源能被人类广泛利用且出现短缺时，才有必要通过法律建立产权和交易机制。最后，立法者还要尊重基本的法学原理。比如，其完全可以在黄河或长江的特殊水段或水域建立国家所有权，并进行水权交易，但其不能笼统地将黄河、长江宣布为国家所有，否则，黄河或长江所有水段的河水改道对公民、法人或者其他组织造成侵权的，国家不能仅仅履行公法上的救助和协助义务，还必须承担民法上的侵权赔偿责任。

　　遗憾的是，立法者在处理水资源问题时并没有意识到这一问题。2001年的《海域使用管理法》第2条、第3条规定，海域属于国家所有，而所谓"海域"是指中华人民共和国内水、领海的水面、水体、海床和底土。2002年修改的《水法》第2条、第3条也规定，水资源属于国家所有，所

---

① 沃尔夫等学者在谈到德国公产制度时特别指出，"命名是公产法的核心法律秩序，这种法律行为使财物成为法律意义上的公产，就此而言，命名具有创造性"。参见〔德〕汉斯·J.沃尔夫等《行政法》第2卷，高家伟译，商务印书馆，2002，第464页以下。

谓"水资源"包括地表水和地下水，这意味着我国领土范围内的所有水资源都已经在财产法秩序中被界定为国家所有了。不过，在物权法的制定过程中，立法者对此则有所察觉。《物权法（草案修改稿）》第49条规定："野生动植物资源属于国家所有。"有的代表和民法专家表示反对，法律委员会也认为，不加区别地规定野生植物资源属于国家所有是不确切的，因此《物权法》第49条最终规定"法律规定属于国家所有的野生动植物资源，属于国家所有"。[①]

如果用上述结论来分析最近频发的乌木所有权以及"风能和太阳能国有化"争议事件，可以得出以下4点内容。（1）如果"乌木"、"风能"和"太阳能"没有被立法者通过法律明确具体化为"需要设立财产权的自然资源"，那就不属于国家所有，而属于没有进入财产法秩序的"社会共有物"或"无主物"。（2）依照《宪法》第9条第1款的规定，上述三种自然资源以及其他自然资源（如页岩气）是可以成为国家所有权的对象的，因为该条文对于自然资源的列举属于不完全列举。在古代，石油、天然气、无线电频道就基本上不算自然资源，但工业革命以后，它们都变成了进入财产法秩序的自然资源。（3）上述三种自然资源要进入财产法秩序并成为国家所有的财产，需要由全国人大或者全国人大常委会通过法律来具体化，地方人大以及政府没有这项权力，因为第9条第1款所规定的"法律"显然属于"法律保留"的范围。（4）全国人大或其常委会决意将"风能"、"太阳能"、"乌木"以及其他特定的自然资源（如特定区位的水资源）通过立法具体化为国家所有时，要尊重自然规律和财产权的一般原则和规则。从人类目前的科学技术发展程度来看，风能和太阳能并非人类所能控制，不宜将其纳入我国的财产法秩序。国家若希望对这些资源的开发和利用进行管制，完全可以运用其主权者的身份设定开发和利用规则，并通过税收、行政收费等方式来分享其开发收益。

（二）国家所有权行使机制和收益分配机制的立法形成

"国家所有"中的"国家"如何界定，或者说国家所有权由谁来行使，

[①] 见《第十届全国人民代表大会法律委员会关于〈中华人民共和国物权法（草案修改稿）〉修改意见的报告》（2007年3月15日第十届全国人民代表大会第五次会议主席团第三次会议通过）。另参见梁慧星《物权法草案的若干问题》，《中国法学》2007年第1期。

国家所有权的收益又应当如何分配？现行宪法对此没有作出明确规定。1996 年《矿产资源法》修改后，我国的法律首次出现了"矿产资源属于国家所有，由国务院行使国家对矿产资源的所有权"的规定，此后在《土地管理法》、《水法》、《草原法》的修改以及《海域使用管理法》的制定过程中，由国务院代表国家行使自然资源国家所有权成了一个立法通例。虽然立法者强调，之所以要增加由国务院行使国家所有权的规定，主要是为了明确地方各级人民政府不是国家所有权的代表，无权擅自处置国有土地，只能依法根据国务院的授权处置国有土地，[①] 但辽阔的地域使得上述规定仅仅停留在口号宣誓层面。在实践中，地方政府在没有得到明确授权和委托的情况下，径直代表国家行使国有土地、矿产资源的所有权，而且大部分收益也是归地方所有的。[②] 另外，即便是由中央政府直接管理的中国石油等国有企业在代表国家经营管理国有自然资源时，也没有将大部分收益缴纳给国家。[③] 而且，代表国务院行使自然资源所有权的国土资源部、水利部、农业和林业部门也并没有明确获得法律的授权或国务院的委托，于是就出现了"国家所有地方化"、"国家所有企业化"、"国家所有部门化"等问题。

　由于现行法律没有对自然资源产权行使主体和行使机制予以明确规定，现实中又有如此之多的自然资源财产权需要在市场上进行交易，在过去很长的一段时间内，一些部门不得不主动承担起相应职责来。土地管理系统在 20 世纪 80 年代末代表国家建立国有土地有偿出让市场，就是一个例子。所以，问题的关键不在于批评和指责地方政府、国有企业或各个行政管理系统，而在于要为市场监管主体与所有权行使主体、中央与地方搭

---

① 参见卞耀武主编《中华人民共和国土地管理法释义》，法律出版社，1998，第 37 页。

② 1998 年修改的《土地管理法》第 55 条规定，"自本法施行之日起，新增建设用地的土地有偿使用费，百分之三十上缴中央财政，百分之七十留给有关地方人民政府"。借此，地方政府从国有土地的有偿出让中获得了大量的资金。据财政部财政科学研究所的统计，2000—2010 年，土地财政收入占地方财政收入的比重从 9.3% 增长到了 66.73%。相关数据见许安拓、修竣强《破解地方依赖土地财政的畸形发展模式》，《人民论坛》2012 年第 8 期。

③ 根据天则经济研究所 2013 年发布的报告，中央直属的石油企业在 2001—2011 年少付给国家的土地租金、资源租金、利润、矿区使用费高达 2.5 万亿元之多。其中，中石油、中海油和中石化三家石油公司 2000—2011 年账面净利润为 15390 亿元，上缴国家的利润为 689 亿元，约占净利润的 4.48%。见天则经济研究所《中国原油与成品油市场放开的理论研究与改革方案》（2013 年 6 月 25 日），第 6 页、第 63 页。

建合理的国家所有权权利行使体系和制度框架，从而确保国有财产及其收益可以为全民所共享，为"公民的自由和自主发展提供制度、组织和物质上的保障"。依照笔者的设想，国家所有权行使和运行机制的完善至少要包括"享有权、代表权和具体执行权"三个层面。

首先，要确立唯全国人民代表大会及其常委会才是国有财产享有权主体的规则。这一点应该是一个常识，但却被法律所忽视。从《土地管理法》到《水法》、《矿产资源法》等法律，都没有关于这个问题的规定。在 2007 年关于物权法草案的说明报告中，立法者解释说，"依据宪法规定，全国人民代表大会是最高国家权力机关，国务院是最高国家权力机关的执行机关。全国人民代表大会代表全国人民行使国家权力，体现在依法就关系国家全局的重大问题作出决定，而具体执行机关是国务院。因此，具体行使国家所有权的是政府，而不是人大"。① 没有人会否认确定国家所有权具体行使机关的必要性，但问题是，全体人民也需要有一个机关代表其享有所有权，否则国家所有权在法律上的权利/义务结构，就变成了全民绕过全国人大直接将自己的财产所有权委托国务院行使了。

其次，要运用"辅助性原则"和"比例原则"来配置中央和地方在矿藏、水流、森林、山岭、草原、荒地、滩涂、土地等自然资源所有权行使领域的代表权，进而实现《宪法》第 9 条第 2 款和第 10 条第 5 款所确定的"国家保障自然资源的合理利用"和"一切使用土地的组织和个人必须合理地利用土地"的目标。② 凡是能由地方代表国家行使所有权或由地方代表国家行使所有权更有利于自然资源合理利用的领域，都应当由地方代表

---

① 王兆国：《关于〈中华人民共和国物权法（草案）〉的说明》（2007 年 3 月 8 日，第十届全国人民代表大会第五次会议）。

② "辅助性原则"和"比例原则"源于德国行政法，但现在已成为德国宪法、欧盟法以及一些国际法领域的最根本的原则。在实践中，"辅助性原则"主要以"就近解决"为目标，解决不同层级（中央/地方、地方不同层级、欧盟/成员国）或不同的主体（国家、社会、个人）对于共享权利/权力的分配问题，"比例原则"则以"最小损害"为目标，侧重于解决目标与目标之间以及目标与手段之间的分配问题。参见 Reimer von Borries Malte Hauschild, The Subsidiarity Principle as a Principle of Economic Efficiency, 17 *Columbia Journal of European Law* 231（2011）；Andreas Follesdal, The Principle of Subsidiarity as a Constitutional Principle in International Law, 2 *Global Constitutionalism* 37（2013）；J. H. Jans et al., *Europeanisation of Public Law*, Europa Law Publishing, Gronignen, 2007, pp. 147 – 163；David S. Law, Generic Constitutional Law, 89 *Minnesota Law Review* 652（2005）。

国家行使相关资源的国家所有权，比如对于完全位于某个县境内的煤矿，应当由该县代表国家行使国家所有权，跨县市的自然资源则应当由省代表国家行使国家所有权。凡是无法由地方代表国家行使所有权或者地方代表国家行使所有权不利于自然资源合理利用的领域，则都应当由中央代表国家行使相关资源的国家所有权，如对国家具有经济、生态等重大战略意义的国家公园、金矿、跨省域的国有林场、草原、铁路沿线土地等。如此一来，就需要打破"国家所有权在代表权和行使权问题上的统一、唯一和不可分割"理论，[①] 建立各种不同的可以代表国家行使所有权的机制和机构。当然，这就要打破只有"国务院才可以代表国家行使国家所有权"的迷思。事实上，在物权法的制定过程中，立法者已经注意到了这个问题，《物权法》第 45 条明确规定"国有财产由国务院代表国家行使所有权；法律另有规定的，依照其规定"。

再次，无论由中央还是由地方代表国家行使国家所有权，国家所有权的具体行使，都应当遵从"公法上的行政管理权（监管权）与私法上的经营管理权（所有权）相分离"的原则。应当将政府对自然资源的经营管理行为与政府对自然资源的行政管理行为分开，分别设立代表国家行使自然资源所有权的机构和代表国家行使自然资源监管权的机构。比如，政府可以设立专门的国有自然资源经营管理公司（如国有土地公司、国有煤炭公司等），或者通过公开招标的方式委托民间企业来负责国家所有权的执行，从而确保国有自然资源得到合理利用。政府的国有资产监管机构、国土管理部门、矿产管理部门、海域管理部门，则主要履行行政监管和维护自然资源产权市场秩序的职责。当然，要按照"一件事由一个部门管理"的原则，将职能相近的监管权力合并到一个监管部门中，从而尽量避免分别监管导致的监管盲区、相互推诿等弊端。这意味着，要在自然资源产权行使和行政管理领域继续推进"政企分开"和"大部制"改革。

最后，执行自然资源国家所有权的主体，无论是中央政府管理的央

[①] 孙宪忠曾对"国家所有权的统一性和唯一性学说"进行系统的批评，依照他的总结，"国家所有权的统一性和唯一性学说"，是指"只有代表全体人民的意志和利益的国家才可以享有国家财产所有权，中华人民共和国是国家所有权的统一的和唯一的主体，这是国家财产所有权的最基本的特征"。参见孙宪忠《"统一唯一国家所有权"理论的悖谬及改革切入点分析》，《法律科学》2013 年第 3 期。

企、地方政府管理的地方国有企业，还是受政府委托经营国有自然资源的民间企业，除了缴纳正常的税费和留足一定的经营资本之外，应当将剩余国有资产收益按一定比例交纳政府专项公益基金，[①] 由中央和地方政府用以改善各种教育、医疗、卫生事业、设施和公共服务。如此一来，国家所有权可以由市场主体具体行使和经营管理，但作为所有权人，国家可以通过分享自然资源出让金和征收税款等方式来为全体公民的私人自主和私人自由提供物质保障。另外，执行自然资源国家所有权的主体，不但应当接受行业监管部门的监管，还应当定期向同级人大汇报国有自然资源的保护、开发和收益情况。这就要求进一步改革和完善自然资源开发和利用的市场准入机制、自然资源的有偿出让和税收分配机制，以及政府性公益基金（比如国土基金）的运行和分配机制。

---

① 自 1994 年分税制改革以来，海洋石油资源税归中央，其他资源税归地方。不过，资源税的税率非常低。2006—2009 年该税种占国家税收总收入的比重分别为 0.55%、0.52%、0.56%、0.61%，几乎可以忽略不计。另外，自 20 世纪 80 年代建立矿产资源有偿使用制度以来，除了资源税，国家作为国有矿产所有权人对于矿产资源的开采者也仅收取探矿费、采矿权使用费、矿区使用费等有限的费用，这意味着国家不仅转让了勘查投资收益，而且将矿产资源所有权的大部分权益无偿赠与了矿产资源开发主体。相关数据见张维宸《资源税改革正当时》，《中国矿业报》2014 年 7 月 29 日，B3 版。

自然资源国家所有权的双重权能结构[*]

叶榅平^{**}

摘　要： 自然资源国家所有权，以实现全体人民的公共福利为宗旨，具有多种社会功能，既要完成物尽其用、定分止争的规范任务，也要实现自然资源利益全民共享的"分配正义"。因此，它既具有一般所有权的共性，又具有显著的特殊性；在内容和效力上表现出双重的权能结构，既具有私法权能，又具有公法权能。私法权能是自然资源国家所有权作为一种所有权的内在规定性内容，立法权、管理权、监督权和分配权等公法权能则保障着私法权能的行使不脱离自然资源国家所有权制度的目的和价值轨道。自然资源国家所有权权能体系的完善，必须充分彰显自然资源国家所有权的性质和内涵，需要建立民主制度和程序来保障这些权能的有效实现，从而维护自然资源国家所有权在促进自然资源有效利用和保障公共福利上的价值。

关键词： 自然资源　国家所有权　所有权权能

引　言

在十八届三中全会、四中全会的两个"决定"中，中共中央都明确提

* 本文原载于《法学研究》2016 年第 3 期。
** 叶榅平，上海财经大学法学院教授。

出并阐述了健全自然资源产权制度的法治建设目标和要求。在自然资源立法目标与定位已经明确的情况下，如何健全自然资源产权制度就成为当前法治建设理论研究与实践探索的重大课题。在以生产资料公有制为基础的经济制度背景下，我国自然资源产权制度的基础和核心是国家所有权。然而，与一般所有权相比，自然资源国家所有权具有显著的特殊性，难以完全契合传统所有权的概念和理论，在既有的知识体系中难以对其自圆其说。① 从立法上看，自然资源国家所有权的规范基础比较复杂，呈现公法和私法交叉规范的混合形态。理论解释上的困难和规范基础的复杂性使得自然资源国家所有权变得有些高深莫测，公权论者有之，私权论者也有之。在实践中，它被当作私权行使者有之，被当作公权行使者也有之。因此，如何完善和丰富立法，将自然资源国家所有权从宪法上的"全民所有"转化为现实，一直都是困扰我国理论与实践的一大难题。

面对理论和实践中的困境，有学者从所有权的经典概念出发，认为无论是从权利的主体和客体还是从权利的内容和效力角度而言，自然资源国家所有权都无法成立。② 也有学者试图参照所有权的经典概念，对自然资源国家所有权制度进行改造，以使其符合所有权既有的知识体系要求。③ 那么，究竟是应当坚守所有权的经典概念而否认自然资源国家所有权，还是应当重新审视所有权的概念，结合自然资源国家所有权的独特性而另寻理论解释的途径？本文认为，针对自然资源国家所有权何以成立又如何能够实现的问题，难以简单地通过传统所有权概念的演绎得出结论。我们既不能因自然资源国家所有权的特殊性而否认其作为一种所有权的属性，也不能为了追求统一的所有权概念而对其进行削足适履式的解释或改造。

与一般所有权相比，自然资源国家所有权确实存在许多独特之处，这不仅表现在权利主体和权利客体上，还表现在权利内容上。权利内容的特殊性既是自然资源国家所有权性质之争的主要原因，也是实践中自然资源国家所有权行使无序的重要原因。那么，自然资源国家所有权究竟具有什么样的法律效力，它的权利内容具体是什么？围绕这一问题，本文首先通过规范基础的分析，指出自然资源国家所有权具有私法权能和公法权能双

---

① 参见税兵《自然资源国家所有权双阶构造说》，《法学研究》2013 年第 4 期。
② 参见李康宁、王秀英《国家所有权法理解析》，《宁夏社会科学》2005 年第 4 期。
③ 参见王利民《我国公有权制度的物权法构建》，《当代法学》2006 年第 2 期。

重结构，接着论证其为何具有双重权能结构及这样的双重权能结构如何能够成立等内容，在此基础上，反思自然资源国家所有权的传统理论和研究进路，并就其权能体系的实现问题展开探讨。笔者期望通过所有权权能结构的研究，将抽象的自然资源国家所有权具体化，借此揭开自然资源国家所有权的"神秘面纱"，深化对自然资源国家所有权性质的理论认识，并通过权能体系的完善促进自然资源国家所有权由"神话"变成现实。

一　自然资源国家所有权的双重权能结构

按传统民法理论，所有权是指所有人在法律限定的范围内，直接支配特定物，并享有其利益的排他性的权利，具备占有、使用、收益和处分等权能。然而，国家所有权"与传统民法上的所有权并非仅表现在主体和客体的不同上，二者在权利性质以及权能结构、行使方式和法律保护等基本规则方面也存在实质上的差别"。[①] 对于自然资源国家所有权的权能结构，可以从现有法律规范角度予以分析。

（一）自然资源国家所有权的宪法规范

我国《宪法》第 9 条规定：矿藏、水流、森林、山岭、草原、荒地、滩涂等自然资源，都属于国家所有，即全民所有；由法律规定属于集体所有的森林和山岭、草原、荒地、滩涂除外。国家保障自然资源的合理利用，保护珍贵的动物和植物。禁止任何组织或者个人用任何手段侵占或者破坏自然资源。尽管学界对该条的规范性质和意义存在激烈的争论，[②] 但是笔者赞同将该条规定中的"国家所有"解释为"国家所有权"的观点，[③] 认为《宪法》第 9 条是自然资源国家所有权最权威的法律依据。具

---

① 马俊驹：《国家所有权的基本理论和立法结构探讨》，《中国法学》2011 年第 4 期。

② 学界对该条的规范性质和意义存在激烈争论，主要观点有物权说、公权说、双重所有权说、所有制说、名义所有权说等。参见谢海定《国家所有的法律表达及其解释》，《中国法学》2016 年第 2 期；程雪阳《中国宪法上"国家所有"的规范含义》，《法学研究》2015 年第 4 期。

③ 尽管有不少学者认为，宪法上"国家所有"是关于公有制或国家所有制的宪法表达，但是将"国家所有"解释为"国家所有权"确实是多数学者的共识，并有不少学者从理论、历史、立法资料等方面论证"国家所有"就是一种所有权。可参见王涌（转下页注）

体而言，它具有以下几个方面的重要意义和功能。（1）确立了自然资源国家所有权受宪法规范和保护的地位。宪法不仅是保护自然资源国家所有权的规范基础，而且是自然资源国家所有权具体立法的规范基础，为其下位阶的立法提供了依据和指导。[①]（2）明确了自然资源国家所有权制度的性质和功能。自然资源国家所有即全民所有，这是从权利角度对《宪法》第6条规定的生产资料社会主义公有制的直接落实和保障。自然资源是最为重要的生产资料，宪法规定自然资源属于国家所有即全民所有，说明了全民所有与公有制之间的关系，即通过自然资源国家所有权制度，保障自然资源归全民所有，实现全体人民的共同福祉。（3）确定了"全体人民"作为自然资源所有者的主体地位。自然资源国家所有权作为实现和巩固公有制的一种法律工具，它将"全体人民"在法律上拟制为"国家"这一人格，要求将一部分自然资源由这一人格通过"整体的所有"来保证"全民的共享"。[②] 全体人民必须通过一定的民主制度和民主程序形成共同意志，并将这种共同意志体现到自然资源国家所有权及其行使当中。"没有完善的民主制度，没有健全的民主决策、民主管理、民主监督的机制，就不会有真正意义上的、全民所有性质的国家所有权。"[③]（4）为自然资源合理使用确立了方向。国家具有保障自然资源合理使用、保护珍贵的动物和植物、禁止任何组织和个人侵占自然资源的权力和义务。一方面，国家应当利用自然资源，实现自然资源的经济价值，促进社会经济的发展，增进人民的共同生活福祉；另一方面，国家有保障自然资源合理使用的权力和义务，应结合自然资源国家所有权制度的价值、目的及属性等方面的因素，根据需要对自然资源使用进行必要的干预、管理和规制。

　　《宪法》第9条是自然资源国家所有权的宪法依据，但是该条只是原则性规定，对自然资源国家所有权的内涵和内容均无具体指向，"虽然宪

（接上页注③）《自然资源国家所有权三层结构说》，《法学研究》2013年第4期；崔建远《自然资源国家所有权的定位及完善》，《法学研究》2013年第4期；程雪阳《中国宪法上"国家所有"的规范含义》，《法学研究》2015年第4期。

[①]　我国宪法学界通说认为，宪法是包括民法在内的一切普通法律的"母法"，其主要价值和基本功能在于以其原则性规定为立法机关进行具体立法提供"法律基础"。参见林来梵《从宪法规范到规范宪法》，法律出版社，2001，第303页以下。

[②]　参见王旭《论自然资源国家所有权的宪法规制功能》，《中国法学》2013年第6期。

[③]　马俊驹：《国家所有权的基本理论和立法结构探讨》，《中国法学》2011年第4期。

法规定自然资源是国家所有的，但这种所有权的具体内涵是什么，有待下位法律去具体形成"。① 正因如此，第 9 条的原则性规定具有丰富的内涵，为自然资源国家所有权的权利结构塑造提供了无限可能，既可以成为自然资源公法规范的基础，也可以成为自然资源私法规范的基础，自然资源国家所有权因此既可能有公权的效力，也可能有私权的效力。② 同时，自然资源国家所有权下位立法必须以《宪法》第 9 条为基本原则，以实现两大目标：一是保障全体人民能够有效利用自然资源；二是确保自然资源利用能够反映全体人民的共同意志和利益。

（二）物权法中的自然资源国家所有权

《物权法》是规定自然资源国家所有权的最为重要的部门法，除了第 45 条规定"法律规定属于国家所有的财产，属于国家所有即全民所有"之外，直接涉及自然资源国家所有权的规定包括第 46 条、第 48 条、第 49 条、第 119 条、第 122 条和第 123 条；既有关于自然资源国家所有权的直接规定，也有涉及自然资源立法的授权性规定和引致性规定。具体而言，作为典型私法的《物权法》对自然资源国家所有权的明确规定可以分为两个层面。第一个层面涉及三个法律条文：第 46 条规定，"矿藏、水流、海域属于国家所有"；第 48 条规定，"森林、山岭、草原、荒地、滩涂等自然资源，属于国家所有，但法律规定属于集体所有的除外"；第 49 条规定，"法律规定属于国家所有的野生动植物资源，属于国家所有"。这三个法律条文被规定在《物权法》第二编第五章"国家所有权和集体所有权、私人所有权"中。这既是对宪法规定的自然资源国家所有权的具体落实，也是对自然资源国家所有权的私法属性和地位的确立，显示了自然资源国家所有权与传统民法所有权的相通性，在私法领域确立自然资源国家所有权的法律规范，使其在实定法上完成了权利塑造。但是，这三个法律条文并没有对自然资源国家所有权的具体内容进行规定，因而具有授权性规范

---

① 张翔：《国家所有权的具体内容有待立法形成》，《法学研究》2013 年第 4 期。

② 王涌通过分析形式宪法与实质私法之间的关系指出，"一个基本的结论是，宪法上的自然资源国家所有权的规定本身即包含私法上所有权的内容，它可以直接在私法关系中适用，直接产生私法效力"。参见王涌《自然资源国家所有权三层结构说》，《法学研究》2013 年第 4 期。

的功能，为国家根据自然资源的类型和属性通过特别立法对自然资源国家所有权客体、内容等进行设定，以及对权利行使进行规范提供了立法通道。

第二个层面也涉及三个法律条文：第 119 条规定，"国家实行自然资源有偿使用制度，但法律另有规定的除外"；第 122 条规定，"依法取得的海域使用权受法律保护"；第 123 条规定，"依法取得的探矿权、采矿权、取水权和使用水域、滩涂从事养殖、捕捞的权利受法律保护"。这三个法律条文出现在《物权法》第三编"用益物权"第十章"一般规定"中，具有以下含义。第一，国家主要通过设定用益物权的方式行使自然资源国家所有权，即通过法定程序设定探矿权、采矿权、海域使用权、捕捞权等，实现对自然资源的使用、收益和处分。第二，国家根据自然资源的性质和类型实行有偿使用或无偿使用制度，但以有偿使用为原则，以无偿使用为例外。第三，依法取得的自然资源用益物权受法律保护。这里所谓"受法律保护"，是指"这些权利受物权法以及相关法律的保护"，[①] 其中"相关法律"主要包括《矿产资源法》、《草原法》、《森林法》、《水法》和《渔业法》等自然资源特别立法。第四，这三个条文既具有授权性规范功能，又具有引致性规范功能。通过这些条款，国家既可以对自然资源国家所有权的规制和保护进行授权性的补充立法，也可以引用相关法律对自然资源国家所有权进行规制和保护，因此，这些条款具有连接公法与私法的功能和作用。

例如，《物权法》虽然规定了探矿权、采矿权、海域使用权、捕捞权受法律保护，但是探矿权、采矿权、海域使用权、捕捞权却需要通过特别立法进一步明确其取得的方式、范围、内容、效力和行使等，并且也需要由特别法对自然资源使用权应如何行使和如何对其予以保护等问题予以进一步规定。实际上，不仅自然资源国家所有权、用益物权等需要通过特别立法予以具体化，国家对自然资源的配置、管理、监督和保护等同样需要通过特别立法予以进一步明确。

上述分析表明，《物权法》将自然资源国家所有权作为一种物权所有权进行了一般性的规定，这就意味着，自然资源国家所有权首先受《物权

---

① 胡康生主编《中华人民共和国物权法释义》，法律出版社，2007，第 276 页。

法》调整，具有占有、使用、收益和处分等私法权能。同时，作为所有权主体的国家可以根据实际需要，通过《物权法》规定的授权性条款和引致性条款，在后续立法中，对自然资源利用进行规制、管理或监督，将公法性规范引入自然资源国家所有权的立法体系，这同样是国家行使自然资源所有权的具体方式，确立和行使的是国家所有权的公权力。

（三）自然资源特别法中的自然资源国家所有权

自然资源特别立法，主要包括《矿产资源法》、《森林法》、《草原法》、《海域使用管理法》、《野生动植物法》、《水法》等。这些自然资源特别法总体上是从行政管理的角度而不是从权利配置角度对自然资源进行规范的，具有浓厚的行政管理色彩。在这些特别法中，国家主要是作为管理者通过行政权力和手段对自然资源进行管理的，但同样也以自然资源所有者的身份而存在。首先，各自然资源特别法都对特定类型的自然资源国家所有权及其具体行使和实现作了具体规定，特别是对使用权进行了较为详细的规定。例如，《矿产资源法》规定了探矿权、采矿权的取得、效力及保护，《海域使用管理法》对海域使用权的取得、效力及其保护等方面进行了详细的规定，这些规定与《物权法》"用益物权"篇中规定的自然资源用益物权相呼应，在性质上应当属于关于自然资源国家所有权私法权能的规定，具有私权规范的显著特征。其次，自然资源特别法也规定了作为所有权主体的国家所享有的一些公法权能。例如，《矿产资源法》第 5 条规定："国家实行探矿权、采矿权有偿取得的制度；但是，国家对探矿权、采矿权有偿取得的费用，可以根据不同情况规定予以减缴、免缴。具体办法和实施步骤由国务院规定。"有偿使用是自然资源国家所有权收益权能的体现，所有权主体可以通过有偿使用制度获取收益，也可以根据自然资源的具体情况，决定对使用权主体减缴或免缴费用，这都是自然资源国家所有权的题中应有之义。但是，为了保障收益权的行使符合全体人民的公共利益，国家授权国务院制定有偿使用的具体办法和实施步骤，这是国家对所有权收益权能进行规制的公权力。又如，为了防止使用权人将探矿权、采矿权倒卖牟利，《矿产资源法》第 6 条严格限制探矿权和采矿权的转让。该条第 1 款为探矿权和采矿权的转让设置了严格条件，对可以转让采矿权的情形进行了限定，第 2 款授权国务院制定具体办法和实施步骤。

国家作为所有权主体将探矿权和采矿权让渡给其他主体，这是行使私法权能的体现。但是，为了保障探矿权和采矿权的行使符合所有权主体预设的目的，所有权主体可以为探矿权和采矿权的行使设定条件、制定规则，这与国家以管理者身份行使的行政管理权存在区别，国家行使的是作为自然资源所有者所享有的权力。

综上所述，《宪法》第 9 条为自然资源国家所有权的具体化及其发展奠定了基础，也提供了依据。自然资源国家所有权权能不仅需要在《宪法》第 9 条的指引下展开，还需要在该条的规制之下实现统一，不能背离该条的基本规范精神，不能背离自然资源国家所有权这一基本概念。在《宪法》第 9 条的指引之下，自然资源国家所有权的下位立法需要保障自然资源的有效利用，也要维护全体人民在自然资源上的公共利益。因此，在市场经济条件下，下位立法需要对全体人民占有、使用、收益和处分自然资源的权利进行规定，也需要赋予全体人民对自然资源利用必要的控制权，保障全体人民能够通过一定的民主制度和民主程序对自然资源利用进行规制和监督，防止自然资源利用背离全体人民的共同意志和利益。前一种权利与一般所有权没什么区别，可称之为自然资源国家所有权的私法权能。后一种控制权的主要目的则在于为自然资源利用确立规则或对其进行监管，是作为所有权主体的全体人民应享有的权利，具体可以表现为就自然资源利用进行立法、监督和管理等具有公权特征的权力，可称为自然资源国家所有权的公法权能。

总之，从形式上看，自然资源国家所有权既受私法调整也受公法调整，既具有私权效力也具有公权效力，呈现公、私交叉的复杂形态。自然资源国家所有权之所以需要公法和私法交叉进行规范，是因为自然资源国家所有权权能结构具有双重性。它既包含私法权能也包含公法权能。私法权能确保自然资源能够被有效利用，公法权能则保障自然资源利用能够符合全体人民的意志和利益。国家也因自然资源国家所有权具有双重权能而在财产权体系中处于优越地位。一方面，国家可以全体人民的名义行使私法权能，对自然资源进行有效利用；另一方面，国家又可以行使公法权能，对自然资源利用进行适当的规制、干预和管理，并保障自然资源收益被用于社会公共福祉。

二 自然资源国家所有权何以具有双重权能结构

（一）自然资源国家所有权的性质对自然资源国家所有权权能的决定作用

"所有权的性质与所有权的权能有密切的关系，不同性质的所有权有不同的权能构造。从历史上看，所有权的性质无非有两种：一是社会团体本位的所有权，二是私有个人本位的所有权。社会团体本位的所有权强调所有物为社会团体的全体人共有，共享其利益，排除为团体内的私人所有，限制对所有物的自由处分。私有的个人自由主义的所有权则以个人为所有权主体，确认所有物归属于个人私有，由个人自由处分其物，个人享有利益，排除其他个人或者团体、国家对其所有权的干涉。"[1] 就自然资源国家所有权而言，我国《宪法》第 9 条"国家所有，即全民所有"中的"全民所有"，是指"以维护全民所有制为价值取向，从国家所有权主体的全民性出发，确认其权利主体是全体人民"。[2] 全体人民是自然资源最终的真正意义上的所有者，自然资源的利用及利益分享事关全体人民的公共利益，应由全体人民决定，全体人民的意志对自然资源国家所有权的行使具有内在的规制性。在这个意义上，自然资源国家所有权具有一定的"社会团体本位所有权"色彩。

自然资源国家所有权的这种社会团体本位色彩是由公有制的经济基础决定的。"在全民所有制的经济关系中，每一个社会成员都拥有公有权。"[3] 拥有公有权使每一个社会成员都是生产资料的所有者，但他的公有权只有和其他成员的公有权结合在一起时，才能构成一个真正的所有权。全民所有并不是使每个人对全民所有财产的某部分有直接的利用处分权，[4] 就全体人民中的个体而言，谁都不享有全民所有财产的所有权。在这个意义上，全民所有实际上就是不归任何人所有，只有当全体人民构成一个整体

---

① 韩松：《农民集体土地所有权的权能》，《法学研究》2014 年第 6 期。
② 马俊驹：《国家所有权的基本理论和立法结构探讨》，《中国法学》2011 年第 4 期。
③ 马俊驹：《国家所有权的基本理论和立法结构探讨》，《中国法学》2011 年第 4 期。
④ 参见高富平《中国物权法：制度设计和创新》，中国人民大学出版社，2005，第 86 页。

时其才是自然资源所有权的唯一主体。由此，全民所有是一个双重性权利结构，即全体人民中的每个成员在自然资源国家所有权结构中享有的公有权和作为整体对自然资源享有的所有权同时并存：在全体人民内部，每个成员对自然资源享有公有权，这既是国家所有权成立的经济基础，也是每个成员可以对全民所有的财产中享有权利和分享收益的根据；在对外关系上，由每个成员构成的全体人民整体对自然资源享有所有权。公有权的存在使"全民所有"必须符合由每个成员构成的全体人民的公共利益，否则，这种所有权就会违背每个成员将公有权联合在一起的目的。因此，公有权的存在决定国家所有权的价值取向，影响国家所有权的内在权利结构。

全民所有的双重权利结构决定了自然资源国家所有权的权利结构也具有双重性。一方面，全体人民作为一个整体是自然资源国家所有权的唯一主体，享有占有、使用、收益和处分等各项私法权能；另一方面，自然资源国家所有权受到内部公有权的约束和规制，即全体人民的意志和利益制约着国家所有权的指向和目的。这就意味着全体人民可以通过民主程序，对自然资源国家所有权进行塑造，并对其行使进行引导、规制和管理。此时，全体人民实际上在以公有权为依据行使国家所有权的公法性权能。正如李哈维所言，在资源实行公有的情况下，由于资源的使用仅限于社群的成员内部，为了遵守资源使用符合所有成员利益的公共性原则，这些成员就有必要制定管理、监督和使用规则，防止资源滥用和退化，防止"公地悲剧"的发生。[1]

总之，自然资源国家所有权概念本身即包含私法上的所有权权能，它可以直接在私法关系中适用，产生私法效力。但是，作为其内在基础的公有权也使自然资源国家所有权具有规制、管理等公法权能，具有强制性的法律效力。这两种性质不同的所有权权能决定了自然资源国家所有权的基本立法结构。

（二）自然资源国家所有权权能应能保障国家所有权制度价值目标的实现

历史和实践表明，私人财产权制度不利于实现社会公共福利，容易形

---

[1]　参见 Amnon Lehavi, How Property Can Create, Maintain, or Destroy Community, 10 *Theoretical Inquiries in Law* 43（2008）。

成资源垄断，导致社会分化，进而对人类的持续生存和发展造成危害。乌尔夫·哈默指出，私有财产权一旦被创设，环境和自然资源法中就有一种危险的力量。[①] 现代国家建立自然资源国家所有权制度的主要目的就是实现人类社会的可持续生存和发展，实现社会公共福利、保障国计民生、促进社会进化。因此，与传统民法上的所有权相比，自然资源国家所有权制度的价值目标具有多元性，社会功能具有复杂性。自然资源国家所有权要保障生产资料公有的基本经济制度，要实现定分止争、物尽其用的规范目的，要保障资源合理使用，防止资源滥用，实现人与自然的和谐、可持续发展，还要增进社会公共福利，实现自然资源利益全民共享。所有权权能是自然资源国家所有权内容和效力的具体体现，是一种实现自然资源国家所有权价值目标的法律工具，应当能够体现自然资源国家所有权价值的多重性，并保障这些价值目标的有效实现。显然，传统所有权的私法权能能够促进自然资源的有效利用，促进社会经济的发展，但在防止资源垄断、保护生态环境、实现资源利益共享等方面，难以发挥作用，甚至可能与此背道而驰，这就需要公法权能弥补私法权能的不足，保障私法权能的行使不偏离自然资源国家所有权的价值轨道，在实现自然资源经济利益的同时，实现自然资源国家所有权制度的其他价值。

如果将自然资源国家所有权简单地看作传统的民法所有权，则容易使民法所有权所蕴含的经济理性和逐利冲动，完全取代自然资源国家所有权所预设的规制、监督、管理及责任等。因此，除去一般意义上的私法权能，自然资源国家所有权还包含规制、管理、监督等一系列具有公权力色彩的权能，这种公法权能本质上就是对所有权自治的保护和限制，是其实现自我规制的重要方式。通过私法权能和公法权能，自然资源国家所有权才能真正做到"追求一种以自由而平等的全体人民资源共同收益和合理分享为内容的分配正义观，它既要通过规制手段抑制自发市场内生的'败德风险'，同时也戒备可能与民争利的攫取型资源财政之生成，强调作为一种规制国家的负责性、公共性。最终共同维护公有制的主体地位，实现我

---

① 参见 Ulf Hammer, System Operation: From Self-regulation to Public Regulation, in Aileen McHarg, Barry Barton, Adrian Bradbrook & Lee Godden（eds.）, *Regulating Energy and Natural Resources*, Oxford University Press, 2006, p. 174。

国'基于平等之自由'的政治道德与宪法精神"。[①]

三 自然资源国家所有权的双重权能结构何以成立

(一) 所有权概念能够容纳自然资源国家所有权的双重权能结构

从既有的所有权知识体系来看，自然资源国家所有权显得格格不入，并因此常常受到批判和质疑。然而，马克思指出，"要想把所有权作为一个独立的关系、一种特殊的范畴、一种抽象的和永恒的观念来下定义，这只能是形而上学或法学的幻想"。[②] 尽管这是马克思从法社会学角度对所有权现象的观察，但是这一论述却引起了现代所有权理论的强烈共鸣，可以从中意识到传统所有权概念对所有权主体、客体、内容的严格限定所带来的局限性。[③] 可以说，传统所有权概念多少带有概念法学学理构造的痕迹，它与财产权的立法和实践存在出入是有可能的，也是可以理解的，这就必然会促使理论研究试图对这一传统概念进行反思，甚至进行重构。[④] 传统所有权概念和理论并不是封闭的系统，也不是牢不可破的，它要随理论和实践的发展而发展。自然资源国家所有权的出现，既是对所有权传统理念的挑战，也大大拓展了所有权既有的理论空间。

在英美法系，所有权的概念正在被重新定义。布莱克斯通曾对财产所有权下过一个经典定义：个人主张获取并实际行使人世间客观物品唯一的、专有的和完全的最终权利，对于世界上任何其他个体都具有完全的排他性。[⑤] 尽管这一定义反复被人们引用以证明财产所有权的自由性和排他性本质，不过，戴维·肖尔认为，若从整体上研究布莱克斯通的《英格兰法律评议》，就会发现布莱克斯通自己对财产所有权实际上并不持这种观

---

① 王旭：《论自然资源国家所有权的宪法规制功能》，《中国法学》2013 年第 6 期。

② 《马克思恩格斯全集》第 4 卷，人民出版社，1958，第 180 页。

③ 在民法传统理论中，所有权的主体、客体和内容都必须是特定的。参见孙宪忠等《国家所有权的行使与保护研究》，中国社会科学出版社，2015，第 73 页。

④ 参见王涌《所有权概念分析》，《中外法学》2000 年第 5 期；陈红艳《所有权概念重构》，《甘肃行政学院学报》2004 年第 2 期。

⑤ 参见 W. Blackstone, *Commentaries on the Laws of England*, https://en.wikipedia.org/wiki/Commentaries_on_the_Laws_of_England，最后访问日期：2016 年 5 月 10 日。

点。在布莱克斯通时代，关于财产所有权的唯一和独占支配地位的想象并不符合事实，而在今天，这同样也是不确切的，在资源所有权领域更是如此。^①霍菲尔德关于法律关系的理论解释，对英美财产所有权理念的转变产生了深远影响，在他的法律关系理论中，权利、特权、权力和豁免同无权利、义务、无能力以及责任相互依存。^②尽管霍菲尔德并没有使用"权利束"来描述财产所有权，但他弱化对物权而强化对人权的努力，为权利束理论的发展提供了支撑。在后来的权利束理论中，每一项权利、特权、权力、豁免或者义务在整体权利束中都是构成某一财产权利关系的一部分。奥若雷较全面地提出并阐述了"权利束"理论，他认为，所有权意味着物的所有者在该物上优于和超越所有其他人的特定的权利集合或者权利束。所有权是最终的财产利益，是我们标识对某物具有根本控制权的一个人或一些人的工具。^③在奥若雷的权利束理论中，所有权的内容不仅包含权利要素，还包含权力要素。

在权利束理论的影响下，美国学者拉沙佩勒和迈克尔认为，自然资源所有权概念的含义已经扩张，更多包含责任与义务的内容，规定国家对自然资源的所有权，本质上是强调国家对自然资源的管理、规划和保护责任，而非利益的掠夺。^④马斯腾更详细地指出，在许多法域，丰富多样的自然资源可能属于国家所有，除了属于公共权利或者自由的一些资源外，公众并不享有从这些资源中获取利益的普遍自由。因此，一方面，这类财产同私有财产非常相似；另一方面，在资源的管理上，作为所有者的国家会另外制定法律和规则，对资源的使用进行监管，而这些另外的法律和规则所规定的权力或责任则不适用于私有财产的所有者。^⑤阿根廷学者马林

---

① 参见 David B. Schorr, How Black Stone Became a Blackstonian, 10 *Theoretical Inquiries in Law* 103 (2008)。

② 参见 W. N. Hohfeld, Some Fundamental Legal Conceptions as Applied in Judicial Reasoning, 23 *Yale L. J*, 16 (1913)。

③ 参见 A. M. Honoré, Ownership, in A. G. Guest (ed.), *Oxford Essays in Jurisprudence*, Oxford Clarendon Press, 1961, p. 113。

④ 参见 Paul R. La chappelle & Stephen F. McCOOL, Exploring the Concept of "Ownership" in Natural Resource Planning, 18 *Society & Natural Resources*: *An International Journal* 279 – 285 (2005)。

⑤ 参见 Scott E. Masten, Public Utility Ownership in 19th-Century America: The "Aberrant" Case of Water, 27 *The Journal of Law*, *Economics & Organization* 632 – 633 (2009)。

霍夫更为明确地指出，自然资源国家所有权相当于国家最高支配权，这一概念更多地被认为源于公权力，而不是一种完全的财产权，除了所有权外，它还指国家制定和阐释适用于规范私人主体的规则的权力。因而，国家对地下自然资源同时享有权利和权力。① 我国也有学者认为，自然资源国家所有权不同于传统以私权为核心要素的所有权概念，"在自然资源领域，国家所有权恰恰同时蕴涵着权利与权力的双重因素，在大多数情况下无法进行二元肢解"。②

与法学家相比，经济学家更为直截了当。他们认为，财产所有权的概念本质上是从公共角度勾画了私权的范围，而且在这样做的过程中，对财产的政治权力进行私有化，并将其隐藏在这个概念及过程中。③ 所有权以私权形式隐藏着权力要素，它们分别在不同的领域发挥作用。在此视角下，自然资源所有权是一种独特的有资格保护效用和增进人类福祉的机制，即所有者、使用者以及其他人能期望从自然资源中获取某种利益的权利。这个机制发生作用的前提，就是不能仅从私权角度考虑问题，还必须着眼于国家权力对自然资源决策过程的参与。④

由此可见，所有权是一个不断发展着的法律概念。传统理论将所有权概念视为对政府监管行为的限制，因而强调其私权属性。现代所有权理论则认为财产权并不优于国家监管。基于这种观点，现代财产法学者认为，财产所有权，特别是国家所有权，是被创造出来以履行社会职能的一种社会制度。国家所有权概念蕴含着固有的社会关系，这种社会关系包括权利的行使和权利的监管两个方面。正是在这个意义上，"财产所有权实际上可能正是监管义务或国家权力的来源"。⑤ 在国家所有权制度下，决定自然

---

① 参见 Luis Erize, Eminent Domain and Regulatory Changes, in Aileen McHarg, Barry Barton, Adrian Bradbrook & Lee Godden（eds.），*Property and the Law in Energy and Natural Resources*, Oxford University Press, 2010, p. 301。

② 赵红梅：《中国物权法自然资源所有权缺失论——兼论物权法与自然资源专门立法之关系》，载王卫国主编《法大民商经济法评论》第 2 卷，中国政法大学出版社，2006，第 46 页。

③ 参见 K. Gray & S. F. Gray, Private Property and Public Propriety, inJ. McLean（ed.），*Property and the Constitution*, Hart Publishing, 1999, p. 12。

④ 参见 M. R. Alchian & W. R. Allen, *Exchange and Production: Theory in Use*, Wadsworth Pub. Co., 1969, p. 158。

⑤ 参见 K. Gray & S. F. Gray, Private Property and Public Propriety, in J. McLean（ed.），*Property and the Constitution*, Hart Publishing, 1999, p. 12。

资源所有权的具体内容并不会引起关于所有权属性问题的争论，因为法律已经明确规定自然资源所有权属于国家，国家有权通过正当程序决定和组织所有权的内容及其内在结构。因而，作为自然资源所有权的主体，国家可以通过法律设定自己对自然资源所享有的权利和权力，包括利用自然资源的权利和控制自然资源的权力。总之，自然资源国家所有权的双重权能结构完全能够被纳入现代所有权概念范畴。

（二）自然资源国家所有权双重权能结构符合所有权权能理论的发展趋势

古罗马法学家认为，可以将所有权内容具体化为各种权能，所有权就是由各种权能组成的集合体，各项权能可以成为单独的权利，这些权利集合起来则为一个完整的所有权，因此所有权的权能是指构成所有权的权利。① 现代民法理论在继承罗马法传统的基础上，将所有权权能概括为占有、使用、收益和处分四项权能。我国《民法通则》第71条和《物权法》第39条都明确规定，所有权包含上述四项权能。不过，这种将所有权权能固化为四种类型的理论已经受到了质疑。"所有权权能不过是列举所有权人特定的行为方式，而所有权确认所有人在支配所有物时可以想其所想、做其所做，无论其方式如何怪异少见，都是所有权的表现形式。"② 现代学者所列举的所有权权能也远远超出了四项权能的范围。在奥诺雷的权利束理论中，所有权是关于既独立又相关的一束权利的术语，包括下列内容：占有权、使用权、管理权（决定该物的使用方式和使用主体的权利）、收益和处分权、担保权、转让权、无固定期限限制、预防损害的责任、执行的义务、剩余性的特征（所有者的利益高于任何其他利益，例如承租人和执照持有者等的利益）。③ 澳大利亚法学家佩顿也认为，所有权意味着对一项财产享有完整的全部的权利，具体内容应该包含享用权，决定物的利用方式的权利，依所有者意志处理、生产或者毁坏该物的权利，占有权，生

---

① 王涌：《所有权概念分析》，《中外法学》2000年第5期。
② 孟勤国：《物权二元结构论——中国物权制度的理论重构》，人民法院出版社，2009，第149页。
③ 参见 A. M. Honoré, Ownership, in A. G. Guest（ed.），*Oxford Essays in Jurisprudence*，Oxford Clarendon Press，1961，p. 113。

前有效转让的权利，对物施加负担的权利，等等。① 尽管许多人认为排他性是所有权的必要要素，但是奥诺雷和佩顿都没有将它列入所有权的内容之中，相反，在他们的列举中，所有权都包含权力或责任的因素。由此可见，所有权人行使所有权的方式是多种多样的，可以根据具体情况设定和行使不同的所有权权能。

列举权能的方法本质上是一种类型化的方法，但它不是逻辑理念的类型化，而是事实的类型化，它通过事实形态来说明一种抽象概念在外延上的可能内容。这种方法只能列举常见的形态，而不能穷尽一个抽象概念一切可能的外延。② 所有权权能的结构和内容本身不是确定不变的，所有权人可以根据所有权客体的性质及实现所有者权益的具体需要，确定所有权内容及其行使的方式。所有权权能体系是对所有权人可以行使的各种行为方式的概括，但它不是封闭的结构，不应该固守传统所有权的权能理论来否认自然资源国家所有权及其效力。在自然资源所有权领域，除了一般意义上的权能外，可能更需要所有者对自然资源进行干预的权力。因此，在拉沙佩勒和迈克尔看来，规定国家对自然资源的所有权，本质上是强调国家对自然资源的管理、规划和保护责任，而非利益的掠夺。③ 马斯腾也指出，自然资源国家所有权同私有财产非常相似，但在资源的管理方面，作为所有者的国家会另外制定法律和规则，对资源的使用进行监管。④ 由此可见，确立自然资源国家所有权具有双重权能结构，符合所有权权能理论的发展趋势。

（三）　自然资源国家所有权权能结构的比较法考察

自然资源属于国家所有或者受国家控制的制度起源于罗马法，最初是作为一种皇权制度为世人所知的。第二次迦太基战争之后，罗马皇帝成为全部被征服土地的所有者，同样，矿产资源在名义上也由作为主权者象征

---

① 参见 G. W. Paton, *A Text book of Jurisprudence*, Oxford Clarendon Press, 1946, p. 517。
② 王涌：《所有权概念分析》，《中外法学》2000 年第 5 期。
③ 参见 Paul R. La chappelle & Stephen F. McCOOL, Exploring the Concept of " Ownership" in Natural Resource Planning, 18 *Society & Natural Resources: An International Journal* 284 (2005)。
④ 参见 Scott E. Masten, Public Utility Ownership in 19th-Century America: The " Aberrant" Case of Water, 27 *The Journal of Law, Economics & Organization* 632 (2009)。

的皇帝享有，而相应的政治权力机关则作为皇帝的代表，被授予矿产资源勘探和开发的许可、许可证的颁发和租约的签订等各种权利。根据这种制度，矿产资源所有权直接被授予皇帝或王室，而且与用益物权、使用权和收益权相分离。① 在近代自然法理论的影响下，罗马法中的皇权制度不断融入各种现代性特征，并根据各种理论和方法被整合到国家所有权制度所代表的现代国家矿产资源所有权的概念之中。②

在现代社会中，实行国家所有权制度的国家都在各自的宪法和资源法中，对自然资源的所有权和控制权进行了明文规定。1992 年的沙特阿拉伯治理基本法规定："真主所赋予的全部资源，无论是在地下、地表还是领水，不管是在陆上还是国家控制的海域，按照法律规定都是国家财产。为了国家的安全、利益和经济发展，开发和保护资源的方法由法律予以规定。"在自然资源利用和管理过程中，作为所有者的国家可以根据需要设定自身享有的各种权利。1962 年的科威特宪法第 21 条规定：自然资源及其产生的全部国家收入都是国家财产；国家保障其合理保护和适当开发，并且根据国家安全和国民经济的需要给予应有的照顾。伊恩认为，根据该规定，国家在自然资源利用和管理过程中享有许可权、处分权、管理权、保护权和利益分配权等。③ 奥默罗伯和奥尼莫拉对尼日利亚、安哥拉、刚果、巴布亚新几内亚、加拿大等国家的自然资源所有权制度进行比较研究后认为，在国家所有权制度下，国家在其领土范围内行使专属的法定支配权，包括对所有的自然资源的支配权。国家可以授予私人实体或公共实体勘探和开发石油和天然气的权利，并赋予其投资管制权、征收权、课税权、管理权和收益分配权等，也就是说，国家对其管辖范围内的自然资源可以行使使用权，也可以行使立法权和管制权等。在他们的研究中，挪威的石油资源属于国家所有，国家所有权包含一般意义上的所有权和监管权，并且这两种权利由挪威国家石油公司和另一独立的机构佩特罗公司分

---

① Basic Instruments and Concepts of Mineral Law, http://www.natural-resources.org, 最后访问日期：2015 年 12 月 5 日。

② 参见 Yinka Omorogbe & Peter Oniemola, Property Right in Oil and Gas under Domanial Regimes, in Aileen McHarg, Barry Barton, Adrian Bradbrook & Lee Godden (eds.), *Property and the Law in Energy and Natural Resources*, Oxford University Press, 2010, p.116。

③ 参见 Ian Thynne, Ownership as an Instrument of Policy and Understanding in the Public Sphere: Trends and Research Agenda, 32 *Policy Studies* 189–197 (2011)。

别行使。①

实行私有制的国家中，也有不少经过考虑而宣告对陆上的石油、天然气和煤炭资源实行国家所有，如丹麦，挪威、波兰、英国、西班牙和荷兰等。在实行自然资源国家所有的基础上，这些国家自然资源立法的核心内容就是建立许可证制度，通过许可证制度允许私人企业或国有企业根据许可证项下的权利范围，在自然资源主管部门的控制下勘探和开发自然资源；同时，国家有权对自然资源勘探和开发进行监督，可以要求许可权人就其勘探开发活动以及整个许可期内的活动提供相关信息。② 此外，还有明确规定国家所有权管理权能的立法例，例如，日本国有财产法承认管理权能为国家所有权的内容，而且国家所有权是由管理权能和处置权能构成的二元结构。③

尽管不同国家规定的自然资源国家所有权的具体权能不尽相同，但都显示了它与一般所有权存在差异的一面。在这些立法例中，自然资源国家所有权权利结构都具有双重性，一方面承认国家作为所有权主体可以利用自然资源，另一方面也规定国家应当行使权力，对自然资源利用进行规制和管理。国家作为所有权人行使这两方面的权能，保障自然资源的合理利用。

总之，所有权的概念及其权能理论随着财产权发展而不断发展。总体来看，所有权概念在不断地从概念主义走向工具主义，所有权权能也在不断扩张，将传统的私法效力和公法效力统合在所有权概念中，自然资源国家所有已不是一种新鲜的理论学说。从比较法的角度看，自然资源国家所有权制度在不断扩张自己的"地盘"，对传统私法所有权影响深远，公法与私法的界限在国家所有权概念中变得模糊，在这些立法例中，国家所有权包含私法效力和公法效力也是惯常做法。

---

① 参见 Yinka Omorogbe & Peter Oniemola, Property Right in Oil and Gas under Domanial Regimes, in Aileen McHarg, Barry Barton, Adrian Bradbrook & Lee Godden（eds.）, *Property and the Law in Energy and Natural Resources*, Oxford University Press, 2010, p. 118。

② 参见 Yinka Omorogbe & Peter Oniemola, Property Right in Oil and Gas under Domanial Regimes, in Aileen McHarg, Barry Barton, Adrian Bradbrook & Lee Godden（eds.）, *Property and the Law in Energy and Natural Resources*, Oxford University Press, 2010, p. 125。

③ 参见刘超《自然资源国家所有权的制度省思与权能重构》，《中国地质大学学报》（社会科学版）2014 年第 2 期。

四 对自然资源国家所有权权能的重新认识

自然资源国家所有即全民所有，在权利结构上，全体人民是权利主体，可以通过民主决策程序行使权利，既包括对自然资源进行占有、使用、收益和处分等，也包括对自然资源进行管制、规划及收益分配等。在权利内容上，自然资源国家所有权具有公法权能与私法权能。私法权能使自然资源国家所有权通过私法规范进入国家整体财产制度体系和市场经济体系，成为市场经济法治秩序的一部分。公法权能通过公法性规范体现在国家所有权体系中，保障国家所有权行使的合理性和正当性，防止自然资源利用中形成私人垄断和产生剥削，保障自然资源财富由全体人民公平共享。总之，自然资源国家所有权对全体人民而言不应该只是法律上的神话，通过民主决策程序，全体人民的意志和利益不仅能够体现在自然资源国家所有权的内容中，而且能够通过公法权能和私法权能的行使得到具体实现。

20 世纪 90 年代以来，围绕着《物权法》的制定及《物权法》实施中出现的一系列问题，关于自然资源国家所有权的理论研究文献逐渐增多，并在许多领域取得了重要成果。其中物权说、所有制说、公权说、双阶构造说以及公共财产说等学说，对于丰富我国自然资源国家所有权理论尤其重要。然而，我国对自然资源国家所有权的理论研究囿于传统民法所有权概念和权能理论，要么以民法所有权概念为标准，试图通过削足适履般的改造和解释，将自然资源国家所有权完全纳入民法物权框架；要么以民法所有权概念为对照，否定自然资源国家所有权的所有权性质和效力。这两种做法显然都是不可取的，既不符合自然资源国家所有权存在的客观事实，也不符合自然资源国家所有权运作的基本逻辑。自然资源国家所有权仍然是所有权，并不因其主体、客体或内容上的特殊性而失去本质属性，"如果所有权在宪法、民法、行政法、经济法、刑法等不同法律部门中，存在不同的内涵、外延，它也就是失去了作为法律概念的资格，不可能容纳在同一个法律体系中"。① 当然，也应承认自然资源国家所有权具有特殊

---

① 谢海定：《国家所有的法律表达及其解释》，《中国法学》2016 年第 2 期。

性，主要表现在其具有双重权能结构及其有赖于民主决策程序来有效实现等方面。自然资源国家所有权研究不应脱离现有的基本法律制度框架，应从理论迷宫走向务实建设，在厘定基本权能的基础上，建立民主制度和民主程序机制来实现这些权能，保障全体人民能够真正享有自然资源所有权。

虽然我国自然资源立法非常丰富，宪法、物权法以及各种自然资源法都对自然资源国家所有权有相关规定，但是从权利实现的角度而言，现有立法仍然存在许多不足。从权能角度来看，现行立法主要存在以下问题：在立法理念上，主要秉持传统民法所有权的性质和概念，对于自然资源国家所有权的公法权能缺乏明确认识；在制度内涵上，以行政权力和手段管制自然资源的使用，混淆所有权权能和行政管理权权能的界限；在制度运行上，法律规定由国务院代表国家行使所有权，实际上是由其职能部门和地方政府直接掌控自然资源，各级政府既是所有权的行使主体，又是管制主体和监督主体，这种制度安排忽视了自然资源国家所有权的特殊性，是对其性质和权能的片面解读；在权利保障上，由于受理念认识偏差和理论研究滞后的影响，我国自然资源立法对自然资源国家所有权实现的保障和对自然资源国家所有权行使的监督都呈现弱化的态势。

五　自然资源国家所有权双重权能结构的体系化实现

"所有权虽是整个自然资源法律制度中的重要因素，但并不当然能解决自然资源的管理、规划、管制、收益等实质问题。"[1] 若只是停留在抽象的概念层面，自然资源国家所有权的意义和价值就必然无法得到彰显，因此，有必要从具体制度建构的角度落实自然资源国家所有权。其中，最重要的是，必须充分认识到自然资源国家所有权内容所具有的张力，明确自然资源国家所有权权能具有双重结构，并通过法律规范将其体系化，以保障自然资源国家所有权制度价值目标的实现。总体而言，应当以《宪法》

---

[1]　瑞士"人文主义者对话中心"基金会 2009 年发布的报告：《为了和平的自然资源谈判：所有权、控制和财富共享》，转引自王涌《自然资源国家所有权三层结构说》，《法学研究》2013 年第 4 期。

第9条为基础和依据，在物权法和自然资源特别法对国家所有权作出规定的基础上，从以下方面对自然资源国家所有权作出更为明确和具体的规定。

（一）明确自然资源国家所有权的性质

对自然资源国家所有权的性质，应当作出更加明确的规定。自然资源国家所有即全民所有，不仅是对权利主体的规定，也是对权利性质的确认，它不同于一般所有权。虽然私人所有权和国家所有权在宪法上都是所有权，但是基于其保护的对象存在差异，在下位法中，所有权的具体结构和内容可能不尽一致。就纯粹的个人财产而言，其主要功能在于保障个人的经济和行动自由，因而所有权主要规定和强调的是私法权能。但是，国家所有权是以公有权为基础而成立的权利，下位法对其权利结构和内容的规定涉及全体人民的公共利益，需要考虑更多的因素，既需要通过私法上的权利配置保障自然资源的使用符合社会主义市场经济的基本逻辑，也需要通过具有自我保障、自我约束和自我矫正功能的公法权能，将其设定在国家所有权制度的基本价值轨道上。因此，自然资源国家所有权不是一般的所有权，也不是公权，而是具有私法权能和公法权能的特殊所有权，受公法和私法共同调整和保护。

（二）明确自然资源国家所有权的权能体系

首先，应当明确自然资源国家所有权作为私权所包含的权利形式与一般所有权并无本质差异。作为所有权的主体，国家有权利要求他人不侵占自然资源，有权利自由使用自然资源，有权利获得自然资源收益，也有权利处分自然资源。也就是说，从国家所有权权能的角度看，国家对于自然资源应当享有占有、使用、收益、处分之权能。自然资源国家所有权的这种"私权"属性，表明它与一般所有权在本质上的一致性，也表明它符合私法的权利本位精神。就此而言，作为所有权主体的全民意义上的"国家"是一个独立的民事主体，它的所有权同样受到私法的规范和保护。尽管如此，由于其性质和目的，自然资源国家所有权需要通过民主制度和程序，保障私法权能的行使充分体现全体人民的意志和利益，并保障全体人民意志和利益的实现。

其次，应当明确公法权能是自然资源国家所有权的应有内容。公法权能本质上是一种权力关系，与以对等性为特征的私法权能存在较大差异。公法权能通常不是对物的直接支配，而是与物有关的权力行使。① 这种权能与行政管理权是不同的，这是作为所有权主体所享有的权力。公法权能主要有立法权能、管理权能、监督权能和分配权能。（1）立法权能。全体人民尽管无法像一般所有权主体一样直接行使所有权，但可以通过民主制度和程序制定自然资源使用、管理以及收益分配等规则，将全体人民的意志和利益体现到自然资源国家所有权及其行使中。全体人民通过立法权的行使，不仅可以建立以自然资源开发利用为中心内容的私法秩序，而且可以建立以保障自然资源合理利用为中心的管理和监督秩序。在这个以立法形式表现出来的民主决策程序中，立法权实际上就是全体人民行使所有权的方式、内容和表现，这就如同一般所有权主体为了更好地利用和管理自己的财产而对财产的利用和管理制定规则一样，二者在本质上并无区别。（2）管理权能。所有权人有权对自己的财产及其利用进行管理，这应该是不言而喻的。在自然资源属于国家所有的情况下，国家同样有权对自然资源及其利用进行管理，以保证自然资源被合理利用。（3）监督权能。由于主体的特殊性，自然资源国家所有权经常与使用权发生分离，所有权主体有必要对自然资源的使用和管理进行监督，以确保自然资源利用符合全体人民的公共利益。国家若不行使监督权能，稀缺的自然资源就容易在部门利益或地方利益的追逐之下消耗殆尽，全体人民的资源利益也就无法得到有效保障。（4）分配权能。就私人所有权而言，所有人如何对其财产及收益进行分配，法律一般尊重其意志，不予干涉，也无须明文特别予以规定。与此不同，自然资源国家所有权具有高度的公益性，其分配权能就显得特别重要，需要予以认真对待，国家应当确立行使分配权能的实体条件和程序机制，保障全体人民都能够从自然资源国家所有权制度中公平受益。

最后，应理顺公法权能与私法权能之间的关系。在以往的计划经济体制下，国家权力取代了市场需求，公有制与公有权不分，行政权力成为自然资源权利配置的唯一方式。如今，我国已经确立了市场经济体制，市场

---

① 王涌：《自然资源国家所有权三层结构说》，《法学研究》2013 年第 4 期。

应在资源配置中起决定性的作用，符合市场经济规律的私权已经成为自然资源权利配置的基本逻辑。自然资源是最重要的生产资料或其来源，人类还无法摆脱通过利用自然资源实现社会经济发展的基本制约。无论自然资源立法如何复杂，其中心任务都是围绕自然资源利用而展开的，除去直接规范自然资源利用的法律外，规范自然资源管理、保护的法律无非是要求自然资源的利用不能无节制地、不公平地进行，不能损害自然资源国家所有权制度的基本价值而已，可以说，"离开自然资源的人类利用，自然资源立法将变得毫无意义"。[1] 尽管符合市场经济规律的私权已经成为自然资源权利配置的实践逻辑，但由于市场本身存在风险，市场也可能失灵，这就要求自然资源国家所有权必须有适当的自我规制权能和自我规制手段。公法权能的主要功能正在于对私法权能的行使进行规范、管制、补充、纠正和救济，目的在于保障自然资源合理使用，保障自然资源国家所有权制度的运行不偏离其基本价值轨道，保障全体人民在自然资源上的共同利益。

（三）建立行使自然资源国家所有权的民主程序

自然资源国家所有权是属于全体人民的权利，然而，全体人民又并非严格意义上的权利主体。国内外历史经验表明，"全民所有"或"国家所有"这种权利结构意味着自然资源国家所有权主体不可避免地会出现"虚位"现象，[2] 全体人民虽然是自然资源的最终所有者，却无法直接行使所有权。那么，自然资源国家所有权的行使应如何体现全体人民的意志和保障全体人民的利益呢？最根本的路径应当是建立能够体现自然资源属于"全民所有"的民主制度和民主程序，集中全体人民的意志，并将这种意志体现到自然资源国家所有权及其行使过程中。只有通过民主制度和民主程序，全体人民才真正能够要求具体行使自然资源国家所有权的主体尊重人民的意志，遵从人民的指令，维护人民的利益，并对违反忠诚义务的行为承担责任。也只有在民主制度和民主程序的制约之下，行使国家所有权

---

① James Q. Wilson & Louise Richardson, Public Ownership vs. Energy Conservation: A Paradox of Utility Regulation, 9 *Regulation* 31 (1985).

② 参见孙宪忠《"统一唯一国家所有权"理论的悖谬及改革切入点分析》，《法律科学》2013 年第 3 期。

的主体才能依法对自然资源进行合理利用和管理，尊重人民的意志，忠诚于人民利益。

在我国现有体制下，比较可行的办法是利用人民代表大会制度来实现国家所有权的行使。根据我国宪法，全国人民代表大会是代表全体人民意志和利益行使国家权力的机构，能够集中全体人民意志，维护全体人民利益。自然资源国家所有权以全体人民对生产资料享有的公有权为基础，具有全民性和公益性。因而，全国人民代表大会与自然资源国家所有权的全民性具有一定程度的契合性。全体人民可以通过全国人民代表大会形成作为所有者的共同意志，行使国家所有权。王家福指出，"国家所有权是全民所有权，不言而喻，人民代表大会应该是行使国家所有权的代表，它是所有权的代表人。因为代表全体人民的是人民代表大会，政府只是在人大通过的法律授权的范围内行使国家财产所有权利"。① 蔡定剑也提出，应由全国人大代表国家行使国家所有权。② 肖泽晟同样认为，由全国人民代表大会代表全体人民行使自然资源国家所有权，也完全符合公共信托理论的五个标准，即任何代表国家行使自然资源所有权的人都必须遵循人民的指令、对自然资源尽合理照顾的义务、对人民忠诚、公正无私以及违反信托义务必须承担责任，而人民的意志又集中体现为全国人民代表大会制定的各种法律。③

在承认人民代表大会有权代表人民行使国家所有权的基础上，利用人民代表大会的民主制度和民主程序，可以形成国家所有权行使的长效保障机制和监督机制。首先，全体人民可以通过全国人民代表大会行使公法权能中的立法权，进行自然资源立法，建立自然资源利用、管理和收益分配秩序和规则。其次，全体人民可以通过全国人民代表大会授权国务院具体行使国家所有权。例如，授权国务院建立自然资源使用权制度、自然资源管理制度和收益分配制度等。再次，人民代表大会可以对自然资源国家所有权行使情况进行监督。受人民代表大会委托行使自然资源国家所有权的政府必须按照人民代表大会的意志行使权利，依照人民代表大会制定的法

① 王家福：《对民法草案的几点意见》，《法律服务时报》2003年1月17日。
② 参见蔡定剑《谁代表国家所有权》，《山东人大工作》2003年第4期。
③ 参见肖泽晟《自然资源国家所有权的宪法限制》，《南京工业大学学报》（社会科学版）2011年第4期。

律和授权对自然资源进行利用和管理，对人民代表大会负责，并接受人民代表大会的监督。最后，人民代表大会代表人民行使自然资源国家所有权的权力也是一种义务和责任，不能放弃，也不能放任受托人任意行使或随意处置自然资源所有权，不能放弃对受托人的监督职责；① 而受人民代表大会委托行使自然资源国家所有权的任何组织或者个人都必须严格遵守法律，按照人民代表大会的授权和要求行使权利，保障自然资源国家所有权价值的实现。

总之，自然资源国家所有权双重权能结构是自然资源国家所有权本质内容所呈现的基本样态，从不同角度揭示了自然资源国家所有所具有的法律效力及其性质。在市场经济条件下，自然资源国家所有权的私法权能以促进自然资源有效利用为目的，而公法权能则以保障自然资源的实际利用、体现全体人民的共同意志和利益为目的。这一双重权能结构在《宪法》第 9 条的引导之下展开，也在《宪法》第 9 条的规制之下实现统一，自然资源国家所有权也因此能够保持概念上的开放性和统一性。通过民主制度和民主程序的建构，全体人民能够在不同程度上以多种方式行使自然资源国家所有权的这些权能。在此意义上，双重权能结构的分析和建构对于自然资源国家所有权的有效实现，也是具有积极意义的。

---

① 参见王旭《论自然资源国家所有权的宪法规制功能》，《中国法学》2013 年第 6 期；邱秋《水资源国家所有权的性质辨析》，《湖北经济学院学报》2009 年第 1 期。

中国法治经济建设的逻辑[*]

谢海定[**]

摘 要："法治经济"是对市场经济在法律层面的本质特征的概括。法治经济的构成包括两个方面：一是为解决基于普遍市场规律的共通性问题而建立的法治框架；二是为解决各国市场经济发展的独特性问题而确立的法治技术。中国自改革开放以来，解决"标准市场"的共通性问题所需要的基本法治框架逐步形成，统贯各个必备要素的支撑性观念也比较明显地体现在不同时期党和国家的正式文件中。中国市场经济发展最重要的独特性问题，即如何在公有制基础上实行市场经济的问题，随着国家所有权行使代表制、企业法人财产权制度的确立，以及国家从"所有者"变为"出资人"的角色转变，在法治技术层面基本得以解决。经过近 40 年的发展，满足市场经济最低需求的法治基础在中国已大体形成，中国社会主义市场经济建设已开始进入法治经济阶段。

关键词：法治经济 市场经济 公有制 国家所有权 企业法人财产权

一 引言

"法治经济"概念兴起于社会主义市场经济体制被确立为中国经济体

---

* 本文原载于《法学研究》2017 年第 6 期。
** 谢海定，中国社会科学院法学研究所研究员。

制改革目标之际，大约自1993年起，"市场经济就是法治（法制）经济"开始在中国学术界流行。按照学者的看法，它"是'法治'一词应用于说明'市场经济'在法律层面上的本质特征而产生的"，其实质"是'法治'在'市场经济'中的延伸、扩展乃至存在（表现）形态"。① 这个意义上的"法治经济"，其实是一个颇具中国特色的概念，其英译"Rule of Law Economy"在西方很难见到；英语中经常出现的近似词"Rule of Law and Economy"，实际上主要指围绕法治与经济发展之间关系的研究题域。

20世纪七八十年代之交的中国，迎来了社会主义建设道路的调整，改革开放开始成为主旋律。经济领域的改革开放，既为法学研究直接提供了论题，也使得法治的价值逐步得到认可。在法学领域，传统上曾在较长时段内将"法治"作为资本主义社会的特有存在而予以批判。学术界在20世纪七八十年代之交掀起了一场关于法治与人治的大讨论，② 形成了"法治论"暂时的优势。但此后近十年时间，"法治论"又重新进入低潮期，"法治"一词在正式文件和国家领导人的讲话中几乎消失殆尽，公开发表的学术文献讲"法制"而不提"法治"的居多，"法治论者仍不得不在各种时髦的话题中，不断肯定法治的价值，甚至寻找法治的庇护所"。③ 在此背景下，中共十四大确立社会主义市场经济体制的改革目标，十四届三中全会提出社会主义市场经济的基本框架及对相应法律体系的要求，无疑为法治成为国家治理方略提供了契机，而"市场经济就是法治经济"学术命题则是法治与市场经济之间最为便捷的转介通道。

任何概念的诞生都有其特定功能。如果说"法治经济"一词的出现，最初有寻求法治的政治认同的考虑，那么随着"依法治国"被列入《中华人民共和国国民经济和社会发展"九五"计划和2010年远景目标纲要》，进而被写入宪法，法治经济概念的原初功能即已实现。

概念的生命力在于不断被赋予与语词含义相关联的新功能。中共十八届四中全会通过的《中共中央关于全面推进依法治国若干重大问题的决定》对"社会主义市场经济本质上是法治经济"的重申，可视为法治经济

---

① 程燎原：《从法制到法治》，法律出版社，1999，第136页。
② 参见《法治与人治问题讨论集》编辑组《法治与人治问题讨论集》，社会科学文献出版社，2003。
③ 程燎原：《从法制到法治》，法律出版社，1999，第77页以下。

概念寻得新的功能指向，从而进一步理论化的新起点。当前，中国经济已基本是市场经济，[①] 法治建设也已进展到系统推进的阶段，赋予法治经济概念表达中国经济体制本质的理论话语功能，既在整体上大致符合中国市场经济体制建设现状，明确了未来中国经济体制发展完善的方向，又在理论上开放出法治经济研究的巨大空间。法治经济概念既可以面向历史，归纳中国通过法治建设来推动市场经济发展的经验；也可以面向当下，实证经济实践中存在的具体问题及其与特定法治观念和制度安排之间的关系；还可以面向未来，探讨如何完善法治从而为中国经济的进一步繁荣提供保障。

本文不拟对中国法治经济建设的历史演进给予描述，或者针对法治经济实践的具体问题作实证研究，也不设计中国法治经济建设的未来议程，而是尝试构建一个从法治角度理解中国市场经济发展的理论框架，以此阐述中国在从计划经济转向市场经济的过程中为市场经济所构筑的法治基础，探讨以"法治经济"表达中国市场经济体制本质的可能性。这种基础理论的探讨，只是法治经济概念理论化的初创性工作，但它对于法治经济建设的历史描述、实证研究和未来谋划，或许具有前提性的意义。

市场经济是全球性事物，有一些基于其普遍性规律的共通性问题需要解决；同时，由于各国发展市场经济的历史基础、前提条件或所受到的约束存在差异，每个国家在具体建设市场经济时又会有一些独特性问题需要解决。鉴于这种考虑，本文以下主要以市场经济在法治层面的共通性问题和独特性问题的区分为线索。第二部分讨论解决"共通性问题"的必备法治要素。考虑到各国市场经济制度体系的复杂性，这里对"共通性问题"的讨论以市场经济运行对法治的最低要求为限。第三部分讨论中国在这些必备法治要素及其背后的支撑性观念方面的具体进展情况。第四部分讨论中国建设市场经济过程中最重要的独特性问题及其在法律层面的解决。本

---

① 有学者从五个方面判断中国经济已经基本成为市场经济：（1）中国所有制结构的重大变化与企业市场主体地位的确立；（2）绝大多数商品和服务的价格已经由市场决定；（3）劳动力就业已经完全由市场供求关系决定；（4）要素市场的发育虽然还不完善，但在很大程度上也已经由市场来配置；（5）中国对外经济关系已与世界市场融为一体（裴长洪：《法治经济：习近平社会主义市场经济理论新亮点》，《经济学动态》2015 年第 1 期）。从国际上看，截至 2014 年，全球有 80 多个国家（地区）已经承认中国的市场经济地位（胡渊：《2016 年以后中国市场经济地位问题研究》，《当代经济管理》2016 年第 12 期）。

文的初步结论是：经过近 40 年的发展，满足市场经济最低需求的基本法治框架和解决中国市场经济建设最独特问题所需的必要法治技术，在中国已大体形成，中国社会主义市场经济建设已开始进入法治经济阶段。

二　市场经济体制的必备法治要素

从法学角度思考，建设社会主义市场经济体制的一个首要问题是，市场经济对法治有哪些基本需求，或者说市场经济体制包含了哪些必备的法治要素。这里的"市场经济"，对于改革开放之初的中国来说，可谓"理想市场"；作为全球范围内广泛存在的一种经济形态，则可谓"标准市场"。

（一）"标准市场"之必备法治要素的确定

在中共十四大提出建立社会主义市场经济体制的目标后，中国法学界在围绕"市场经济就是法治经济"命题和"建设市场经济法律体系"的讨论中，对市场经济的法治诉求曾有较多涉及。例如，在 1992 年 11 月《法学研究》编辑部召开的"市场经济与法制现代化理论座谈会"上，学者们提出：必须从公法优位主义转向私法优位主义；要处理好政企关系，政府不再是市场参与者，只是市场规则的监督者；要强调对各种市场主体和各种财产权的平等保护；无论资本主义还是社会主义的市场经济，都包含契约自由、财产自由、经营自由、人身自由、机会均等等原则；法制应从加强民商法立法入手，使企业成为真正独立的市场主体，企业之间平等自由地竞争，从而保证市场资源配置功能的实现。① 在 1993 年 5 月《现代法学》编辑部召开的"社会主义市场经济与法制建设问题座谈会"上，学者们提出：市场经济法律制度的基本精神包括自由、平等、效益、公平；市场经济是权利经济、契约经济，而权利经济和契约经济的法律表现形式就是法治经济；市场经济要求建立以私法为主干的法制体系，法律观念方面要从公法文化走向私法文化；市场经济法律体系应包括市场主体、市场运

---

① 参见《市场经济与法制现代化——座谈会发言摘要》，《法学研究》1992 年第 6 期。

行、宏观调控和社会保障方面的具体法律制度。① 中国社会科学院法学所课题组关于社会主义市场经济法律体系的研究认为，市场经济对法治的要求主要包括确认市场主体资格、充分尊重和保护财产权、维护合同自由、国家对市场的适度干预和完善的社会保障等方面。②

在现代西方经济学理论中，市场经济对法治的要求通常以私有产权的保障为切入点，根据产权的存在、运用和争议处理的不同环节，将财产权、自由契约和公正有效的司法系统作为市场经济的必备要素。③ 休谟、斯密等早期思想家关于"对人类进步和文明社会具有根本性"的三项制度——保障产权、通过自愿的契约性协议自由转让产权、信守诺言——的论断，经常被提及。④

若仅着眼于经济层面，市场经济最重要的功能就是提高资源配置效率。这也是中国建设市场经济的主要旨向。从提高资源配置效率的原动力考虑，财产权秩序确实是市场经济在法治方面的基础要素，正如恩格斯所言，"鄙俗的贪欲是文明时代从它存在的第一日起直至今日的起推动作用的灵魂；财富，财富，第三还是财富——不是社会的财富，而是这个微不足道的单个的个人的财富，这就是文明时代唯一的、具有决定意义的目的"。⑤ 财产权秩序包括财产权利体系的确立，财产的获取、使用和处分，财产争议的有效解决等与财产相关的法律和制度。以提高资源配置效率为

---

① 参见《社会主义市场经济的法治思考——社会主义市场经济与法治建设座谈会发言摘要》，《现代法学》1993年第3期。
② 参见中国社会科学院法学所课题组《建立社会主义市场经济法律体系的理论思考和对策建议》，《法学研究》1993年第6期。
③ 参见〔德〕柯武钢、史漫飞《制度经济学：社会秩序与公共政策》，韩朝华译，商务印书馆，2000，第217页以下。
④ 参见〔德〕柯武钢、史漫飞《制度经济学：社会秩序与公共政策》，韩朝华译，商务印书馆，2000，第24页。休谟曾指出："没有人能够怀疑，划定财产、稳定财物占有的协议，是确立人类社会的一切条件中最必要的条件，而且在确定和遵守这个规则的合同成立之后，对于建立一种完善的和谐与协作来说，便没有多少事情要做的了。"〔英〕大卫·休谟：《人性论》下册，关文运译，商务印书馆，1980，第532页。
⑤ 恩格斯：《家庭、私有制和国家的起源》，载《马克思恩格斯选集》第4卷，人民出版社，2012，第194页。马克思在论述资产主义生产时也曾这样写道："他狂热地追求价值的增殖，肆无忌惮地迫使人类去为生产而生产，从而去发展社会生产力，去创造生产的物质条件；而只有这样的条件，才能为一个更高级的、以每个人的全面而自由的发展为基本原则的社会形式创造现实基础"（此句话中的"他"指资本家）。马克思：《资本论》，载《马克思恩格斯全集》第23卷，人民出版社，1972，第649页。

功能指向的市场经济所要求的财产权秩序，则主要是利用个人追逐财富的"贪欲"，最大限度地调动每个人的积极性，提高行为可预见性、开放获取财产的途径、保障财产的安全。以这样的财产权秩序为目标，大致可以把"标准市场"对法治的最低需求列明为：公私法相区分的法律体系，财产权平等保护，契约自由，以及公正有效的司法系统。其中，"公私法相区分的法律体系"一方面为市场运行提供行为可预见性的规范基础，另一方面维护市场的独立性；"财产权平等保护"是财产权秩序的核心，解决市场动力问题；"契约自由"涉及对市场主体在市场中自主地运用财产、追求财产增值的法律确认，自由契约是市场的本质性构成要素；"公正有效的司法系统"则主要是从财产争议处理的角度对市场信用进行保障。这四个方面的制度及其观念相互辅助、缺一不可，属于"标准市场"对法治在形式方面的最低要求，它们在任何称得上"市场经济"的经济体制中都有体现。以下分而述之。

（二）公、私法划分及私法相对自治

任何市场的形成都需要制度，因为制度可以提供市场交易所需的最基本前提：可预见性。保障可预见性的制度，可分为内部制度和外部制度。前者主要是通过单个交易实践逐步累积而自发形成的制度，包括习惯、惯例和市场自律准则等；后者则是由外部强加给市场的制度，主要是国家颁布的法律。① 随着现代市场经济的发展，内部制度逐渐外部化，即很多市场自发形成的制度被吸收进国家法律中，以更为确定的方式保障市场的运行；外部制度也逐渐内部化，即体现市场运行规律的国家法律被内化为市场主体的习惯，以更为柔性的方式被自主执行。这样，外部制度与内部制度的区分，在国家法律层面也演化出两个类似功能类别的分野：干预或矫正市场的公法与反映市场自身运行规律的私法。

公法与私法相区分，旨在形成私法的相对自治。在现代市场经济中，私法充当了早期市场内部制度的角色，是所有市场主体、市场行为的准则，确立了市场秩序得以形成的基础。相比较而言，公法类似于市场经济

---

① 关于内部制度与外部制度的区分，参见〔德〕柯武钢、史漫飞《制度经济学：社会秩序与公共政策》，韩朝华译，商务印书馆，2000，第36页。

的"围墙",主要负责划定市场的边界;在边界之内,私法就是"国王"。这种功能上的分野,一方面源于法治传统中"不受约束的权力必然腐败"的观念,① 另一方面在于科学对经济系统与政治系统不同运行逻辑的认识。

现代经济发展建立在经济学理论基础上。经济学研究经济现象的一个最基本假定是"理性经济人",即人在经济生活中的利己主义和最大化财富的倾向。"利己的、最大化财富"的个人,在被冠以"理性的"修饰词之后,摆脱了政治、道德、宗教等方面的束缚,只要不侵害他人的同等权利,则穷其心智去追逐财富都是正当的。"穷其心智"易致"人尽其才","人尽其才"易致"物尽其用"。人能尽其才、物能尽其用,则经济必然发展。但是,政治学对政治现象的研究,却常以防范和惩治权力自谋私利为旨向。可以说,自现代经济学确立"理性经济人"概念以来,经济系统就开始了与政治系统相分离的进程,以不同于政治的逻辑相对独立地运行。既然经济系统与政治系统的运行逻辑不同,承载经济发展的市场也必须具有相对于政府的独立性。因此,公法与私法的划分、经济系统从政治系统的分离、政府与市场的界分,在理论上其实是一脉相承的。

尽管私法构成市场经济的法律基础,却不意味着公法对市场经济不重要。现代法治范畴下的公法,既为市场和经济系统设置边界和约束条件,同时也通过明确政府干预市场的条件、权限、程序等,避免政府的不当干预,保护经济系统的相对独立性。② 私法上的"法不禁止则自由"和公法上的"法无授权不可为",正源于此。

(三) 权利本位及财产权平等保护

法学作为"权利之学"、法律以权利为本位,是近代民族国家崛起的产物。有学者指出,自 14 世纪中叶以来,知识的普及和下移、科学的考察、新世界的发现、商业的发展等,日渐改变了欧洲封建社会的权力统治结构;至 18 世纪,一种新型政治统治秩序,即民族国家,开始逐步形成和

① "权力导致腐败,绝对权力导致绝对腐败。"〔英〕阿克顿:《自由与权力》,侯健、范亚峰译,商务印书馆,2001,第 342 页。

② 当然,市场经济中政府与市场的关系其实是公法和私法都需要处理的重要主题,公私法的区分以及私法自治并不能被简单化地理解为"公法规范政府、私法规范市场"。例如,处理好政府与市场在商法机制中的功能定位恰恰是商法机制发挥作用的关键,参见陈甦《商法机制中政府与市场的功能定位》,《中国法学》2014 年第 5 期。

建立。民族国家的诞生建立在两种权力策略基础之上：一是对有形暴力的合法垄断；二是对法律权利的明确规定和细致分析。① 前者体现了民族国家的本质，后者则为前者提供了正当性，使前者成为可能。自此，古典自然权利经由社会契约论、天赋权利说转变为法律上系统性的权利。就是说，法律上的权利并不是来自国家的赋予，而是国家对自然权利的确认，国家以法律对公民的安全、自由、财产等自然权利的保障，从公民手中换取了统治权力，换取了垄断有形暴力的正当性。② 这个时期的"权利本位"学说，一方面，强调法律的基础和核心是公民权利，而不是公民义务；另一方面，它的重心其实在公民权利与国家权力的关系上，强调前者才是根本、目的，是后者正当性的源泉。由此，"权利本位"构成了现代法治理论的核心内容之一，凝练表达了"把权力装进制度的笼子里"以保障人权和公民权利的现代法治精神。

"权利本位"作为现代法治理论的一部分，也契合了市场经济兴起后从经济系统与政治系统混同逐渐转向经济系统与政治系统分离的趋势。公民让渡出个人主权形成国家的政治统治权力，同时以法律形式保留了属于自己的自由和权利。这些自由和权利主要包括两部分：一是公民对政治的参与、监督权利；二是公民在私领域的权利。经济生活被视为统治权力应该止步且以法律形式予以保障的私领域，追逐财富的权利被视为公民最重要的私权利。③ 过去支持经济运转的正式与非正式的制度，逐渐被纳入国家的私法体系，财富也统一地、明确地以法律上财产权的名义得到保护。

财产权是市场形成和发展的根本动力，财产法则是市场经济最重要的基础，是市场交易的前提。与古典自由主义认为财产权是基本人权从而必须予以保障的角度不同，现代制度经济学理论认为，特定的财产权制度是经济繁荣发展的前提条件之一。在科斯创造"交易成本"概念之后，④ 财

① 参见胡水君《全球化背景下的国家与公民》，《法学研究》2003 年第 3 期。
② 参见〔英〕霍布斯《利维坦》，黎思复、黎廷弼译，商务印书馆，1985。
③ 强调财产权的防御性是早期财产权理论的一个重要维度。"财产权的防御性不但体现在财产权本身政府不可侵害，还体现在财产的边界划定了个人自由的范围和尺度，也就是所谓'私域'，财产权的边界就是公权力应该止步的地方。"龙文懋：《西方财产权哲学的演进》，《哲学动态》2004 年第 7 期。
④ 参见〔美〕R. H. 科斯《社会成本问题》，胡庄君译，载〔美〕R. 科斯、A. 阿尔钦、D. 诺斯等《财产权利与制度变迁——产权学派与新制度学派译文集》，上海生活·读书·新知三联书店，1997，第 3 页以下。

产权的存在及其不同配置对"交易费用"的影响，成为解释经济增长或者停滞的一条重要理论路径。

从经济系统相对独立的观念形成之日起，法律就被认为应该平等保护作为私权利的财产权。一方面，经济系统由追逐财富的个人和企业组成，这些主体的政治身份、道德或宗教角色在经济世界中被抹去，只是作为"谋取自身财富最大化的理性人"而存在。另一方面，自洛克提出"劳动创造财富"的观点①以来，财富被认为并不具有道德和政治上的消极或负面色彩，相反，与勤劳、努力、智慧等积极的道德评价相联系。由此，财富不分主体身份、类别、多寡，只要其来源不违反法律，就应得到法律的同等保护。

（四）契约自由及其对财产权内涵一致性的维护

"契约自由"，在法学上又叫"合同自由"，包括缔约自由，选择相对人的自由，拟定合同内容的自由，选择合同形式，以及变更、解除、终止合同的自由。② 从某种程度上说，市场即契约，契约是市场行为最主要也最重要的形式，市场正是通过不同主体基于自主判断而形成契约，发挥其资源配置功能。没有市场主体的自主判断及基于这种判断而自由地决定交易内容，就没有市场经济。

作为法律原则的契约自由是在近代法中形成的，③ 其背景是哲学上"意志自由"的确立和经济系统的分离与独立。"意志自由"经古希腊时期的萌芽、中世纪奥古斯丁等人进行神学的阐释，在近代由康德等哲学家实现了在世俗世界的确立。在康德关于"道德如何可能"的思考中，"理性—意志—善"构成了其论述的线索：道德上的善之所以可能，乃在于自由意志，因为自由意志意味着主体责任和道德义务的承担；而意志之所以自由，乃在于人的理性，正是理性引导人按照普遍必然规律而不是受经验、情感、欲望的支配而行动。④ 如果理性是普遍的，那么只要遵循每个人的

---

① 参见〔英〕洛克《政府论下篇——论政府的真正起源、范围和目的》，叶启芳、瞿菊农译，商务印书馆，1996，第19页。

② 参见江平、程合红、申卫星《论新合同法中的合同自由原则与诚实信用原则》，《政法论坛》1999年第1期。

③ 参见姚新华《契约自由论》，《比较法研究》1997年第1期。

④ 参见〔德〕康德《道德形而上学原理》，苗力田译，上海人民出版社，2005。

自由意志，把每个人都视为目的，包括道德、法律在内的一切便都成为可能。若将此原理置入对经济发展的思考中，遵循普遍必然规律的"理性"，既意味着"每个人都是自己利益的最佳判断者"，也意味着个人并不会受短期的经验和贪婪的欲望驱使，个人基于理性的经济行动在利己的同时，又会是有益于所有人的。① 从经济系统的分离和独立来看，当各种政治的、宗教的、社会的身份在经济生活中褪去，人们变成仅仅是各自财产的主人之后，相互之间进行的交易和合作就无法再依赖各自的身份来确定权利义务。在普遍意义上承认人的意志自由、人的自主性之后，通过交易双方的协商、谈判来约定彼此权利义务的契约，也就具有了普遍的意义。由此，"法律制度的核心任务，是创造并保证每个人的自由和自主决定权。他必须能够加入由自己设计的与他人之间的关系……因此也就必然有合同自由；任何人必须在原则上保留由自己决定是否、和谁决定建立交易关系以及和他的对手达成协议决定交易内容的自由"。②

在经济生活中，契约可视为财产运用从而实现其价值的一种重要方式。在这个意义上，契约自由本身就是财产权内涵的一个重要层面，对契约自由的任何限制，就是对财产权的又一次界定。比如，一个人拥有一块土地，如果法律规定该土地不能出租、转让而只能自己耕种，那么他/她对这块土地的所有权实质上只是占有、使用权。若承认财产权对于经济运行和经济增长的重要性，那么基于财产权内涵的一致性要求，就必须保障契约自由。

（五）公正有效的司法系统

市场经济是信用经济，制度是人与人之间，尤其是陌生人之间进行交易的信用保障。制度在经济运行中之所以能起到抑制机会主义行为的作

---

① 有三种途径能让人们为他人利益而努力：（1）出于爱、团结或其他利他主义情感而努力有益于他人；（2）受到胁迫或强制，为了保护更基础或更重要的利益；（3）按自己的自由意志行动，但出于明智的自利动机，因为他们预期能获得充分的回报。"很显然，只有当人们所获得的报偿能使人们继续为别人服务并且他们不会被强迫与别人分享自己挣得的报酬时，才能激励人们从自我利益出发为他人提供服务。"参见〔德〕柯武钢、史漫飞《制度经济学：社会秩序与公共政策》，韩朝华译，商务印书馆，2000，第73页以下。

② 〔德〕康拉德·茨威格特、海因·克茨：《合同法中的自由与强制——合同的订立研究》，孙宪忠译，载梁慧星主编《民商法论丛》第9卷，法律出版社，1998，第351页。

用，一个重要前提是它能够得到不偏不倚的执行。市场自发演化而成的内在制度，通常都有其自我执行的方式，如大多数市场都存在自我执行契约或契约的自我执行方式。① 外在制度则主要依赖于国家建立的司法系统。司法系统能否公正有效地适用法律，直接关系到法律所保障的信用以及人们对法律本身的信任，因而也就影响到市场的良性运行和经济效率。

与市场经济的需求相适应，在现代法治观念中，司法的公正有效是法治的一个基本构成要素，甚至是最重要的构成要素。尽管具体的法治道路在不同国家、不同文明背景中存在着差异，形成于不同历史条件下的法治理论也可能有不同的理论侧重和实践指向，但无论对法治作何界定，司法都是其中极重要的一环，司法的公正高效权威都被视为法治改革和进步的方向。

公正高效权威的司法如何可能？这无疑首要地与司法系统的内部建设，如司法权配置、司法责任制等密切相关，而若从市场经济等司法的外部视角来说，讨论焦点则是法律系统相对于政治系统、经济系统的独立与分离，其中的司法环节则是司法权的独立运行。② 如同经济系统与政治系统各自运行逻辑存在差异，法律系统的运行逻辑也被认为不同于前二者。法教义学理论一直致力于探求一个涵盖所有现行法的逻辑严密的体系，在这个体系中，来自政治的、经济的、社会的压力和刺激，只能通过体系的特殊入口——宪法，对整个法律体系产生影响，而不是直接作用于各个具体的法律规则或法律运行环节。③ 日常生活中发生的需要法律处理的问题，不管源自政治领域、经济领域或其他领域，都首先被、也只能被作为一个个法律问题来对待，按照法教义学的逻辑去处理。因而，司法机关和司法人员只要遵照法律的既有规定来适用法律，就可以保证司法的公正、高效

---

① 参见〔德〕柯武钢、史漫飞《制度经济学：社会秩序与公共政策》，韩朝华译，商务印书馆，2000，242 页以下。

② 在西方发达国家，"独立的法律制度最初是作为与传统法对立的一种自治法而产生的，其基本品格是法律制度完全摆脱任何外在力量的干涉而独立，国家权力不再对市场进行分割或干预，市场主体获得了自主发展的最大保障。与这种自治法相对应，司法权的独立得到了最充分的体现，司法权不但不受其他权力的任意干涉，实现了组织上的自治和自我管理，而且整个司法过程都严格地遵循预先公布的一般法律规范的规定，法院或法官没有自由裁量权"。参见周汉华《论建立独立、开放与能动的司法制度》，《法学研究》1995 年第 5 期。

③ 参见李忠夏《法治国的宪法内涵——迈向功能分化社会的宪法观》，《法学研究》2017 年第 2 期。

和权威。这是一种基于整个法律系统的体系性思路，它所保证的司法的公正、高效、权威，来自作为有机整体的法律系统，具体个案所体现的公正、高效、权威也需要从法律系统的角度来理解，而不是案件当事人的个性化理解。这种体系性思路，以整个法律系统为每个案件的处理向社会作信用背书。

需要说明的是，即使在欧美市场经济发达国家，上述观念或制度及其背后的支持性理论也并不是一定不易的。实际上，自斯密以来，欧美主流经济学一直在自由放任与国家管制之间摆荡，虽然经济系统相对独立的观念总体上牢牢占据主流，但是在不同历史时期、不同国家，政治介入经济系统或者政府介入市场的必要性也经常被提起，① 更别说在经济运行实践中频繁存在着政府干预市场的现象。在这些法治要素的支持性理论中，有关理性、竞争、契约、财产权等核心概念的知识也在不断刷新，有限理性、不完全竞争、不完全契约和相对的财产权等概念，② 在日益丰富着人们关于经济、政治和法律的运行规律的认识。公法与私法的分野，在历史的演进中呈现公法的私法化和私法的公法化的融合现象。③ 随着自由竞争与国家干预的反复，法律系统也在封闭与开放之间、在效率与社会正义之间寻找平衡。④ 但即使如此，这些要素仍然可谓欧美市场经济发展的底梁或基石，它们有时候也像是风筝的引线，现实的市场运行可以飞得很高很远，但若偏得太离谱，引线就会起作用。

三 市场经济必备法治要素在中国的确立

中国从计划经济迈向市场经济，是通过分阶段、有步骤的渐进式改革

---

① 参见〔英〕凯恩斯《就业、利息和货币通论》，高鸿业译，商务印书馆，1999。

② 参见〔美〕张伯伦《垄断竞争理论》，郭家麟译，生活·读书·新知三联书店，1958；〔英〕小罗伯特·E. 卢卡斯：《经济周期模型》，姚志勇、鲁刚译，中国人民大学出版社，2003；〔瑞典〕拉斯、沃因、汉斯·韦坎德编《契约经济学》，李风圣等译，经济科学出版社，1999；〔美〕奥利弗·哈特：《企业、合同与财务结构》，费方域译，上海人民出版社，2006，〔美〕富兰克·H. 奈特：《风险、不确定性与利润》，王宇、王文玉译，中国人民大学出版社，2005；等等。

③ 参见钟瑞友《对立与合作——公私法关系的历史展开与现代抉择》，载胡建淼主编《公法研究》第 7 辑，浙江大学出版社，2009，第 40 页以下。

④ 参见周汉华《论建立独立、开放与能动的司法制度》，《法学研究》1999 年第 5 期。

实现的。从改革开放之初"以计划经济为主，同时充分重视市场调节辅助作用"的经济方针，到中共十二届三中全会提出"实行社会主义有计划的商品经济"，再到中共十四大提出"建立社会主义市场经济体制"的目标，直至社会主义市场经济体制基本形成，经济改革始终是整个改革开放的"排头兵"。在此过程中，尽管实践中一直存在诸多需要不断研究和解决的深层次问题，但"标准市场"对形式法治的四项最低要求，都基本得到了满足。

（一）公私法相区分与中国特色社会主义法律体系的建立

"我国建国后，由于受前苏联法学观点和'左'的思想的影响，我国法学界普遍否认在社会主义国家中存在公法与私法的划分，并把这种划分作为资产阶级法学和资本主义法制的特有现象。这种通行的观点为大多数法学教材和辞书所持有。"[①] 随着市场化改革和商品经济的深入发展，尤其是中央将市场经济确立为经济体制改革目标之后，公法与私法相区分的观念逐渐形成。

例如，1993 年前后，部分学者开始对上述否认社会主义国家存在公私法划分的观点（以下简称"否定论"）展开驳斥，[②] 并结合市场经济建设的客观需要阐述公私法相区分的重要性。如王晨光等认为，"否定论"是根据所有制的性质进行推论、从掌握政权的阶级性质进行分析、基于对法律的阶级性和历史类型的认识、否认存在利益的对抗性，其实际结果是否认其他经济成分的存在、否认个人利益和集体利益、片面地把法律与强制相等同、否认市场规律的作用、割裂社会主义法律的历史联系，必然导致僵死的计划经济；私法主要起推动发展的作用，公法主要起保证秩序的作用；重新确立公法、私法的划分，对于建立社会主义市场经济、建立以公有制为主体的多种经济成分并存的经济制度，具有明显的指导作用。[③] 1995 年 1 月 12 日，王家福在中共中央举办的第二次法制讲座"社会主义市场经济法律制度建设问题"中指出，"区分公法私法的必要性，在于市场经济本身的性质。在市场经济条件下存在两类性质不同的法律关系。一

---

① 王晨光、刘文：《市场经济和公法与私法的划分》，《中国法学》1993 年第 5 期。
② 参见程燎原《从法制到法治》，法律出版社，1999，第 147 页以下。
③ 王晨光、刘文：《市场经济和公法与私法的划分》，《中国法学》1993 年第 5 期。

类是法律地位平等的市场主体之间的关系，另一类是国家凭借公权力对市场进行干预的关系，由此决定了规范这两类关系的法律法规性质上的差异，并进而决定了两类性质不同的诉讼程序和审判机关"。① 时任国家体改委主任的李铁映 1997 年撰文指出，"民商法所调整的社会关系都是市场经济中的重要经济关系。所有的法人、自然人在市场经济中都要依民商法行事。民商法是市场经济中最重要的法律之一。传统法学主张以民商法为市场经济法律体系的核心"，"民商法和经济法的不同调整对象，一定程度上反映了私法与公法在市场经济法律体系中的不同作用。虽然没有哪个国家明文规定公法和私法，但在法学上认为这种分法是法律秩序的基础，有利于法律制度的建立。私法主要是规范、调整法人和自然人行为的。公法是规范和调整至少有一方为国家或国家授予公权者的行为的"。②

1992 年，中共十四大作出建立社会主义市场经济体制的重大战略决策，并明确提出社会主义市场经济体制的建立和完善必须有完备的法制来规范和保障。1997 年，中共十五大确立了"依法治国，建设社会主义法治国家"的基本方略，明确提出到 2010 年形成中国特色社会主义法律体系。2011 年 10 月 27 日，国务院新闻办公室发表《中国特色社会主义法律体系》白皮书，正式宣告"涵盖社会关系各个方面的法律部门已经齐全，各个法律部门中基本的、主要的法律已经制定，相应的行政法规和地方性法规比较完备，法律体系内部总体做到科学和谐统一，中国特色社会主义法律体系已经形成"。关于通常被视为市场经济法律体系之核心的民商法，白皮书指出，"民法是调整平等主体的公民之间、法人之间、公民和法人之间的财产关系和人身关系的法律规范，遵循民事主体地位平等、意思自治、公平、诚实信用等基本原则。商法调整商事主体之间的商事关系，遵循民法的基本原则，同时秉承保障商事交易自由、等价有偿、便捷安全等原则"；关于国家干预经济的经济法，白皮书指出，"经济法是调整国家从社会整体利益出发，对经济活动实行干预、管理或者调控所产生的社会经济关系的法律规范。经济法为国家对市场经济进行适度干预和宏观调控提

---

① 王家福：《社会主义市场经济法律制度建设问题》，载司法部法制宣传司编《中共中央举办法律知识讲座纪实》，法律出版社，1995，第 90 页。

② 李铁映：《解放思想，转变观念，建立社会主义市场经济法律体系》，《法学研究》1997年第 2 期。

供法律手段和制度框架，防止市场经济的自发性和盲目性所导致的弊端"；关于行政法，白皮书指出，"行政法是关于行政权的授予、行政权的行使以及对行政权的监督的法律规范……遵循职权法定、程序法定、公正公开、有效监督等原则，既保障行政机关依法行使职权，又注重保障公民、法人和其他组织的权利"，"中国十分重视对行政机关行使权力的规范，依法加强对行政权力行使的监督，确保行政机关依法正确行使权力"。在这些有关不同法律部门的界定中，公法与私法相区分的观念已经得到相当明显的体现。①

（二）对财产权的平等保护

对于私权利的财产权，中国 1954 年《宪法》就有明确的规定。该法第 7—12 条分别规定：国家对合作社的财产，农民的土地所有权和其他生产资料所有权，手工业者和其他非农业的个体劳动者的生产资料所有权，资本家的生产资料所有权和其他资本所有权，公民的合法收入、储蓄、房屋和各种生活资料的所有权，以及公民的私有财产的继承权等予以保护。此后，随着社会主义改造的完成和社会主义公有制的确立，1975 年《宪法》和 1978 年《宪法》的第 8—9 条，分别规定"社会主义的公共财产不可侵犯"和"国家保护公民的劳动/合法收入、储蓄、房屋和各种生活资料的所有权"。1982 年《宪法》第 12 条规定，"社会主义的公共财产神圣不可侵犯。国家保护社会主义的公共财产。禁止任何组织或者个人用任何手段侵占或者破坏国家的和集体的财产"；第 13 条规定，"国家保护公民的合法的收入、储蓄、房屋和其他合法财产的所有权。国家依照法律规定保护公民的私有财产的继承权"。

受商品经济发展和市场经济建设的推动，20 世纪 90 年代初开始，"有的经济学家、党政干部与私营业主在公开发表的文章中，在理论、政策研讨会上，强烈要求修改我国宪法，把资产阶级法典中关于'私有财产神圣不可侵犯'的法律规定写进我国宪法，以保障和促进我国私营经济的顺利发展和快速发展"。这类观点甚至认为，"私有财产神圣不可侵犯"是市场

① 关于中国社会主义市场经济法律体系的形成与发展，参见王利明《我国市场经济法律体系的形成与发展》，《社会科学家》2013 年第 1 期；朱景文《中国特色社会主义法律体系：结构、特色和趋势》，《中国社会科学》2011 年第 3 期。

经济的基本条件，是适应经济体制改革的上层建筑配套改革，是理性法律的要求，而且，中共十四届三中全会已经提出了公民私有财产不可侵犯的法制思想。① 其实，在私有财产神圣不可侵犯与依法保护私有财产之间，横亘着由性质不同的观念筑就的制度鸿沟。就"私有财产权入宪"与市场经济的关系，后来有学者指出，私有财产是市场经济的核心，这种核心内涵表现在：私有财产是市场产生的源泉，没有前者就没有后者；私有财产是市场竞争要素的原动力，没有它就没有市场效率；私有财产是资本跨区域活动的载体，没有它中国经济就很难融入世界经济大潮；因此，"从宪法高度保护私有财产成为社会主义市场经济体制得以最终确立和良好运行的根本前提"。② 2004 年 3 月 14 日，十届全国人大二次会议通过第四个宪法修正案，将《宪法》第 13 条修改为："公民的合法的私有财产不受侵犯。国家依照法律规定保护公民的私有财产权和继承权。国家为了公共利益的需要，可以依照法律规定对公民的私有财产实行征收或者征用并给予补偿。"③

财产权在具体的民商事法律中有更明确的规定。例如，1986 年颁布的《民法通则》除了在"基本原则"部分规定"公民、法人的合法的民事权益受法律保护，任何组织和个人不得侵犯"（第 5 条）外，还在"民事权利"部分就"财产所有权和与财产所有权有关的财产权"作了相当详细的规定。2007 年颁布的《物权法》，更被人们誉为"财产保障书"；第 4 条"国家、集体、私人的物权和其他权利人的物权受法律保护，任何单位和个人不得侵犯"的规定，则被广泛认为确立了财产权的平等保护原则。2017 年 10 月 1 日开始施行的《民法总则》，对财产权的各个类别亦进行了原则性规定；第 113 条明确了"民事主体的财产权利受法律平等保护"。④

① 参见黄如桐《"私有财产神圣不可侵犯"一定要写进我国宪法吗?》，《红旗文稿》1994 年第 13 期。

② 王友明：《"公民的合法的私有财产不可侵犯"入宪的政治基础》，《学术探索》2004 年第 5 期。

③ 2013 年 11 月，中共十八届三中全会《中共中央关于全面深化改革若干重大问题的决定》强调"坚持权利平等、机会平等、规则平等"，"公有制经济财产权不可侵犯，非公有制经济财产权同样不可侵犯"。

④ 关于财产权保护在民商事法律中的发展，参见孙宪忠《民法通则的回顾与展望》，《法学研究》1991 年第 3 期；梁慧星《制定中国物权法的若干问题》，《法学研究》2000 年第 4 期；孙宪忠《再论我国物权法中的"一体承认、平等保护"原则》，《法商研究》2014 年第 2 期；赵旭东《公司法人财产权与公司治理》，《北方法学》2008 年第 1 期；等等。

（三）统一合同法的出台与合同自由原则的确立

改革开放后，中国分别于 1981 年、1985 年和 1987 年出台了《经济合同法》、《涉外经济合同法》和《技术合同法》。这些合同法的颁布、施行，与整个国民经济从"计划为主、市场为辅"转向"实行有计划的商品经济"是一致的。合同制度的具体安排服务于经济体制的定位，在"计划"尚处于主导地位的情形下，贯穿合同法的合同自由原则还无从谈起。[①]

1992 年，中共十四大将社会主义市场经济体制作为经济体制改革目标。1993 年，八届全国人大一次会议通过宪法修正案，将宪法第 15 条"国家在社会主义公有制基础上实行计划经济。国家通过经济计划的综合平衡和市场调节的辅助作用，保证国民经济按比例地协调发展。禁止任何组织或者个人扰乱社会经济秩序，破坏国家经济计划"修改为"国家实行社会主义市场经济。国家加强经济立法，完善宏观调控。国家依法禁止任何组织或者个人扰乱社会经济秩序"。市场经济体制目标在国家宪法层面的确立，为体现合同自由原则的统一合同法的出台提供了前提。

统一合同法的起草，从 1993 年的学者"立法方案"开始，于 1999 年3 月通过。在整个合同法的起草过程中，合同自由原则始终是引人注目的重大议题之一。[②] 尽管最终通过的合同法并没有明确出现"合同自由"的表达，而且其第 4 条规定的自愿原则也与合同自由原则相去甚远，但在具体的合同制度设计上，则体现了合同自由的精神。例如，新合同法系统规范了要约、承诺制度，确立了当事人之间选择缔约方式和确定合同内容的自由，规定了履约中的自由和变更、终止合同的自由，扩张了合同责任制度中的合同自由等。[③] 可以说，随着统一合同法的出台，合同自由在中国法律制度层面已经实现。

[①]　改革开放后关于合同自由原则的较早论述，参见梁慧星《论我国合同法律制度的计划原则与合同自由原则》，《法学研究》1982 年第 4 期。

[②]　关于合同法的起草，参见张广兴《中华人民共和国合同法的起草》，《法学研究》1995 年第 5 期。

[③]　参见江平、程合红、申卫星《论新合同法中的合同自由原则与诚实信用原则》，《政法论坛》1999 年第 1 期。

（四）建设公正高效权威的司法制度

通过司法改革建设公正高效权威的司法制度，是中国自 20 世纪 90 年代以来法治建设的中心工作之一。20 世纪 90 年代初，随着商品经济的发展、法律制度的日益完善以及人们法律意识的提高等，被诉诸法院的纠纷日渐增多，法院系统从解决"案多人少"问题开始，着手进行审判方式改革，由此拉开司法改革的大幕。其间，由中共中央政法委员会、全国人民代表大会内务司法委员会、中央政法各部门、国务院法制办及中央编制办的负责人组成的中央司法体制改革领导小组，于 2003 年成立；① 负责改革总体设计、统筹协调、整体推进、督促落实的中央全面深化改革领导小组，于 2013 年成立；② 最高人民法院于 1999 年、2005 年、2009 年和 2013 年发布了四个《人民法院五年改革纲要》；最高人民检察院于 2000 年发布了《检察改革三年实施意见》，于 2005 年发布了《关于进一步深化检察改革的三年实施意见》，于 2013 年发布了《关于深化检察改革的意见（2013—2017 年工作规划）》。

已经进行了 20 余年的司法改革，主要围绕建设公正高效权威的司法制度展开，针对各阶段实践中存在的、社会反映强烈的司法地方主义、司法行政化、司法腐败、司法公信力不高等现实问题，沿着司法职业化、司法权独立行使、司法权配置合理化、司法公正的方向，健全完善了司法机关人事管理制度、司法权运行机制、司法公开制度、司法责任制度、与行政区划适当分离的司法管辖制度等。③ 中共十八大以来，司法改革明确以建

---

① 有学者评论，"该领导小组的设立实际上标志着主导中国司法改革进程的核心机构的出现，以及一种全新的、自上而下的改革策略和模式的最终确立"。参见夏锦文《当代中国的司法改革：成就、问题与出路——以人民法院为中心的分析》，《中国法学》2010 年第 1 期。

② 自中央全面深化改革领导小组 2014 年 1 月举行第一次会议以来，司法体制改革一直是议事的重要内容。据统计，仅 2015 年中央深改组就审议了 22 份司法改革文件，占全年审议文件的 1/3；截至 2016 年 10 月，中央深改组总共召开了 27 次会议，其中 21 次会议涉及法治建设议题，1 次会议涉及司法体制改革。见陈卫东《中国司法体制改革的经验——习近平司法体制改革思想研究》，《法学研究》2017 年第 5 期。

③ 关于司法改革的阶段性回顾与归纳，参见谢海定《中国司法改革的回顾与前瞻——宽沟会议述要》，《环球法律评论》2002 年第 1 期；左卫民《十字路口的中国司法改革：反思与前瞻》，《现代法学》2008 年第 6 期；夏锦文《当代中国的司法改革：成就、问题与出路——以人民法院为中心的分析》，《中国法学》2010 年第 1 期；龙宗智《司法改革：回顾、检视与前瞻》，《法学》2017 年第 7 期；等等。

立司法责任制、完善司法人员分类管理、健全司法人员职业保障制度、推进省以下地方法院、检察院人财物统一管理为任务，改革举措有很强的针对性，注意尊重司法规律，提高司法透明度，司法廉洁性整体提高。[1] 司法改革尽管仍在路上，但是毫无疑问，它已经实现了一个又一个阶段性目标，而且，公正高效权威的司法改革方向不会变。

（五）必备法治要素的支撑性观念正在形成

在欧美发达市场经济国家，以上四个必备法治要素的背后均有相关的支撑性理论或观念，概括起来主要有两个方面：经济系统的分离和相对独立；法律系统的分离和相对独立，尤其是司法系统的相对独立。当然，这两个"分离"又各自有其支持性理论和观念，而且，所谓"分离"、"独立"也并不是绝对的、一定不变的。

在经济方面，中国自改革开放以来，围绕经济体制改革、行政管理制度改革、政府职能转变等议题，实施了政企分开、政资分开、政事分开、政社分开等一系列改革举措，从强调优化市场的资源配置，到强调发挥市场在资源配置中的基础性作用，再到强调发挥市场对资源配置的决定性作用，"市场自主"、经济相对独立的观念正在形成。

以党的十八大以来的进展为例。中共十八大报告指出，"经济体制改革的核心问题是处理好政府和市场的关系，必须更加尊重市场规律，更好发挥政府作用"，"深入推进政企分开、政资分开、政事分开、政社分开，建设职能科学、结构优化、廉洁高效、人民满意的服务型政府。深化行政审批制度改革，继续简政放权，推动政府职能向创造良好发展环境、提供优质公共服务、维护社会公平正义转变"。十二届全国人大一次会议通过的《国务院机构改革和职能转变方案》指出，"转变国务院机构职能，必须处理好政府与市场、政府与社会、中央与地方的关系，深化行政审批制度改革，减少微观事务管理，该取消的取消、该下放的下放、该整合的整合，以充分发挥市场在资源配置中的基础性作用、更好发挥社会力量在管理社会事务中的作用、充分发挥中央和地方两个积极性，同时该加强的加强，改善和加强宏观管理，注重完善制度机制，

---

[1]　参见龙宗智《司法改革：回顾、检视与前瞻》，《法学》2017 年第 7 期。

加快形成权界清晰、分工合理、权责一致、运转高效、法治保障的国务院机构职能体系，真正做到该管的管住管好，不该管的不管不干预，切实提高政府管理科学化水平"。十八届三中全会通过的《中共中央关于全面深化改革若干重大问题的决定》指出，"经济体制改革是全面深化改革的重点，核心问题是处理好政府和市场的关系，使市场在资源配置中起决定性作用和更好发挥政府作用。市场决定资源配置是市场经济的一般规律，健全社会主义市场经济体制必须遵循这条规律，着力解决市场体系不完善、政府干预过多和监管不到位问题"，"必须积极稳妥从广度和深度上推进市场化改革，大幅度减少政府对资源的直接配置，推动资源配置依据市场规则、市场价格、市场竞争实现效益最大化和效率最优化。政府的职责和作用主要是保持宏观经济稳定，加强和优化公共服务，保障公平竞争，加强市场监管，维护市场秩序，推动可持续发展，促进共同富裕，弥补市场失灵"。十八届四中全会通过的《中共中央关于全面推进依法治国若干重大问题的决定》指出，"使市场在资源配置中起决定性作用和更好发挥政府作用，必须以保护产权、维护契约、统一市场、平等交换、公平竞争、有效监管为基本导向，完善社会主义市场经济法律制度"。十八届五中全会通过的《中共中央关于制定国民经济和社会发展第十三个五年规划的建议》指出，"必须按照完善和发展中国特色社会主义制度、推进国家治理体系和治理能力现代化的总目标，健全使市场在资源配置中起决定性作用和更好发挥政府作用的制度体系，以经济体制改革为重点，加快完善各方面体制机制，破除一切不利于科学发展的体制机制障碍，为发展提供持续动力"。党的十九大报告指出，"必须坚定不移贯彻创新、协调、绿色、开放、共享的发展理念。必须坚持和完善我国社会主义基本经济制度和分配制度，毫不动摇巩固和发展公有制经济，毫不动摇鼓励、支持、引导非公有制经济发展，使市场在资源配置中起决定性作用，更好发挥政府作用，推动新型工业化、信息化、城镇化、农业现代化同步发展，主动参与和推动经济全球化进程，发展更高层次的开放型经济，不断壮大我国经济实力和综合国力"。

在法律方面，自中共十一届三中全会起，中央围绕加强和改善党的领导、民主政治建设、依法治国等议题，形成了依法行政、依法执政、司法改革等一系列改革举措，从"有法可依，有法必依，执法必严，违法必究"的社会主义法制，到"依法治国，建设社会主义法制国家"的治国方略，再到"全面推进依法治国"的治国理政新高度，以宪法为统领的法律系统相对独立的观念正在形成。

以党代会上形成的司法系统依法独立行使职权的观念为例。中共十一届三中全会公报指出，"检察机关和司法机关要保持应有的独立性；要忠实于法律和制度，忠实于人民利益，忠实于事实真相；要保证人民在自己的法律面前人人平等，不允许任何人有超于法律之上的特权"。十二届七中全会通过的《政治体制改革总体设想》指出，"法院、检察院应依法独立行使职权。要严格履行法定的办案程序，不宜再用党委领导下的公、检、法'联合办案'的形式"。党的十三大报告指出，"应当加强立法工作，改善执法活动，保障司法机关依法独立行使职权，提高公民的法律意识"。党的十五大报告指出，"推进司法改革，从制度上保证司法机关依法独立公正地行使审判权和检察权，建立冤案、错案责任追究制度"。十五届五中全会通过的《中共中央关于制定国民经济和社会发展第十个五年计划的建议》指出，"推进司法改革，完善司法保障，强化司法监督，依法独立行使审判权和检察权，严格执法，公正司法。健全依法行使权力的制约机制，加强对权力运行的监督，使廉政建设法制化"。十八届三中全会通过的《中共中央关于全面深化改革若干重大问题的决定》指出，"确保依法独立公正行使审判权检察权。改革司法管理体制，推动省以下地方法院、检察院人财物统一管理，探索建立与行政区划适当分离的司法管辖制度，保证国家法律统一正确实施"。十八届四中全会通过的《中共中央关于全面推进依法治国若干重大问题的决定》指出，"各级党政机关和领导干部要支持法院、检察院依法独立公正行使职权。建立领导干部干预司法活动、插手具体案件处理的记录、通报和责任追究制度。任何党政机关和领导干部都不得让司法机关做违反法定职责、有碍司法公正的事情，任何司法机关都不得执行党政机关和领导干部违法干预司法活动的要求。对干预司法机关办案的，给予党纪政纪处分；造成冤假错案或者其他严重后果的，依法追究刑事责任"。党的十九大报告指出，"深化司法体制综合配套改革，全面落实司法责任制，努力让人民群众在每一个司法案件中感受到公平正义。加大全民普法力度，建设社会主义法治文化，树立宪法法律至上、法律面前人人平等的法治理念。各级党组织和全体党员要带头尊法学法守法用法，任何组织和个人都不得有超越宪法法律的特权，绝不允许以言代法、以权压法、逐利违法、徇私枉法"。

　　之所以说市场经济基础性制度的两个支撑性观念都正在形成，而不是已经形成，主要基于两方面的考虑：第一，中国尚处于全面深化改革和全面推进依法治国的进程中，国家治理体系和治理能力涉及的各个方面的进展并不完全居于相同的水平，不同领域、不同维度、不同层次的问题有时候交缠在一起，相互龃龉、彼此对立的观念有时候可能同时存在于需要处理的问题上，这些都需要更长的时间在具体的建设实践中去磨合、协调、达成共识。第二，更重要的是，马克思主义的中国化发展也是一个未竟之业，因经济系统具有政治功能就主张限制甚至反对市场化的观点，将法律系统完全视为政治的一部分的观念，还在相当范围内存在；对于"社会主义"的理解，经几代国家领导人的阐释已经不断深化，但无论政府官员、专家学者还是普通民众，其领会与贯彻的程度仍需实践的深化与时间的积累。总之，市场经济基础性制度的支撑性观念的形成过程并未完成，但它们已在来的路上。

四　公有制基础上实行市场经济的法治技术

　　如谚语所云，"山山有石，石石不同"，在承认市场经济有其普遍性规律因而存在需要解决的共通性问题之外，也必须看到，各国在发展市场经济过程中，因其现有经济水平及结构、人口规模、资源禀赋以及历史传统、政治制度、思想观念等市场内外部因素的差异，各有其需要解决的独特性问题。独特性问题通常并不只是一个，而是诸多问题相互重叠缠绕在一起，并且，站在不同角度、立场，对独特性问题的认识和归纳也会有较大差异。中国市场经济建设所要解决的独特性问题，亦是如此。

　　本文特别关注的独特性问题，是如何在公有制基础上实行市场经济，①其核心是公有财产如何进入市场进行交易。这是中国在建立市场经济体制

---

① 按照《宪法》第6条的规定，生产资料公有制包括全民所有制和劳动群众集体所有制。单纯从市场交易的角度，国有产权和集体产权在对市场交易的影响或其实现方式方面差异都很大。本文的讨论主要针对全民所有制或国有产权形式。

过程中无法绕过，而在西方资本主义国家却不会遭遇的问题，同时也是部分西方国家不易理解并拒绝承认中国市场经济地位的理由之一。该问题的构成，主要有两个方面：第一，从宪法、国家性质、党的宗旨等角度来说，公有制是中国经济制度的基础，是关涉中国政治合法性（国家性质）、执政合法性（执政党）的根本性制度，是中国实行市场经济的前提性宪法约束；① 第二，市场经济发展的原动力是财产权尤其是私人财产权，产权清晰是市场交易的前提，而生产资料公有制至少在原初含义上正是对特定范围内生产资料私人所有权制度的否定和排斥。换言之，在坚持生产资料公有制不变的情况下，实行从私有制基础上发展起来、以私有产权为核心的市场经济，看上去就是一个"悖论"。只有成功跨越这个"沟壑"，中国社会主义市场经济体制才有可能真正被建立起来。

从中国实践来看，在坚持公有制主体地位的前提下发展商品经济、市场经济，是 20 世纪 80 年代初以来经济改革的最重要特征。迄今为止的改革主要在两个向度展开：一是在维持公有制主体地位的前提下大力发展非公有制经济，对公有制企业实行经营权与所有权分离、企业法人财产制以及股份公司制等改革举措，建立产权清晰、权责明确、政企分开、管理科学的现代企业制度；二是从生活消费品的市场化到生产要素的市场化，通过直接开放或采取混合所有制等形式，包括交通、卫生、教育、能源、水利、环保、通信、国防等关系国民经济命脉和国家安全的重要行业和关键领域，均逐步被纳入市场的范围。第一个向度的改革解决了市场主体问题："公有制"企业在市场中变身为与"非公有制"企业同等法律地位的

---

① 公有制首先是现行宪法规定的中国社会主义经济制度的基础。尽管 1999 年宪法修正案在《宪法》第 6 条原有规定基础上，增加了"国家在社会主义初级阶段，坚持公有制为主体、多种所有制经济共同发展的基本经济制度，坚持按劳分配为主体、多种分配方式并存的分配制度"的表达，公有制作为中国经济制度基础的规范地位并不受影响。同时，公有制与中国的社会主义国家性质和作为执政党的中国共产党的宗旨也有相当密切的联系。在马克思科学社会主义理论传统中，社会主义、公有制、消灭剥削制度这三个理论要素具有一定的逻辑关系：公有制是消灭剥削的理论方案，消灭剥削是公有制的制度功能，旨在消灭剥削的公有制是社会主义经济制度的基础。这从新中国成立后几部宪法关于生产资料所有制的表达与关于国家性质的表达之间可观察的对应性，以及《宪法》序言和第 6 条第 1 款的相关表达中，可以得到验证。而根据党章，中国共产党是中国特色社会主义事业的领导核心，其最终目标是"实现共产主义"。在执政党及其领导人关于"社会主义"的诸多阐释中，公有制（或其主体地位）都具有极其重要的构成性意义。

具体主体，至少在法律形式上摆脱了政治身份，成为单纯的契约当事人。第二个向度的改革解决了市场规模和市场发育的广度和深度问题：市场竞争在广度和深度上逐步加大，公有制从主要以市场主体形式参与竞争，逐步转向主要以资本形式参与竞争。两个向度改革的总趋向是，"公有制仍处于主体地位，但逐步在市场里遁形"，政治与经济、政府与市场之间形成相对清晰的界限，中国成功转型为市场经济国家。

以上改革之顺利开展，在法律层面当然离不开前文所述基本法治框架的逐步建立，但更关键的是使公有生产资料转变为市场主体资产、使公有制企业变身为市场主体的法治技术。

理论意义上的——或者说绝对意义上的——"公有"，是在公有体（国家或者集体）范围内所有人平等地、无差别地享有对公有物的占有、使用、收益和处分权利。[①] 按照这种理解，公有物既无必要更无可能在公有体范围内形成市场交易。要使之成为可能，需要大力发展非公有制经济，形成初级市场，为公有物进入市场交易提供前提；但更重要的是，需要有支配和处分公有物的机制：要么由所有成员形成支配、处分公有物的共同意志，要么推定某个主体来代表共同意志。由于每次的具体交易情况千差万别，由所有成员形成处分公有物的共同意志肯定是不经济的，推定一个主体来代表共同意志就成为实际选择。在具体的实践中，推定谁来代表共同意志的主体呢？只有国家。"国家所有，即全民所有"，是中国《宪法》规范中的明文表达（第9条）。而且，推定国家作为全民意志的代表，进而形成国家所有权概念，在改革开放之初的中国，有着相当便利的条件。一方面，将所有制与所有权理解为经济基础和上层建筑之间的关系，认为"有什么样的所有制就有什么样的所有权"的观点，[②] 在改革开放之初、甚至

---

① 樊纲等在系统论述公有制经济时，首先界定了公有制或公有权包含的生产关系：（1）一群人共同占有他们拥有的全部生产资料，每个人对占有对象都享有平等的、无差别的权利，任何个人原则上不能声称对这些资产中的某部分有特殊权利；（2）任何个人之间的收入差别，原则上只能由劳动贡献大小而不能由劳动之外的因素造成；（3）大家共同占有生产资料进行生产，共享资本收益，共担资本风险和损失；（4）每个劳动者都法定地拥有与生产资料"相结合"进行生产活动并取得劳动收入的权利。参见樊纲等《公有制宏观经济理论大纲》，上海生活·读书·新知三联书店，1990，第20页以下。

② 关于所有制与所有权的对应关系，亦有少数学者持质疑和否定态度。康德琯曾撰文指出：（1）"对应关系论中的所有制概念是按所有权的模式塑造的，这样的所有制是错误的，再把它作为所有权制度产生的本源，是逻辑上的循环论证"；（2）"对应关系（转下页注）

今天仍被认为是马克思主义基本原理的一部分，这为公有制和公有权的对应关系提供了根据。另一方面，将私有制下的所有权概念①移植到公有生产资料中，从而形成"国家所有权"概念，在社会主义苏联时期就已经完成，②这对于同样实行公有制的社会主义中国自然是极其重要的参照。

除宪法外，"国家所有"的表达自 1982 年起还出现在 29 部法律和大量行政法规、规章和司法解释中。2007 年颁布的《物权法》，吸收了此前《民法通则》等法律的相关规定，从功能、主体、客体、内容等方面构建了系统的国家所有权制度。③国家所有权概念的重要性表现在两个方面。第一，相较于理论上的"公有"，"国家所有权"并不是所有公民平等的、无差别的所有权份额的累加，在"国家"成为所有权主体之后，原先"既

（接上页注②）论是以大陆法系的所有权中心论为其逻辑前提的，而财产权利结构体系的历史发展，即使固守大陆法系的传统，也已突破了所有权中心论"；（3）"对应关系论将民法反映所有制关系的功能定位为记录、肯定和维护，其实这应是宪法和所有制法的任务；民法应该主要运用财产权利结构体系的发展所积累的历史遗产，为所有制的具体运作提供具体的法律框架，解决所有制的实现形式问题"。参见康德琯《所有权所有制对应关系剥离论和现代企业制度》，《法学研究》1994 年第 6 期。

① 所有权作为财产权的一种，在西方的法律传统中，属性上就是私人所有权，即所有权主体总是特定的、具体的，无论自然人还是法人，其作为所有权主体时都是"私人"。尽管也有资本主义国家在法律中规定了"公产"、"公物"概念，但是"公产"、"公物"之上都不成立私人财产意义上的所有权，其在法律上的规范秩序也迥然有别于私人财产。

② 1950 年翻译印行的《苏联土地法教程》对"国家所有权"已有规定："因土地私有之废除及土地国有化而确立的国家土地所有权乃苏联土地制度之基础"，"国家对土地之所有权，与国家对森林、矿产及水流之所有权一样，是社会主义国家独享的权利。土地、矿产、森林、水流，这都是国家独享的所有权之标的。他们只能属于国家，不能属于其他——既不能属于别的国民，也不能属于合作社或其他社会团体。合作社和社会团体及一般国民仅能享有土地之使用权。在十月革命之初，苏维埃的立法已经彻底地施行这一项原则"（〔苏〕卡山节夫等：《苏联土地法教程》，杜晦蒙译，大东书局，1950，第 97 页）。1954 年出版的《苏维埃民法》中译本将所有权理解为"确认并表现了人们之间对于生产资料的分配和对于为生产资料的分配所制约着的消费品的分配"，"作为人的主观权利的所有权"确认了"个人或集体对于物看成是自己的物的关系"，"国家的社会主义所有权的内容，是以确定国家经济组织权能的方法来揭露的，国家的统一财产的一定部分则确认由这些国家经济组织管理。国家机关在法定范围以内，占有、使用和处分确认给它的财产。国家虽把部分的国家财产移归国家机关占有、使用以及（按照计划与根据国家机关所担负的职能）在一定范围内处分，但国家仍然是国家所有权的统一和唯一的主体"（〔苏〕C. H. 布拉都西主编《苏维埃民法》上册，中国人民大学民法教研室编译，中国人民大学出版社，1954，第 187 页、第 189 页、第 195 页）。

③ 相关分析参见谢海定《国家所有的法律表达及其解释》，《中国法学》2016 年第 2 期。

是所有者又是非所有者"的公民（或组织）不再是所有者，[①] 而是"他物权人"。这为公有物的市场交易提供了理论前提。第二，相较于私人所有权的主体特定、内容特定、客体特定，国家所有权是抽象的。[②] 为了解决这种抽象性给所有权的运行带来的难题，国家所有权行使代表制被合乎逻辑地发展出来，如《物权法》第55条、《土地管理法》第2条、《水法》第3条、《草原法》第9条、《企业国有资产法》第3条、《海岛保护法》第4条、《海域使用管理法》第3条等，均规定了由国务院或地方政府代表国家行使所有权。有了所有权行使代表制，国家所有权主体抽象性问题得以解决，公有物的市场交易有了现实可能性。

以上只是所有权层面法律技术的准备，但具体的商品生产、流通则要靠市场组织来完成。市场组织层面要解决的关键问题是，如何从作为国家生产部门的企业转变为独立的、平等的市场主体，其本质是企业"非国家化"，其核心是企业法人财产权制度的确立。

中国改革开放以来市场组织层面的法律发展，除了持续大力发展非公有制经济之外，在公有制企业方面有几个重要变化节点。（1）从"国营企业"到"国有企业"的宪法表达转换。在计划经济时代，企业是国家的生产部门，按照计划使用生产资料进行生产活动，被称为国营企业。1979

---

① 樊纲等在论述中国公有制经济时，将"任何个人都既是所有者又是非所有者"表述为"公有权的基本矛盾"，即"全体公众共同拥有的公有权，由每个个人拥有的公有权构成"。由于全体人通过集体行动行使公有权在事实上不可能，因而需要产生"唯一而统一地代表和行使公有权并独立于每一个别人的社会机构，为'公有权主体'"。"公有权主体"形成后，所有个人和组织相对于"公有权主体"，就不再是所有者而只是劳动者、经营者或消费者，不再履行所有者的职能，"公有权的基本矛盾"也就外化为"公有制的基本矛盾"，即"处在所有者地位的公有权主体与处在非所有者地位的公众之间的矛盾"（樊纲等：《公有制宏观经济理论大纲》，上海生活·读书·新知三联书店，1990，第25页以下）。

② 针对《物权法（草案）》关于国家所有权的规定，有学者评析说："《物权法（草案）》中规定的国家所有权，在主体上混淆了国际法上主权意义的'国家'和国内法上民事主体意义的'国家'含义，不符合民法关于民事主体必须具体、确定的基本法理，不具唯一性；其权利、利益客观上分属无数的公法法人，没有统一性；其客体范围之规定不应包括不可支配物。国家所有权理论在法律实践上已被证明不符合民法法理，难以自圆其说"（李康宁、王秀英：《国家所有权法理解析》，《宁夏社会科学》2005年第4期）。有学者进一步指出，这种国家所有权制度设计，实际上源于苏联法学上的"统一唯一国家所有权"学说，存在主体不明确、客体不明确、权利不明确、义务不明确、责任不明确等诸多问题（参见孙宪忠等《国家所有权的行使与保护研究》，中国社会科学出版社，2015，第231页以下）。

年，国家启动国有企业的经营权与所有权分离改革，① 国有企业开始被区分为国家直接经营企业和自主经营企业两类。② 1993 年宪法修正案正式将《宪法》第 7 条中的"国营经济"改为"国有经济"，第 16 条中的"国营企业"改为"国有企业"。宪法表达的转换是对经营权与所有权分离改革成果的确认。虽然从"国营"到"国有"并未改变企业隶属于国家的性质，但经营权与所有权的分离是确立企业法人财产权制度的一个重要步骤。（2）《公司法》颁布。1993 年，十四届三中全会提出"建立适应市场经济要求，产权清晰、权责明确、政企分开、管理科学的现代企业制度"的改革任务，年底，新中国成立后的首部《公司法》颁布。公司法的"宗旨在于建立适应市场经济的公司法律制度，俾求通过调整公司的内外关系，保障公司、股东、债权人的合法利益，为国有企业转换经营机制提供法律依据"。③ 按照该法规定，"公司享有由股东投资形成的全部法人财产权"（第 4 条），"以其全部法人财产，依法自主经营，自负盈亏"（第 5 条）。尽管在涉及国有企业方面，1993 年《公司法》仍然具有一些计划经济遗留特征，但相较 1986 年《民法通则》确立的企业法人制度，整体上明显褪去所有制色彩，确立了适应市场经济要求的市场组织的标准形式。（3）企业法人财产权制度的真正确立。1993 年及 1999 年修正、2004 年修正后的《公司法》，在规定"公司享有由股东投资形成的全部法人财产权"之同时，都明确规定"公司中的国有资产所有权属于国家"，但是这一规定在 2005 年修订时被删除。这一变化消除了公司中特定资产的所有权既属于国家又属于企业的理论困惑，也使"公司享有由股东投资形成的全部法人财产权"实至名归。当然，公司法人财产权制度的确立，主要是确立了企业"非国家化"的制度发展方向和趋势，而并不意味着企业"非国家化"在法律制度层面的全面完成。例如，按照 2009 年修正的《全民所有制

---

① 按照 1979 年国务院发布的《关于扩大国营工业企业经营管理自主权的若干规定》，企业有权向中央或地方有关主管部门申请出口自己的产品，并按国家规定取得外汇分成；有权按国家劳动计划指标择优录用职工；在定员、定额内，有权根据精简和提高效率的原则，按照实际需要，决定自己的机构设置，任免中层和中层以下的干部。

② 参见周叔莲《企业改革要分类指导——从国营企业和国有企业的差别说起》，《经济学家》1992 年第 3 期。

③ 中国社会科学院法学所课题组：《建立社会主义市场经济法律体系的理论思考和对策建议》，《法学研究》1993 年第 6 期。

工业企业法》，全民所有制工业企业仍然实行经营权与所有权分离的制度。

　　所有权层面的法律技术和市场组织层面的企业法律制度发展，已经为公有生产资料转变为市场主体资产作出了必要的准备。当国家不再直接经营企业，企业在组织形式和对财产的所有权上脱离国家而成为独立、平等的市场主体，通过生产资料的国家所有权代表机构对企业进行投资实现公有生产资料变身市场主体资产，公有制经济就从以市场主体形式参与市场竞争转向了以资本形式参与市场竞争。2005 年《公司法》修订删除"公司中的国有资产所有权属于国家"后，2007 年《物权法》第 55 条规定，"国家出资的企业，由国务院、地方人民政府依照法律、行政法规规定分别代表国家履行出资人职责，享有出资人权益"。2008 年颁布的《企业国有资产法》沿用了"国家出资企业"的表达，并将"企业国有资产"界定为"国家对企业各种形式的出资所形成的权益"（第 2 条）。法律表达上从"企业中的国有资产"到"国家作为出资人的权益"，以及从"国有企业"到"国家出资企业"的变化，表明了国家从"所有者"到"出资人"的角色转变。①

　　从人人平等、无差别地享有对公有财产的理论权利，到所有者职能集于抽象国家的制度性国家所有权，再到在所有权行使代表制下通过代表机构的投资转化为类似股权性质的现实权利，公有生产资料在产权层面完成了其进入市场交易的主要步骤。从国家直接从事生产部门的"国营企业"，到所有权属于国家、经营权属于企业的"国有企业"，再到享有完整法人财产权的公司，公有制企业完成了形式上的"非国家化"从而成为独立、平等的市场主体的主要步骤。国家从"所有者"到"出资人"的角色改变，实现了公有制经济从以市场主体形式参与竞争向以资本形式参与竞争的迈进。公有制基础上实行市场经济所需要的最重要法治技术，至此已大体形成。

五　结语

　　"法治经济"这一具有中国特色的概念，在实现其寻求法治的政治认

---

① 关于国企治理的纵向历史变迁，尤其是中共十八大以来的混合所有制改革，参见云翀、魏楚伊《从"国营"到"国有"：国企治理结构改革的反思与前瞻》，《中国经济史研究》2017 年第 5 期。

同之初始功能后，可用以表达中国市场经济体制建设的方向。以市场经济需要解决的共通性问题和建设市场经济需要解决的最独特问题来看，中国自改革开放以来已经积累了市场经济需要的基本法治基础。在解决基于市场规律的共通性问题方面，公私法相区分的法律体系已经形成，财产权平等保护在制度上逐步得到落实，合同自由原则在统一合同法中已经确立，建设公正高效权威司法制度的司法改革正如火如荼；而且，支撑这些必备法治要素的两个观念，即经济系统相对独立、法律系统相对独立，在国家和执政党的正式文件中亦有明确体现。在解决中国市场经济建设面临的最重要的独特性问题方面，随着公司法、物权法等重要民商法制度的日益完善，公有生产资料进入市场的产权层面、公有企业变身为独立市场主体的市场组织层面、公有经济参与市场经济的具体形式层面的法治技术，均已大体形成。在基本满足市场经济对法治最低要求的意义上，可以认为，中国社会主义市场经济已开始进入法治经济阶段。

　　本文仅纲要式地考察了上述内容的核心部分，而对中国法治经济建设的全面深入研究，不仅需要在广度上拓展对"标准市场"更多法治要素的关注，以及对中国市场经济建设过程中各类独特性问题的法治解决方案的研究，也需要在深度上加强对本文已触及的法治要素、法治技术和具体法律制度的讨论。同时，本文主要是从制度发展方向上探讨法治经济概念对中国市场经济体制的表达能力，因而在具体论述时有意简化甚至忽略了对法治经济实践中具体问题的揭示，对所描述和归纳的制度发展方向也未作其他向度的评价。诸如不同时期的立法因其具体立法背景、指导性观念和立法技术等方面的差异而造成的相互龃龉现象，公有制经济财产权与非公有制经济财产权、国家财产权与集体和私人财产权在具体制度、具体实践中的平等保护，趋向建立公正高效权威司法制度的司法责任制改革、法院检察院人财物统管制度改革，旨在理顺政府与市场关系的行政审批制度改革和政府权力清单制度，对市场经济进行宏观调控与尊重市场经济发展规律之间的界限和量度，对公有制在市场经济中的实现至关重要的混合所有制改革，以及随着市场经济发展出现的贫富分化问题、经济发展的结构不平衡问题、共享发展和社会保障问题、公共物品和服务的供给问题、互联网时代的经济安全问题等，都有必要从法治经济角度进行认真研究。

　　对于法治与经济的关系，因侧重的法治价值和所欲解决的经济问题的层次不同，可有不同的判断、评价和阐释。而在实践中，法治与经济的关系也从来不是一揽子解决的，为应对某个经济问题而提出的法治方案，经常也会引发新的经济问题。因而，"法治经济"概念本身就是一个无限开放的题域。本文仅着眼于市场经济对形式法治最低限度的要求而纲要式地构建"中国法治经济的理论框架"，只是为了使这一概念在实现其寻求法治的政治认同功能后重新理论化的一个尝试。

图书在版编目(CIP)数据

中国市场经济的法律理论／谢海定主编. —— 北京：
社会科学文献出版社，2023.11
(《法学研究》专题选辑)
ISBN 978 - 7 - 5228 - 1761 - 3

Ⅰ.①中… Ⅱ.①谢… Ⅲ.①市场经济 - 经济法 - 研
究 - 中国　Ⅳ.①D922.290.4

中国国家版本馆 CIP 数据核字(2023)第 076225 号

《法学研究》专题选辑
中国市场经济的法律理论

主　　编／谢海定

出 版 人／冀祥德
责任编辑／芮素平
文稿编辑／王小翠
责任印制／王京美

出　　版／社会科学文献出版社·联合出版中心 (010) 59367281
　　　　　地址：北京市北三环中路甲 29 号院华龙大厦　邮编：100029
　　　　　网址：www. ssap. com. cn
发　　行／社会科学文献出版社 (010) 59367028
印　　装／三河市龙林印务有限公司

规　　格／开 本：787mm × 1092mm　1/16
　　　　　印 张：15.25　字 数：249 千字
版　　次／2023 年 11 月第 1 版　2023 年 11 月第 1 次印刷
书　　号／ISBN 978 - 7 - 5228 - 1761 - 3
定　　价／118.00 元

读者服务电话：4008918866